Le concept de service public maison

Étude sur la transformation de l'État

Logiques Juridiques

Fondée par Gérard Marcou

Dirigée par Jean-Claude Némery et Thomas Perroud

Le droit n'est pas seulement un savoir, il est d'abord un ensemble de rapports et pratiques que l'on rencontre dans presque toutes les formes de sociétés. C'est pourquoi il a toujours donné lieu à la fois à une littérature de juristes professionnels, produisant le savoir juridique, et à une littérature sur le droit, produite par des philosophes, des sociologues ou des économistes notamment.

Parce que le domaine du droit s'étend sans cesse et rend de plus en plus souvent nécessaire le recours au savoir juridique spécialisé, même dans des matières où il n'avait jadis qu'une importance secondaire, les ouvrages juridiques à caractère professionnel ou pédagogique dominent l'édition, et ils tendent à réduire la recherche en droit à sa seule dimension positive. À l'inverse de cette tendance, la collection « Logiques juridiques » des éditions L'Harmattan est ouverte à toutes les approches du droit. Tout en publiant aussi des ouvrages à vocation professionnelle ou pédagogique, elle se fixe avant tout pour but de contribuer à la publication et à la diffusion des recherches en droit, ainsi qu'au dialogue scientifique sur le droit. Comme son nom l'indique, elle se veut plurielle.

Dernières parutions

Victor AUDUBERT, *Plurinationalité et vivre bien en Bolivie. Le droit au temps d'Evo Morales*, 2021.

Abobaker BENYAHMED, *La protection de la partie faible dans les relations contractuelles, comparaison entre le droit français et les droits des pays du Maghreb*, 2021.

Daniel BORRILLO et Thomas PERROUD (dir.), *Penser la GPA,* 2021.

Daniel BORRILLO, *Droit d'asile et homosexualité. Comment prouver l'intime ?,* 2021.

Thérèse DE VILLETTE, *La justice réparatrice. Une justice nouvelle enracinée dans la tradition africaine*, 2021.

Evan Lagune

Le concept de service public maison

Étude sur la transformation de l'État

L'Harmattan

Cet ouvrage est tiré d'un
mémoire de Master II en Droit public fondamental,
sous la direction de Jean-François Kerleo,
Professeur à l'Université d'Aix-Marseille

Aix-Marseille Université
Faculté de Droit et de Science Politique
2019 - 2020

« La Faculté de Droit n'entend donner aucune approbation ni improbation aux opinions émises dans ce mémoire. Ces opinions doivent être considérées comme propres à leur auteur. »

5-7, rue de l'Ecole-Polytechnique, 75005 Paris
http://www.editions-harmattan.fr
ISBN : 978-2-343-23057-3
EAN : 9782343230573

REMERCIEMENTS

Qu'il me soit permis de remercier mon directeur de mémoire le Professeur Jean-François Kerléo pour sa direction exigeante, sa disponibilité, et ses conseils toujours éclairants et bienveillants.

Je remercie ceux qui ont permis de concrétiser ce travail, notamment mes camarades de promotion qui m'ont gratifié de leurs discussions et idées. Je ne saurais, en outre, oublier de remercier les personnes qui ont relu ce travail.

TABLE DES ABREVIATIONS

ACJT	*Actualité juridique Collectivités territoriales*
AJDA	*Actualité juridique Droit administratif*
AJFP	*Actualité juridique Fonction publique*
Al.	*Alinéa(s)*
ANCT	*Agence nationale de la cohésion des territoires*
ANTS	*Agence nationale des titres sécurisés*
AP 2022	*Action publique 2022*
ARS	*Agence régionale de santé*
Art.	*Article(s)*
Ass.	*Assemblée*
CAF	*Caisse d'allocations familiales*
CE	*Conseil d'État*
CERDHAP	*Centre d'études et de recherches sur le Droit, l'Histoire et l'Administration publique*
CGET	*Commissariat général à l'égalité des territoires*
Circ. CGET	*Circulaire du Commissariat général à l'égalité des territoires*
Circ. Min. Int.	*Circulaire du ministre de l'intérieure*
Circ. Min. Just.	*Circulaire du ministre de la Justice*
Circ. Min. Trav.	*Circulaire du ministre du Travail*
Circ. Prem. Min.	*Circulaire du Premier ministre*
CVAM	*Caisse nationale d'assurance maladie*
CNAV	*Caisse nationale d'assurance vieillesse*
CNFPT	*Centre national de la fonction publique territoriale*
Coll.	*Collection*
Cons. Const.	*Conseil constitutionnel*
Cons.	*Considérant(s)*
DDCSPP	*Direction départementale de la cohésion sociale et de la protection des populations*

DDI	*Direction départementale interministérielle*
DDFIP	*Direction départementale des finances publiques*
DGFIP	*Direction générale des finances publiques*
Dir.	*Direction*
Éd.	*Édition*
EPCI	*Établissement public de coopération intercommunale*
GRALE	*Groupement de recherche sur l'administration locale en Europe*
Ibid.	*Ibidem (même endroit, note citée juste avant)*
JCP A	*La semaine juridique administration et collectivités territoriales*
JCP G	*La semaine juridique administration édition générale*
LGDJ	*Librairie générale de droit et de jurisprudence*
LOLF	*Loi organique relative aux lois de finances*
MAP	*Modernisation de l'action publique*
MSA	*Mutualité sociale agricole*
Op. cit.	*Opus citatum (œuvre déjà citée)*
P./pp.	*Page/pages*
PUAM	*Presses universitaires d'Aix-Marseille*
PUF	*Presses universitaires de France*
PUR	*Presses universitaires de Rennes*
RDSS	*Revue de droit sanitaire et social*
Rééd.	*Réédition*
RFAP	*Revue française de droit administratif*
RFDC	*Revue française de droit constitutionnel*
RGPP	*Révision générale des politiques publiques*
RTD Civ.	*Revue trimestrielle de droit civil*
S.	*Suivant(s)*
SDAASP	*Schéma départemental d'amélioration de l'accessibilité des services au public*

Sect.	*Section*
SRADDT	*Schéma régional d'aménagement et de développement durable du territoire*
SRDEII	*Schéma régional de développement économique d'innovation et d'internationalisation*
TC	*Tribunal des conflits*
Trad.	*Traduction*
UT DIRECCTE	*Unité territoriale de la Direction régionale des entreprises, de la concurrence, de la consommation, du travail et de l'emploi*
V.	*Voir*
Vol.	*Volume*
§/§§	*Paragraphe/paragraphes*

SOMMAIRE

INTRODUCTION

1. Jamais dégagé par la doctrine, le concept de service public maison a de quoi surprendre. Bien différente du froid Léviathan, la maison évoque davantage « le cercle de la vie, la joie du foyer dans la joie de l'âme, le refuge dans la douleur, le trésor des vraies affections »[1].

2. Si cette stupeur est de mise, elle n'en reste pas moins insatisfaisante pour celui qui veut comprendre le réel. Ce travail cherchera donc à lever le voile d'une association entre le *service public* et la *maison*. Plus précisément, il sera question de comprendre la rationalité interne d'une pluralité de « maisons de services publics » apparues ces dernières années (I.). Certes, si sont liés *service public* et *maison*, c'est nécessairement que la théorie du service public maison présente des connotations politiques (II.), mais cela ne sera pas l'enjeu principal de ce travail qui tentera surtout de construire une théorie spécifiquement juridique (III.) avec une méthode scientifique (IV.).

I. Les maisons : des structures à comprendre

3. Le service public maison est une théorie qui cherche à comprendre une diversité de maisons. Le terme maison peut apparaitre surprenant lorsqu'il est utilisé comme qualificatif. En effet, il témoigne d'une « humanisation des rapports administratifs »[2]. Dans un sens commun, ce substantif féminin désigne « l'habitation de l'homme »[3], un « bâtiment, ou ensemble de bâtiments, destiné à un usage spécial »[4], un

---

[1] MARMIER (X.), *La maison*, Lu dans la séance publique annuelle des cinq Académies le lundi 25 octobre 1875, disponible sur http://www.academie-francaise.fr/la-maison (consulté le 18.09.2020 à 9h22).

[2] GUGLIELMI (G. J.), KOUBI (G.), LONG (M.), *Droit du service public*, 4e édition, coll. Domat droit public, Paris, LGDJ, 2016, 896 p.

[3] « Maison », in *Le trésor de la langue française informatisé*, https://www.cnrtl.fr/definition/maison (consulté le 9.05.2020 à 19h04).

[4] *Ibid.*

« ensemble d'affaires domestiques »[5], un « ensemble de personnes qui vivent sous le même toit »[6], ou un « ensemble des personnes de famille noble et illustre qui forment une lignée »[7]. Ainsi, la maison est un espace qui accueille des individus. Il y a donc, dans ce terme, une dimension physique (bâtiment) et humaine (les hommes réunis).

4. Le phénomène « maison de services publics » est né dans les années 1990, où une multitude d'institutions portant l'intitulé maison ont fleuri. C'est effectivement en 1994 que les premières maisons sont nées avec les plateformes de services publics et les points publics, deux structures polyvalentes de proximité[8]. Ces institutions furent rénovées en 2000 avec la *loi relative aux droits des citoyens dans leurs relations avec les administrations* qui institua les premières maisons des services publics[9]. Ces maisons témoignent d'une volonté d'aménager le territoire en mutualisant des services publics dans un même local. Petit à petit, ces maisons de services ont évolué pour associer l'initiative privée[10] jusqu'à devenir des « maisons de services au public »[11]. Finalement, ces institutions sont devenues, en 2019, des maisons « France Services »[12]. À la suite du Grand débat national, les pouvoirs publics ont pris conscience du sentiment d'abandon touchant les administrés[13]. Pour lutter contre ce phénomène, le gouvernement a développé les maisons France Services pour

---

[5] « Maison », in *Dictionnaire de l'Académie française*, 9e éd., https://www.dictionnaire-academie.fr/article/A9M0242 (consulté le 09.05.2020 à 19h15)

[6] *Ibid.*

[7] « Maison », in *Dictionnaire de l'académie française*, *op. cit.* (5).

[8] GUGLIELMI (G. J.), KOUBI (G.), LONG (M.), *Droit du service public*, *op. cit.* (2)

[9] Loi n° 2000-321 du 12 avril 2000 *relative aux droits des citoyens dans leurs relations avec les administrations*, art. 27.

[10] Loi n° 2005-157 du 23 fév. 2005 *relative au développement des territoires ruraux*, art. 107.

[11] Loi n° 2015-991 du 7 août 2015 *portant nouvelle organisation territoriale de la République*, art. 100.

[12] Circ. Prem. Min, n°6094/SG du 1er juill. 2019 *Création de France Services*.

[13] Synthèse « L'organisation de l'État et des services publics », disponible sur https://granddebat.fr/media/default/0001/01/ff6903061ebd03d6fe648caeae8207c60bf563f1.pdf (consulté le 10.05.2020 à 12h00).

améliorer la proximité des services publics. Néanmoins, cette rénovation repose sur une seule circulaire. En conséquence, le statut des maisons France Services demeure indissociable du statut législatif des maisons de services au public. Certes, les maisons France Services remplacent bel et bien les maisons de services au public, mais l'étude des premières nécessite l'étude des secondes.

5. À côté de ces maisons France Services, il existe une autre structure importante : la maison de l'État. Celle-ci a été pensée, en 2004, pour « réunir autour de la sous-préfecture les représentations d'autres services déconcentrés de l'État, voire d'opérateurs publics assurant également un accueil du public »[14]. Ce mécanisme n'a rencontré qu'un très faible succès et un seul projet fut mis en route, en 2009, à Boulogne-sur-Seine[15]. Pour renforcer l'attractivité de l'institution, la maison de l'État a fait l'objet d'une rénovation en 2014[16]. Depuis cette rénovation, ces structures ont rencontré le succès prévu initialement. Elles seront donc envisagées ici comme des entités phares de l'appellation maison.

6. Outre ces premières structures, il existe cinq autres types de maisons. Celles-ci sont essentielles pour étudier le service public maison mais, au contraire des maisons France Services et des maisons de l'État, elles n'entrent pas dans une approche globale et ne font que regrouper des services autour d'une politique publique particulière. Premièrement, les maisons de justice et du droit ont été créées en 1998[17] pour regrouper différents services de la justice et développer l'égal accès au droit. Elles sont aujourd'hui réglementées par le Code de

---

[14] COUR DES COMPTES, *Rapport public annuel, Tome 1 Les observations*, 2012, pp. 715-716.
[15] COUR DES COMPTES, *Rapport public annuel, Tome 1 Les observations*, *op. cit.* (14).
[16] Circ. Prem. Min., n° 5745/SG du 15 oct. 2014, *Création de Maisons de l'État* et Cahier des charges annexé.
[17] Loi n° 98-1163 du 18 déc. 1998 *relative à l'accès au droit et à la résolution amiable des conflits*, art. 21.

l'organisation judiciaire aux articles R131-1 et suivants[18]. Après celles-ci, il faut mentionner les maisons de l'emploi, créées en 2005[19], ainsi que les maisons de santé, créées en 2009[20]. Les maisons départementales des personnes handicapées, pour finir, fournissent un autre objet d'étude. Elles ont été fondées en 2005[21] et sont aujourd'hui codifiées au Code de l'action sociale et familiale[22]. Néanmoins, ces maisons départementales peuvent monter en gamme pour se transformer en maison départementale de l'autonomie, des institutions qui rassemblent les services départementaux d'aide aux personnes âgées et handicapées[23].

7. Concernant les maisons de naissance maintenant, celles-ci seront exclues du champ de l'étude en ce qu'elles ne paraissent pas répondre aux mêmes logiques que les maisons précédentes. En effet, ces maisons ne sont pas un regroupement de proximité entre plusieurs personnes juridiques, mais un appendice spécialisé d'une personne existante[24].

---

[18] Le statut législatif de ses maisons fut abrogé au profit d'un statut réglementaire, v. Ordonnance n° 2006-673 du 8 juin 2006 *portant refonte du code de l'organisation judiciaire et modifiant le code de commerce, le code rural et le Code de procédure pénal*, art. 3 et Décret n° 2008-522 du 2 juin 2008 *portant refonte de la partie réglementaire du code de l'organisation judiciaire*, art. unique.

[19] Loi n° 2005-32 du 18 janvier 2005 *de programmation pour la cohésion sociale*, art. 1 ; aujourd'hui codifiée dans le Code du travail aux art. L5313-1 et s. et art. R5313-3 et s.

[20] Loi n° 2009-879 du 21 juill. 2009 *portant réforme de l'hôpital et relative aux patients, à la santé et aux territoires*, art. 3 ; aujourd'hui codifiée dans Code de la santé publique à l'art. L6323-3.

[21] Loi n° 2005-102 du 11 fév. 2005 *pour l'égalité des droits et des chances, la participation et la citoyenneté des personnes handicapées*, art. 64.

[22] Code de l'action sociale et familiale, art. L146-3 et s., et R146-16 et s.

[23] Loi n° 2015-1776 du 28 déc. 2015 *relative à l'adaptation de la société au vieillissement*, art. 84 ; aujourd'hui codifiée dans le Code de l'action sociale et familiale, art. L149-4, D149-13 et s.

[24] V. Loi n°2013-1118 du 6 décembre 2013 *autorisant l'expérimentation des maisons de naissance* ; et arrêté du 30 juillet 2015 *fixant la composition du dossier et les modalités de candidature pour intégrer l'expérimentation des maisons de naissance*.

8. Toutes ces structures[25] sont apparues dans un contexte commun de repli des services publics[26] et de dématérialisation des procédures administratives[27]. Ces phénomènes entrainent une déterritorialisation des services publics qui éloigne l'administré de la puissance publique. Le sentiment d'abandon ressenti par les administrés[28] fut mis en évidence lors du Gand débat national évoqué plus haut. Au cours de ce processus d'expression collective, les particuliers ont élevé leur voix pour exprimer leurs craintes et leurs mécontentements face à des services toujours moins accessibles[29].

9. De surcroît, les maisons révèlent une modification de la manière avec laquelle la puissance publique organise les structures sociales aujourd'hui. En effet, l'État ne cherche plus simplement à imposer une volonté tirée de la représentation nationale. Marquée par la postmodernité, l'hyper-individualisme, et la mondialisation, la personne publique ne dispose plus des mêmes outils de légitimation et doit se réinventer[30]. Cette transformation de l'architecture étatique modifie la conception classique de l'intérêt général qui ne doit plus promouvoir le seul intérêt de la Nation, mais aussi les intérêts particuliers.

10. Ce contexte entourant les maisons interroge sur une potentielle compréhension générale du phénomène. En effet, si les maisons, intuitivement, se rattachent au même contexte et aux

---

[25] Pour un résumé des structures étudiées, *v. infra* Annexes.
[26] V. par exemple BARCZAK (A.), HILAL (M.), « Quelles évolutions de la présence des services publics en France », pp. 31-65, in COURCELLE (T.), FIJALKOW (Y.), TAULELLE (F.), *Services publics et territoires, Adaptations, innovations et réactions,* coll. Espace et territoires, Rennes, PUR, 2017, 253 p.
[27] V. par exemple COUR DES COMPTES, *Relations aux usagers et modernisation de l'État, Vers une généralisation des services publics numériques*, 2016, 129 p. ; et PASTOR (J.-M.), « La Cour des comptes prône un recours généralisé aux services publics numériques », *AJDA*, 2016, pp. 233 et s.
[28] V. par exemple VERGER (D.), « Quand les personnes en galère ont voix au chapitre », *Revue Projet*, n° 373, 2019, pp. 47 et s.
[29] Synthèse « L'organisation de l'État et des services publics », *op. cit.* (13).
[30] Pour plus de détails v. CHEVALLIER (J.), *L'État post-moderne*, 4e éd., coll. Droit et société, Paris, LGDJ, 2014, 265 p. et CHEVALLIER (J.), *Science administrative*, 6e éd. mise à jour, coll. Thémis droit, Paris, PUF, 2019, 121 p.

mêmes enjeux, il semblerait possible d'établir une théorie générale de ces structures. Cette théorie sera, dans ce travail, nommée le service public maison.

II. Le service public maison : une théorie politique

11. Parler d'une théorie générale de service public maison, c'est reconnaitre le caractère politique global entourant ce phénomène. En effet, si l'on considère que le service public est une notion politique, cela implique que la présente théorie l'est aussi.

12. Le service public ne peut pas être seulement figé dans une théorie juridique et répond, plus généralement, à une conception politique [31]. En outre, c'est lui qui a justifié l'intervention d'une puissance commune. D'un point de vue politique et philosophique, le service public résulte d'une longue évolution. Dans la Grèce antique, il était incarné par la *polis*, un espace libre appartenant à tous les citoyens[32]. Plus tard, ce fut la conception romaine de *Res publica* qui eut la charge de fonder juridiquement l'intervention d'une sphère publique par opposition à la sphère privée[33]. On trouve aussi des traces du service public au Moyen-Âge avec le *Bien commun*, une notion qui incarnait l'intérêt de tous. Issu du droit canonique, ce principe s'identifie à l'action publique selon une acception religieuse[34]. Cette idée est particulièrement liée au service public car elle servait à justifier l'action de l'Église et du Roi. Cependant, le *Bien commun* n'a pas survécu à l'Histoire. Sous l'impulsion des Lumières, qui cherchaient à garantir l'État de droit[35], le *Bien*

---

[31] GUGLIELMI (G.J.), KOUBI (G.), LONG (M.), *Droit des services publics*, *op. cit.* (2), pp. 5 et s.

[32] ESPAGNO (D.), « L'idéologie du service public », pp. 19 et s., *in* CHERRIER (E.) (dir.), FRANÇOIS (S.) (dir.), *Le service public et les idéologies politiques*, coll. Les Savoirs mieux, Villeneuve-d'Ascq, Septentrion, 2016, pp. 186 p.

[33] *Ibid.*

[34] *Ibid.* pp. 22 et s.

[35] Au sens d'un ensemble de valeurs et de principes déterminant une limitation du pouvoir politique par le droit, v. CHEVALLIER (J.), *L'État de droit*, 6e éd., coll. Clefs/Politique, Paris, LGDJ, 2017, 169 p. ; et KELSEN, Trad. EISENMANN

commun a muté en intérêt général[36]. Cet intérêt étatisé aux mains de la nation est une notion qui donne la consistance au service public que l'on connait aujourd'hui. Depuis 1789, le service public est l'activité par laquelle la personne publique promeut un intérêt général défini par la loi[37]. Le service public est donc une théorie politique qui fonde l'intervention de la puissance publique pour garantir l'intérêt général. En ce sens, le Conseil d'État sous la IIIe République a utilisé ce concept pour justifier la création du droit administratif[38], un droit dérogatoire qui s'applique à l'administration pour qu'elle remplisse au mieux sa fonction[39].

13. C'est ainsi que le service public d'aujourd'hui connait d'importantes connotations politiques. D'une part, c'est lui qui justifie l'intervention de l'État, et d'autre part, c'est lui qui assure la cohésion sociale[40]. Celui-ci est donc, dans un sens politique, conçu autant comme « l'ossature de la vie collective »[41] qu'« une

(C.), *La démocratie : sa nature, sa valeur*, 2e éd., Paris, Dalloz, 2004 rééd. 1932, 122 p.

36 ESPAGNO (D.), « L'idéologie du service public », *op. cit.* (32), pp. 27 et s.

37 CONSEIL D'ÉTAT, *Réflexions sur l'intérêt général*, Rapport public de 1999, disponible sur https://www.conseil-etat.fr/ressources/etudes-publications/rapports-etudes/etudes-annuelles/reflexions-sur-l-interet-general-rapport-public-1999 (consulté le 25.05.2020 à 10h51) et Déclaration des droits de l'homme et du citoyen du 26 août 1789, art. VI.

38 Le service public a donc justifié les décisions : TC, 8 fév. 1873, *Blanco* ; TC, 30 juill. 1873, *Pelletier* ; CE, 13 déc. 1889, *Cadot* ; CE, 6 fév. 1903, n°07496, *Terrier* ; et CE, 4 mars 1910, n°29373 *Thérond.*

39 HAURIOU (M.), *Précis de droit administratif et de droit public*, 12e éd., Paris, Dalloz, 1933 rééd. 2002, pp. 20 et s.

40 Pour plus de détail v. GUENAIRE (M.), « Le service public au cœur du modèle de développement français », *JCP A*, n°20, 2005, 1209 ; CHEVALLIER (J.), « Devenir de l'État : vers la fin de l'exceptionnalité française ? », *Le débat*, n°206, 2019, pp. 115-128 ; ESPAGNO (D.), « L'idéologie du service public », pp. 19 et s., *op. cit.* (32), MESCHERIAKOFF (A.-S.), « Service public et marché, histoire d'un couple. Ou vie et mort du service public à la française », AFDA (dir.), *Le service public*, coll. Thèmes et commentaires, Paris, 2014, Dalloz, Paris, pp. 3 et s. ; et KOUBI (G.), « L'idéologie du service public », AFDA (dir.), *Le service public*, coll. Thèmes et commentaires, Paris, 2014, Dalloz, Paris, pp. 41 et s.

41 CHEVALLIER (J.), « Devenir de l'État : vers la fin de l'exceptionnalité française ? », *op. cit.* (40).

composante de la mémoire collective, un objet de ralliement de la conscience sociale, un facteur onirique d'unification populaire »[42]. En revanche, bien que cela n'appelle pas de long développement concernant cette étude, il faut mentionner que l'Union européenne semble menacer cette conception politique du service public[43].

14. En conséquence, si l'on rassemble les maisons sous un concept général de « service public maison », cela signifie qu'on renvoie à cette vision structurante de la société. En d'autres termes, ce concept évoquerait une action par laquelle l'État tenterait d'assurer la cohésion sociale dans l'ensemble du territoire. Cet aspect, certes fondamental du service public maison, n'est cependant pas le point central de l'étude. En effet, il s'agit ici de construire une théorie juridique qui s'autonomise d'une pensée strictement philosophique et politique. Cela ne veut pas dire que cette théorie est inutile pour analyser un phénomène politique. Au contraire, l'idée est de faire un premier travail d'identification juridique afin que, par la suite, une réflexion politique et philosophique puisse être menée.

---

[42] Koubi (G.), « L'idéologie du service public », *op. cit.* (40) p. 42.

[43] Le développement de l'Union européenne et du libéralisme a remis en question la conception classique des services publics. Par exemple, l'Union européenne voit d'un mauvais œil les établissements publics chargés d'un service public industriel et commercial. En effet, pour l'Union, ces structures peuvent menacer le marché intérieur. Suite à cette méfiance, les autorités françaises ont dû privatiser des entreprises publiques. Pour illustrer, la poste a été privatisée par la loi n° 2010-123 du 9 février 2010 *relative à l'entreprise publique La Poste et aux activités postales*. De même, la notion de service économique d'intérêt général, justifiant une aide d'État en droit de l'Union européenne, ne se superpose pas au service public français. Ces services sont définis négativement puisqu'ils ne sont pas soumis au jeu de la concurrence seulement si la situation menace leur activité d'intérêt général (Traité sur le fonctionnement de l'Union européenne, art. 106§2). Pour plus détails V. Espagno (D.), « L'idéologie du service public », *op. cit.* (32) pp.12-46 ; et Guenaire (M.), « Le service public au cœur du modèle de développement français », *op. cit.* (40).

III. Le service public maison : une théorie juridique

15. Cette étude vise à construire un concept juridique de service public maison. Tout d'abord, le service public s'est autonomisé du sens politique par le travail de la doctrine. C'est notamment à Léon Duguit et Maurice Hauriou que l'on doit les premiers traitements du service public en tant que théorie juridique. Ces concepts, cependant, ne peuvent pas être utilisés ici car, pour Léon Duguit, le service public est un méta-concept[44] qui sert à définir l'État[45] et, pour Maurice Hauriou, le service public n'est que le but de l'État et ne sert aucunement à définir celui-ci[46].

16. Si l'on veut prendre un concept juridique précis de service public, c'est le discours objet qui offre une base pertinente. C'est le Conseil d'État lui-même qui a précisé la définition de service public. Dans son arrêt *Commune de Narcy*[47], il a déterminé que le concept renvoyait à une activité d'intérêt général attachée à une prérogative de puissance publique, prise en charge par une personne publique, ou par une personne privée contrôlée par la personne publique. Cette définition fut modifiée en 2007 lorsque la Haute juridiction a enterré le critère de

---

[44] BRUNET (P.), « Doctrines « juridictionnelles » et doctrines « méta-conceptuelles » du service public », AFDA (dir.), *Le service public*, coll. Thèmes et commentaires, Paris, 2014, Dalloz, Paris, pp. 21 et s.

[45] Léon Duguit fonde une vision solidariste de l'État en le définissant par le service public et la distinction gouvernant-gouvernés, v. DUGUIT (L.), *Traité de droit constitutionnel, Théorie générale de l'État*, Tome 1, Paris, Fontemoing et Cie, 1911, p. 14 ; DUGUIT (L.), *Traité de droit constitutionnel, La théorie générale de l'État*, Tome 2, 2e éd., Bordeaux, Boccard, 1923, pp. 1 et s. ; et DUGUIT (L.), *Traité de droit constitutionnel, La théorie générale de l'État (Suite et Fin)*, Tome 3, 2e éd., Bordeaux, Boccard, 1923, pp. 547 et s.

[46] Pour Maurice Hauriou le service public est le but de l'État, celui-ci étant une institution disposant d'un pouvoir spécifique qualifié de puissance publique, v. HAURIOU (M.), *Précis de droit constitutionnel*, 2e éd., Paris, Dalloz, 1929 rééd. 2015, 794 p.; HAURIOU (M.), *Principes de droit public*, Paris, Dalloz, 1910 rééd. 2010, 760 p. ; et HAURIOU (M.), *Précis de droit administratif et de droit public*, 12e éd., Paris, Dalloz, 1933 rééd. 2002, 1150 p.

[47] CE, sect., n° 43834, 28 juin 1963, *Cne de Narcy*.

prérogative de puissance publique[48]. Désormais, le service public s'entend comme une activité d'intérêt général, prise en charge par une personne publique, ou par une personne privée contrôlée par la personne publique. De cette qualification résulte un régime spécifique. Chaque service public est soumis aux lois de Rolland, des règles qui furent systématisées dans les années 1930[49]. Elles sont au nombre de trois et comprennent : l'égalité, la neutralité et la mutabilité[50]. Sans les détailler ici, il convient de souligner que le libéralisme et le *New public management* les ont sensiblement transformées[51].

17. Cette définition permet d'identifier ce qu'est *le* service public au sens du discours objet, c'est-à-dire du droit. Cela ne dit rien, en revanche, de ce que sont *les* services publics et quels sont les services qui, à un instant donné, sont d'intérêt général au sens de l'État. La théorie du service public maison s'inscrit dans cette dualité car elle désigne un type, une catégorie de service public. En d'autres termes, il faut que les maisons rentrent dans *le* service public au sens du discours objet, tout en se distinguant *des* services publics pour former une catégorie autonome.

18. Si les maisons se regroupent autour du service public au sens du discours objet, cela signifie que ce dernier est le genre commun des premiers. En ce sens, cette étude identifiera une maison au sens du Conseil d'État, c'est-à-dire une activité d'intérêt général, et une dépendance à la personne publique. Cela n'est qu'une première étape de compréhension car, comme dit précédemment, il faut autonomiser *le* service public maison *des*

[48] CE, sect., 22 fév. 2007, n° 264541, *APREI* ; v. en ce sens CE, 23 mai 2011, n°532520, *Cne de Six-Fours-les-Plages*.
[49] PETIT (J.), FRIER (P.-L.), *Droit administratif*, 10e éd., coll. Précis Domat Droit public, Paris, LGDJ, 2015, §§438 et s.
[50] *Ibid.*
[51] Pour plus de détails v. AMAR (J.), *De l'usager au consommateur des services publics*, Aix-en-Provence, PUAM, 2001, 591 p. ; NICINSKI (S.), *L'usager du Service public industriel et commercial*, coll. Logique juridique, Paris, L'Harmattan, 2001, 564 ; CLUZEL (L.), *Le service public et l'exigence de qualité*, coll. Nouvelle Bibliothèque des thèses, vol. 52, Paris, Dalloz, 2006, 634 p. ; et BOTTINI (F.), « L'impact du New public management sur la réforme territoriale », *RFDA*, 2015, pp. 717 et s.

services publics. Plus que le genre commun, on cherchera donc quels sont les éléments discriminants de cette catégorie de service.

19. Le service public maison désigne un concept et non le discours objet. Dès lors cette théorie s'inspire du discours objet (définition du service public) tout en prenant de la hauteur car elle désigne une catégorie nouvelle non dégagée par le droit. Ce concept est donc un discours doctrinal qui se détache du discours objet car il regroupe, sous une unité conceptuelle construite, une diversité de structures. En d'autres termes, ce concept se différencie du discours objet car il ne systématise pas, il construit une unité spécifique.

20. Construire cette catégorie permet de chercher la cohérence du phénomène maison. Tout d'abord, si les maisons entrent dans le genre général de service public, c'est qu'elles sont liées à la personne publique, à l'intérêt général, et plus généralement à l'État. À l'inverse, discriminer une catégorie offre une meilleure compréhension de ce que sont les maisons et quelles sont leurs fonctions. L'étude a donc cela de doctrinal qu'elle cherche la cohérence interne d'un système pour spécifier une catégorie de service public. En d'autres termes, bien que ce travail révèle une nature juridique de service public, il fonde un concept de service public maison au sens doctrinal, concept qui s'identifie comme une catégorie distincte et discriminée de service public.

21. Cette catégorie doctrinale de service public n'est pas à confondre avec les qualifications générales du discours objet tel que le service public administratif et le service public industriel et commercial[52]. La présente catégorie se rapporte directement aux services et l'objet n'est pas de dire si une maison est un service administratif ou industriel et commercial, mais de la différencier d'autres services tels que, par exemple, un

[52] Dès 1921, le service public n'est plus seulement administratif, il peut être une activité (toujours d'intérêt général) intervenant dans le domaine concurrentiel et soumise au droit privé : TC, 22 janv. 1921, *Société commerciale de l'Ouest africain.*

établissement public de coopération intercommunale. En d'autres termes, cette étude construira un concept de service public maison pour l'opposer *aux* services publics. Dès lors, ce travail étant scientifique, cette construction ne saurait être laissée à l'obscurité et à l'intuition. Il est donc nécessaire de poser un cadre épistémologique, théorique et méthodologique.

IV. Méthode de théorisation

22. La science vise à comprendre et expliquer en limitant les biais évaluatifs et subjectifs[53]. Il convient donc de préciser quelles hypothèses fondamentales guideront cette étude. Aussi, avant d'envisager quelle définition du droit choisir et comment l'étudier, il est nécessaire de préciser la posture métaphysique adoptée. Pour Gaston Bachelard, la connaissance scientifique est à mi-chemin entre le rationalisme et le réalisme. Pour lui, « ni l'un ni l'autre isolément ne suffit à constituer la preuve scientifique, il n'y a pas de place pour une intuition du phénomène qui désignerait d'un seul coup les fondements du réel ; pas davantage pour une conviction rationnelle (absolue et définitive) qui composerait des catégories fondamentales à nos méthodes de recherches expérimentales »[54]. Pour acquérir une connaissance d'un réel extérieur au sujet, il faut effectuer un aller-retour entre l'idée et l'expérience pour ouvrir le raisonnement à la question du « pourquoi pas »[55]. En d'autres termes, l'exposé de la connaissance ne tend pas à démontrer *le pourquoi* mais à exposer, le plus clairement possible, des idées et des expériences pour offrir la démonstration à la question du *pourquoi pas*. Cela pour que, à terme, la démonstration soit déconstruite par une autre plus proche du réel. Ainsi, « l'explication scientifique tend à accueillir, à sa base, des éléments complexes et à ne bâtir que sur des éléments conditionnels, en n'accordant qu'à titre provisoire, pour des fonctions bien spécifiées, le brevet de simplicité. Ce souci de

---

[53] ALQUIE (F.), *Leçons de Philosophie, Méthodologie, Morale, Philosophie générale*, Tome 2, nouvelle éd., Paris, Didier, 1962, pp. 28 et s.
[54] BACHELARD (G.), *Le nouvel esprit scientifique*, coll. Quadrige, Paris, PUF, 1934 rééd. 2017, p. 13.
[55] *Ibid.*

garder ouvert le corps d'explication est caractéristique d'une psychologie scientifique réceptive »[56]. En d'autres termes, la posture métaphysique de cette étude considère qu'il existe un réel extérieur au sujet, mais que celui-ci demeure tellement complexe que la science n'atteint jamais un absolu définitif, mais bien une vérité relative nécessitant, sans cesse, des précisions et réinventions. En conséquence, l'idée n'est pas de choisir entre réalisme et rationalisme, mais de se centrer sur une méthode alliant expérience et raison, pour exposer clairement des conclusions à la question du *pourquoi pas*.

23. Définir une posture métaphysique n'est cependant pas suffisant pour exprimer tous les biais de l'étude. Il faut préciser quelle définition du droit est choisie. En effet, le droit souffre d'une « relativité ontologique »[57]. Cela signifie qu'il n'est pas *un réel* tel que la science a l'habitude de l'entendre. Ce n'est pas une plante, une roche ou un astre. Tandis que certains pensent que le droit est une construction humaine dans une société donnée[58], d'autres prétendent que c'est une réalité existante dans la nature[59]. Loin d'affirmer qu'un concept de droit soit plus vrai qu'un autre, il faut envisager le droit comme « le produit d'une construction théorique, celle-ci devant servir de socle à partir duquel on peut contester une version du droit »[60]. Aussi, pour avoir une connaissance scientifique du service public maison, il faut adopter une théorie du droit.

---

[56] *Ibid.*, p. 168.

[57] KERLEO (J.-F.), « La relativité ontologique du droit », *Jurisprudence, Revue critique*, 2015, pp. 95 et s.

[58] Pour un exemple d'auteur positiviste, v. DUGUIT (L.), *Traité de droit constitutionnel, Théorie générale de l'État*, Tome 1, *op. cit.* (45).

[59] Pour un exemple d'auteur jus naturaliste, v. HEGEL (G.W.F), *Principes de la philosophie du droit*, coll. Idées, Saint-Amand, Gallimard, 1973 381 p.

[60] KERLEO (J.-F.), « La relativité ontologique du droit », *op. cit.* (57)., p. 102.

24. La présente démonstration se basera sur un cadre d'analyse normativiste[61] relu par le Professeur Otto Pfersmann[62]. Le droit s'y entend comme un ensemble de normes, c'est-à-dire des énoncés prescriptifs habilités par une norme supérieure dans un ordre juridique globalement efficace et sanctionné. Certes, cela favorise une étude empirique du droit[63], mais à la lumière de Gaston Bachelard, il faut abandonner toute considération empirique pure pour présenter, de manière la plus claire possible, les liens entre un concept de service public maison et les normes organisant les diverses maisons. En effet, l'essentiel des maisons est fondé par des normes telles que des lois, des décrets ou des circulaires impératives[64]. En conséquence, le normativisme permet de comprendre la « finalité organisationnelle »[65] des normes qui règlent ces institutions. Toutefois, il faut préciser que, même si cette théorie invite à ne pas prendre en compte ce qui n'est pas une norme, il ne faudra pas être hermétique aux discours sur le droit ainsi qu'à la pratique. En effet, les propositions juridiques possèdent une texture ouverte[66], c'est-à-dire qu'elles ont plusieurs significations. Il sera donc possible d'utiliser, par exemple, les débats parlementaires pour mieux comprendre la signification d'une norme. Dès lors, le discours et la pratique ne seront pas des objets d'étude, mais bien des catalyseurs d'analyses à propos de l'objet normatif.

25. Ce travail cherche à construire un concept de service public maison. L'emploi du terme concept n'est pas anodin car, bien qu'il soit possible de confondre notion et concept, les deux

---

[61] Pour le fondement du normativisme, v. KELSEN (H.), Trad. LAROCHE (B.), *Théorie Pure du Droit*, coll. La pensée juridique, Coll. LGDJ, 1999 rééd. 1962, 369 p. ; et KELSEN (H.), Trad. KOLB (R.), *Controverses sur la Théorie pure du droit, Remarques critiques sur Georges Scelle et Michel Virally*, Paris, Éd. Panthéon-Assas, 2005, 187 p.

[62] PFERSMANN (O.), « Contre le néo-réalisme juridique. Pour un débat sur l'interprétation », *RFDC*, n°52, pp. 782 et s.

[63] *Ibid.*

[64] Au sens de CE, 18 déc. 2002, n° 233618, *Duvignères*

[65] MAGNON (X.), « En quoi le positivisme - normativiste - est-il diabolique ? », *RTD civ*, 2009, pp. 269 et s.

[66] HART (H.L.A), Trad VAN DE KERCHOVE (M.), *Le concept de droit*, 2e éd. augmentée, Bruxelles, Facultés universitaires Saint Louis, 2005, pp. 143 et s.

semblent séparés[67]. En effet, là où la notion systématiserait le réel en rendant compte de sa diversité, le concept regrouperait le réel sous des caractéristiques précises pour lui donner une communicabilité[68]. En d'autres termes, la notion possède un flou attaché à la réalité, au contraire du concept, qui cherche à être exploitable et précis pour permettre, à une partie du réel, de tomber sous le sens d'une proposition. Là où une notion serait une proposition aux multiples sens, le concept, lui, chercherait à faire tomber, directement sous un sens, une réalité précise et déterminée. En conséquence, construire un concept de service public maison, c'est concevoir l'unité dans les normes maisons pour que ce phénomène soit un sens directement décrit et expliqué par le langage.

26. Dès lors, il faut préciser la méthode de l'étude. Pour construire un concept de service public maison avec les postures métaphysiques et théoriques choisies, il faut exposer, de la manière la plus claire possible, l'idée du service public maison et son expérience normative associée. En d'autres termes, loin de proposer une description absolue du droit, ce travail construit, le plus clairement possible, les liens entre le service public maison et l'expérimentation normative à laquelle il est lié. Ainsi, on regardera les normes des maisons pour construire un concept et ouvrir ce dernier à la question du *pourquoi pas*. Plus précisément, on étudiera les normes organisant les maisons France Services, les maisons de l'État, les maisons de justice et du droit, les maisons de santé, les maisons départementales des personnes handicapées et les maisons départementales de l'autonomie[69]. Étudier cet ensemble permettra de dégager une cohérence interne aux maisons que l'on pourra désigner par un concept.

---

[67] QUINTAINE (G.), « Les notions juridiques et les outils langagiers de la science du droit », *in* TUSSEAU (G.), *Les notions juridiques*, coll. Études juridiques, Paris, Economica, 2009, pp. 5 et s.

[68] Pour plus de détails, v. BIOY (X.), « Notions et concepts en droit : interrogations sur l'intérêt d'une distinction », *in* Tusseau (G.), *Les notions juridiques*, coll. Études juridiques, Paris, Economica, 2009, pp. 21 et s.

[69] Pour un résumé des normes étudiées, *v. infra* Annexe n°1

27. Ces développements conduisent à qualifier ce travail d'essai. En effet, pour chercher la déconstruction de la subjectivité, il est nécessaire d'apporter une triple précision métaphysique et théorique à cette étude. Tout d'abord cette étude se base sur un rationalisme ouvert au sens de Gaston Bachelard. Or cela revient à avoir un présupposé métaphysique arbitraire selon lequel le réel est extérieur à l'homme, et que celui-ci demeure trop complexe pour tomber en totalité sous le sens. Donc, si un observateur décide, de manière tout aussi arbitraire, de prendre une autre posture métaphysique, il devra nécessairement réajuster cette théorie. La seconde précision, ensuite, tient au cadre épistémologique choisi. Au sens de Bachelard, un réel observé n'est jamais décrit avec exactitude, on ne peut que tendre à l'objectivité. C'est ainsi que ce cadre métaphysique invite tout lecteur à discuter et réinventer les liens exposés ici. Concernant la troisième précision, enfin, celle-ci tient à l'objet de l'étude, c'est-à-dire le droit. Ce dernier possède une relativité ontologique selon laquelle ses définitions ne sont pas incontestables. Par conséquent, un observateur ayant une autre théorie du droit devra, là encore, réajuster la théorie pour qu'elle corresponde à sa définition.

28. Avec cette méthode, il sera possible de dégager une définition du service public maison en tant que concept. Précisément, ce travail démontrera que le service public maison est un service public organisé par la mutualisation qui a pour fonction d'assurer l'accessibilité et l'adaptation des services regroupés (PARTIE I). Cela n'est, en revanche, qu'une partie de la théorisation car, si l'on révèle le caractère général de données communes[70] pour les lier avec l'État, c'est pour étudier quels sont les effets des structures maisons. En d'autres termes, le concept

[70] Félicien Challaye disait : « Connaissance collective, la science néglige ce qu'il y a d'individuel, de particulier, dans les perceptions et les souvenirs des hommes ; elle n'en retient que les données communes à un certain nombre d'esprits, les données qui pourraient être communes à tous les esprits. Elle ne retient, de la réalité, que les caractères généraux. Elle est faite d'idées générales. » ; v. CHALLAYE (F.), *Philosophie scientifique et philosophie morale*, 10e éd., Paris Librairie Fernand Nathan, 1946, p. 19.

de service public maison offre un prisme pertinent pour identifier une transformation de l'État (PARTIE II)

Partie I. Identifier un concept de service public maison

29. Le service public maison est un concept identifié par l'observation scientifique des normes organisant les maisons. C'est pour caractériser un tel concept que les développements suivants chercheront à dégager les éléments récurrents et significatifs des maisons. Cette recherche, cependant, ne saurait être qualifiée d'empirisme normatif puisque, comme dit ci-avant, elle se base sur une hypothèse de rationalisme ouvert. En conséquence, la raison et l'expérience sont complémentaires, et l'étude doit s'appréhender comme une méthode qui dévoile les liens entre un concept global et des structures spécifiques.

30. Identifier un concept de service public maison, au fond, c'est donner une définition scientifique. Tout d'abord, le genre commun du service public maison est le service public, c'est donc que ce concept désigne, au sens du discours objet, une activité d'intérêt général prise en charge par la personne publique ou contrôlée par elle[71]. En conséquence, il faudra dégager des critères d'identification permettant de qualifier de service public un ensemble de maisons. Toutefois, parler de service public maison en tant que catégorie, c'est nécessairement le discriminer des autres services publics. Il faut donc que les critères dégagés permettent de distinguer un type singulier de service public.

---

[71] À l'origine, le service public était défini selon trois critères : l'activité d'intérêt général, la prise en charge par la personne publique et l'existence d'une prérogative de puissance publique (v. CE, sect., n° 43834, 28 juin 1963, *Cne de Narcy*) ; or depuis 2007 le Conseil d'État admet qu'un service peut être qualifié de service public même en l'absence de prérogative de puissance publique (v. CE, sect., 22 fév. 2007, n° 264541, *APREI* et en ce sens CE, 23 mai 2011, n°532520, *Cne de Six-Fours-les-Plages*). Pour plus de détails v. *supra* §§ 16 et 17.

31. Concernant les critères d'identifications, ils sont au nombre de trois : une organisation mutualisée, une fonction d'accessibilité, et une fonction d'adaptation. Ces trois critères cumulatifs permettent, dans un même mouvement, de qualifier le service public et de discriminer une catégorie « maison ». Plus précisément, lorsqu'on parle de critère du service public, l'organisation mutualisée correspond au critère organique, alors que les fonctions d'accessibilité et d'adaptation correspondent au critère matériel.

32. Avant d'entamer les développements, il faut écarter la proximité comme élément de définition. Il aurait été intéressant d'utiliser un tel critère pour le service public maison, or son indétermination empêche un emploi scientifique. En effet, aucune définition précise n'est donnée dans le droit positif, et le mot *proximité*, en soi, ne permet pas de décrire parfaitement le service public maison. Au sens commun, la proximité signifie la « situation d'une chose qui se trouve au voisinage, à peu de distance d'une autre »[72], ce qui n'est pas assez précis pour désigner l'accessibilité et l'adaptation. Dans le droit positif, les débats parlementaires relatifs à *loi démocratie de proximité*[73] apportent un éclairage relatif sur la proximité. Dans ces débats, le terme fut pensé pour renvoyer aux idées de participation citoyenne et de services proches[74]. Un service public de proximité est donc un service qui a pour fonction d'être *proche de*. Bien que développée dans le droit positif (notamment en

---

[72] « Proximité », in *Dictionnaire de l'Académie française*, 9e éd., https://www.dictionnaire-academie.fr/article/A9P4845 (consulté le 13.04.2020 à 9h35).

[73] Loi n° 2002-276 du 27 fév. 2002 *relative à la démocratie de proximité*.

[74] DEROSIER (B.), *Rapport sur le projet de loi n°3089 relatif à la démocratie de proximité*, Rapport n°3113, Assemblée national, 6 juin 2001, p.71 et HOEFFEL (D.), *Rapport sur le projet de loi n°3089 relatif à la démocratie de proximité*, Rapport n°156, 19 déc. 2001, Sénat, p. 126.

2005[75], 2010[76], ou 2019[77]), cette notion n'est pas assez précise. Définir le service public maison avec ce terme aurait conduit à la confondre avec d'autres institutions mutualisées de proximité, telles que les EPCI par exemple. C'est sur cet impératif de précision qu'ont été préférés les trois critères d'organisation mutualisée, d'accessibilité et d'adaptation.

33. Ainsi, le service public maison peut se définir comme un service public organisé par la mutualisation (TITRE I.), qui a pour fonction d'assurer l'accessibilité (TITRE II.) et l'adaptation (TITRE III.) des services mutualisés en son sein. Ce concept est certes basé sur le discours objet puisqu'il intègre la définition du service public issue de la jurisprudence du Conseil d'État, mais il reste un discours doctrinal car il constitue une nouvelle qualification des structures maisons en leur globalité. Qualification qui n'est, actuellement, contenue dans aucune proposition normative.

---

[75] La loi n° 2005-157 du 23 fév. 2005 *relative au développement des territoires ruraux* a réformé l'égal accès aux services par la mutualisation, pour plus de détail DREYFUS (J.-D.), « Présence des services publics dans les territoires ruraux : l'émergence d'une loi de proximité », *AJDA*, 2005, pp. 1274 et s. ; et TREMEUR (M.), « Services publics : une priorité à la proximité », *Le Lamy Collectivités territoriales*, n°4, 2005.

[76] La loi n° 2010-123 du 9 février 2010 *relative à l'entreprise publique La Poste et aux activités postales* a transformé la Poste en société anonyme chargée d'un service public national et obligea celle-ci à garantir au moins 17 000 points de contacts dans le territoire français.

[77] La loi n° 2019-1461 du 27 déc. 2019 *relative à l'engagement dans la vie locale et à la proximité de l'action publique*, a créé un pacte de gouvernance associant les élus locaux pour déterminer, dans un souci de proximité, les orientations politiques d'une intercommunalité, v. BOULAY (F.), « Loi Engagement et proximité : consécration de la pratique du pacte de gouvernance entre communes et intercommunalité », *AJCT*, 2020, pp. 76 et s.

TITRE I. L'ORGANISATION MUTUALISEE : LE CRITERE ORGANIQUE DU SERVICE PUBLIC MAISON

34. Le premier élément de définition pour le concept de service public maison est le critère organique d'organisation mutualisée. La mutualisation, non exclusive aux structures maisons, demeure un élément commun à chacune d'elles qui permet, d'une part, de remplir le critère organique du service public et, d'autre part, de spécifier le service public maison comme une catégorie singulière.

35. Le terme mutualisation provient du latin *mutuus* signifiant « réciproque, qui s'échange », dérivé de *mutare* signifiant « changer, échanger » et qui donnera muer, muter[78]. Ce terme a d'abord fait irruption en droit privé pour déterminer un mécanisme de solidarité nationale regroupant les mutuelles, la sécurité sociale[79] et le mécanisme plus mercantile de l'assurance[80]. La mutualisation renvoie ici à un partage de capitaux distincts pour prévenir les risques encourus par tous et réparer les dommages subis par quelques-uns. A. Supiot résume la notion en ces termes : « Il y a donc mutualisation et mutualisation : d'une part, une mutualisation fondée sur la solidarité volontaire, qui est une liberté collective régie par le code de la mutualité et dont l'exercice ne doit pas donner lieu à discrimination ; et, d'autre part, une mutualisation des risques,

[78] REY (A.) (dir.), *Dictionnaire Historique de la langue française*, éd. de 2010, Robert, 2010, p.1389.
[79] V. par exemple KESSLER (F.), *Droit de la protection sociale*, 5e éd., coll. Cours, Paris, Dalloz, 2014, §§ 56 et s. ; et BORGETTO (M.), LAFORE (R.), *Droit de la sécurité sociale*, 19e éd., coll. Précis, Paris, Dalloz 2019, §§ 166, 294 et s., 1521 et s.
[80] V. par exemple CHAGNY (M.), PERDRIX (L.), *Droit des assurances*, 4e éd., coll. Manuel, Paris, LGDJ, 2018, §§ 29 et s.

fondée sur un calcul des probabilités, qui est une technique constitutive des métiers de l'assurance »[81].

36. Ce n'est toutefois pas la seule acception du terme. Ces dernières décennies la mutualisation est devenue une pratique récurrente sillonnant l'entièreté du droit public[82]. Elle s'entend comme « la volonté de deux ou plusieurs personnes, créant le besoin de procéder à des échanges situés dans le temps (l'échange étant ici simultané) et dans l'espace (deux ou plusieurs personnes étant en contact direct et étroitement liées par cet échange) »[83]. Elle entraîne un échange réciproque entre deux personnes publiques qui cherchent à mettre en commun des compétences et des moyens (personnels, finances, locales, etc.). Les deux sont intimement liés car « sans mutualisation des moyens, la mutualisation des compétences ne peut se réaliser, et sans la mutualisation des compétences, la mutualisation des moyens n'a pas lieu d'être »[84]. En revanche, pour une meilleure explication normative du phénomène, il faut se détacher du point de vue volontariste conduisant à penser que la mutualisation est systématiquement le produit d'un accord de volontés. La mutualisation peut être obligatoire et, par exemple, les *lois RCT* et *NOTRe*[85] procèdent à des regroupements intercommunaux

---

[81] SUPIOT (A.), « Mutualisation : de quoi parlons-nous ? », *Recueil Dalloz*, 2016, pp. 726 et s.

[82] Sur le concept de mutualisation en droit public v. : RITTER (B.), *La notion de mutualisation des services des collectivités territoriales*, Thèse de doctorat en droit public, le 9 mars 2017, Université Paris II Panthéon-Assas, 543 p. ; SHKILOVA-OSTAPENKO (M.), *La mutualisation dans le cadre de l'intercommunalité*, Thèse de doctorat en droit public, 12 janvier 2015, Université Montpellier I, 643 p. ; et CHARMASSON (C.), *La mutualisation des compétences et des moyens entre* personnes *morales de droit public*, Thèse de doctorat en droit public, 14 janvier 2012, Université Montpellier I, 622 p.

[83] CHARMASSON (C.), *La mutualisation des compétences et des moyens entre personnes morales de droit public*, *op. cit.* (82), p. 21

[84] *Ibid.*, p. 34.

[85] V. Loi n° 2010-1563 du 16 déc. 2010 *de réforme des collectivités territoriales*, art. 60 ; et Loi n° 2015-991 du 7 août 2015 portant *nouvelle organisation territoriale de la République*, art. 35.

forcés compatibles avec la libre administration des collectivités territoriales[86].

37. La mutualisation est clairement liée aux organisations maisons[87], ce qui permet de l'envisager comme un critère de définition du service public maison. En effet, toute maison est directement organisée par la mutualisation, ce qui signifie deux choses : d'une part les maisons prennent des formes précises qui se superposent aux entités mutualisées, et d'autre part, ces mêmes entités sont placées dans une position horizontale (CHAPITRE I). En revanche, la mutualisation n'est pas qu'un élément organisationnel immanent, celle-ci est utilisée pour rationaliser l'administration et produire des économies d'échelle. En conséquence, si les maisons peuvent être directement définies par l'organisation mutualisée, alors celles-ci répondent aussi aux objectifs de rationalisation et d'économie associés à la mutualisation (CHAPITRE II).

---

[86] Cons. Const., 26 avril 2013, n°2013-303 QPC, *Cne de Puyravault* et Cons. Const, 25 avril 2014, n°2014-391 QPC, *Cne de Thonon-les-Bains*.

[87] La Circ. Prem. Min., n° 5745/SG du 15 oct. 2014, *Création de Maisons de l'État* dispose clairement que ces maisons « reposent sur un principe de mutualisation des services ».

CHAPITRE I. Des maisons organisées par la mutualisation

38. Les maisons sont toutes organisées par la mutualisation, ce qui constitue le premier critère du service public maison. Cette organisation impose aux structures de se constituer en des entités précises telles que l'association, le GIP, l'établissement public ou le contrat. Ce sont ces statuts juridiques spécifiques qui permettent à la maison de se superposer aux entités mutualisées. La superposition n'est pas la seule chose que le service public maison tire de la mutualisation. Cette dernière est un mécanisme empreint d'horizontalité qui instaure le compromis et la négociation entre les parties associées. En une phrase, le service public maison est défini par la mutualisation car cette dernière est un mode de superposition (SECTION I) et d'horizontalité (SECTION II).

SECTION I. La mutualisation : un mode de superposition entre la maison et les services publics regroupés

39. Le service public maison est constitué d'une manière spécifique. Le concept de mutualisation exposé plus haut nécessite une organisation institutionnelle qui regroupe plusieurs entités. Plus précisément, avec la mutualisation, une maison s'organise sous forme d'associations, de GIP, d'établissement public ou dans un contrat (I). Ces formes juridiques typiques donnent à l'entité mutualisée une existence distincte, ce qui permet aux maisons de se superposer aux entités qu'il regroupe (II).

I. La mutualisation formant des entités juridiques de regroupement

40. Par le mouvement de mutualisation, les structures maisons se formalisent toutes en une entité juridique de regroupement : soit le GIP, l'association, l'établissement public ou le contrat. Le qualificatif d'entité est choisi à dessein puisque ces formes ne se trouvent pas seulement dans des institutions disposant de la personnalité morale, mais bien dans un champ plus large de formes juridiques telles que le contrat. Ces entités juridiques de regroupement permettent de remplir le critère organique du service public tout en présentant un mode d'organisation particulier pour le service public maison.

41. La mutualisation est souvent envisagée comme institutionnelle c'est-à-dire qu'elle suppose le groupement d'entités « au sein d'institutions auxquelles elles transfèrent ou délèguent des compétences ou des missions »[88]. Ce procédé permet de fonder diverses institutions comme des établissements publics (EPCI[89], syndicats mixtes, pôles d'équilibres territorial et rural[90], etc.), des groupements d'intérêt public ou des associations[91]. La réalité institutionnelle de la mutualisation semble pourtant un plus large. Lorsqu'elle est contractuelle (et non institutionnelle[92]), la mutualisation résulte du contrat et non d'une institution créée spécialement. Dans ce cas-là, l'entité créée est constituée par le contrat et ne se matérialise que dans une institution préexistante[93].

---

[88] VERPEAUX (M.), JANICOT (L.), *Droit des collectivités territoriales*, 4e éd. mise à jour, coll. Major, Paris, PUF, 2017, pp. 440 et 411.

[89] Dans les deux thèses suivantes, les auteurs pensent l'intercommunalité comme un type de mutualisation : v. CHARMASSON (C.), *La mutualisation des compétences et des moyens entre* personnes *morales de droit public*, *op. cit.* (82), 622 p. ; et RITTER (B.), *La notion de mutualisation des services des collectivités territoriales*, *op. cit.* (82), 543 p.

[90] CHARMASSON (C.), *La mutualisation des compétences et des moyens entre* personnes *morales de droit public*, *op. cit.* (82)., pp. 440 et s.

[91] *Ibid.*, pp. 315 et s.

[92] B. RITTER dégage la mutualisation contractuelle du marché, au contraire de la mutualisation institutionnelle qui provient de la décentralisation, v. RITTER (B.), *La notion de mutualisation des services des collectivités territoriales*, *op cit.* (82), pp. 239 et s.

[93] Toute l'organisation de la maison est déterminée par le contrat, notamment ses locaux, la répartition des charges, etc. Pour le détail des mutualisations contractuelles v. par ex. VERPEAUX (M.), JANICOT (L.), *Droit des collectivités territoriales*, *op. cit.* (88), pp. 437 et s.

42. Les maisons s'appuient sur différentes institutions issues de la mutualisation pour assurer le regroupement d'entités. Ces modalités juridiques de la mutualisation constituent tant une spécificité du service public maison que la réalisation du critère organique du service public en général.

43. Tout d'abord, la maison peut prendre la forme de personnes morales de droit public. Plus précisément, elle est souvent constituée en GIP ou en établissement public. Le GIP, quant à lui, dispose de la personnalité morale et est organisé par une loi de 2011[94]. Cette institution est une « structure plus souple que l'établissement public, destinée à servir de cadre à la coopération entre secteur public et secteur privé qu'exige la réalisation de certaines activités d'intérêt général »[95]. Ce procédé, laissé à l'initiative des parties à la convention, est considéré comme un « moyen de se serrer les coudes dans un temps où l'on ne peut plus guère s'appuyer sur l'ingénierie d'État »[96]. Par exemple, le Code du travail n'admet que deux formes possibles pour les maisons de l'emploi : l'association et le GIP[97]. Encore plus éloquent, les maisons départementales des personnes handicapées sont obligatoirement constituées sous la forme de GIP[98].

44. La maison peut également prendre la forme d'un établissement public, notamment lorsqu'il s'agit des maisons de la justice et du droit. Ces maisons sont des « établissements judiciaires placés sous l'autorité conjointe des chefs de tribunaux de grande instance [tribunaux judiciaires aujourd'hui] dans le ressort duquel ils sont institués »[99]. Créées par arrêté[100], ces

---

94 Loi n° 2011-525 du 17 mai 2011 *de simplification et d'amélioration de la qualité du droit*, art. 98 et s.

95 PETIT (J.), FRIER (P.-L.), *Droit administratif*, 13e éd., coll. Précis Domat Droit public, Paris, LGDJ, 2019, §410.

96 AUBY (J.-B.), « La prospérité des GIP locaux », *Droit Administratif*, n° 4, avril 2013, repère 4.

97 Code du travail, art. R5313-3 al. 5.

98 Code de l'action sociale et familiale, art. L146-4 al. 1.

99 Circ. Min. Just., NOR : JUSJ0490016C du 24 nov. 2004, *relative aux maisons de justice et du droit et aux antennes de justice*.

100 Code de l'organisation judiciaire, art. R131-5.

structures sont des établissements publics gérant un service public administratif[101] qui regroupent divers acteurs de la justice comme le procureur de la République, le maire ou le bâtonnier de l'ordre des avocats[102]. Elles disposent de la personnalité morale et restent distinctes de l'État, bien que celui-ci garde un contrôle sur ces maisons grâce à l'autorité exercée par les tribunaux judiciaires[103].

45. Lorsqu'une maison prend la forme d'un GIP ou d'un établissement public, il remplit nécessairement le critère organique du service public[104].

46. Outre ces formes de droit public, les maisons peuvent aussi prendre la forme d'association, une structure de droit privé organisée par la loi de 1901[105]. Là encore, il est possible de mentionner les maisons de l'emploi qui se constituent en association ou en GIP[106]. Dans ce cas-là, bien que l'entité relève du droit privé, la mutualisation permet de remplir le critère organique du service public. Comme l'a reconnu le Conseil d'État dans sa jurisprudence *APREI*[107], la mutualisation des personnes publiques permet de déterminer expressément la volonté de l'administration de confier une mission de service public. En effet, lorsque des autorités publiques s'associent en une personne privée pour développer des actions qui étaient, à

---

[101] Conseil de la concurrence, 4 juin 2003, n° 03-D-27, *Relative à des pratiques de la maison de justice et du droit du quartier de Saint Christophe de Cergy-Pontoise (Val d'Oise),* cons. 7.

[102] Code de l'organisation judiciaire, art. R131-3.

[103] Les établissements publics disposent de la personnalité morale et se voient appliquer le principe d'autonomie, v. par exemple CE, 8 fév. 1999, n° 179862, *Service départ. Incendie et secours Var.*

[104] Pour un exemple de ce raisonnement, v. Conseil de la concurrence, n° 03-D-27, 4 juin 2003 *Relative à des pratiques de la maison de justice et du droit du quartier de Saint Christophe de Cergy-Pontoise.*

[105] Loi du 1er juillet 1901 *relative au contrat d'association* dite Waldeck-Rousseau.

[106] Code du travail, art. R5313-3 al. 5.

[107] CE, sect., 22 fév. 2007, n° 264541, *APREI* et, dans le même sens CE, 23 mai 2011, n°532520, *Cne de Six-Fours-les-Plages* (qui refuse la qualification de service public à l'organisation du festival des Voix du Gaou, faute d'une implication réelle de la personne publique).

l'origine, des services publics, il est logique que la personne privée créée soit considérée comme chargée d'une mission de service public[108]. De surcroît, même s'il n'est pas possible de déterminer cette volonté, le critère organique d'APREI est rempli car l'association sera sous contrôle de la personne publique[109].

47. Enfin, au vu de la réalité institutionnelle de la mutualisation évoquée plus haut, la maison peut exister dans un contrat. Même en l'absence de personnalité morale, il est possible d'appliquer les critères de la jurisprudence *APREI*[110] car le service maison est n'existe que dans le giron d'une personne publique[111]. En d'autres termes, même si le service public maison n'existe pas par la personnalité morale, c'est un service autonome[112] créé par contrat nécessairement pris en charge par la personne publique.

48. Le cas des maison France Services permet d'illustrer trois configurations : le GIP, l'association et le contrat. Ces maisons regroupent les opérateurs France Services[113] en s'appuyant sur le statut législatif des maisons de services au public. L'ancienne rédaction de l'article 29 de la *loi DCRA* disposait que les maisons de services au public pouvaient prendre la forme d'un GIP. Cet article fut supprimé par l'article 118 de la *loi n°2011-525 de simplification et d'amélioration de la qualité*

---

[108] Pour un exemple de ce raisonnement, mais sur un établissement public, v. par exemple Conseil de la concurrence, 4 juin 2003, n° 03-D-27, *Relative à des pratiques de la maison de justice et du droit du quartier de Saint Christophe de Cergy- Pontoise (Val d'Oise)*.
[109] Sur le contrôle de la personne publique, v. *infra* §§174 et s.
[110] Jurisprudence *APREI* et *Cne de Six-Fours-les-Plages*, *op. cit.* (107).
[111] Pour plus de détails sur la place de la personne publique dans la convention et pour le contrôle de l'État, *v. infra* §§ 63 et s ; et 174 et s.
[112] Sur la superposition et l'autonomie, *v. infra* §§ 53 et s.
[113] Opérateurs définis dans la convention cadre propre à chaque maison et dans le bouquet France Services en annexe 6 de la Circ. Prem. Min, n°6094/SG du 1er juill. 2019 *Création de France Services*. Ils comprennent notamment le ministère de l'Intérieur, le ministère de la Justice, la DGFIP, la CNAM, la CNAV, le Pôle emploi, la CAF, la MSA et La Poste.

du droit et le droit positif reste désormais silencieux sur la forme juridique de ces maisons.

49. Il faut dès lors se tourner vers l'esprit des textes et l'usage qu'en a fait la pratique. L'article 1 du *décret n°2016-403 du 4 avril 2016 pris pour application de l'article 27 de la loi DCRA* indique que la convention-cadre créant la maison de services au public doit préciser le gestionnaire. Or au paragraphe suivant, on apprend que cette convention-cadre peut être complétée par « des conventions bilatérales » conclues entre le gestionnaire et les personnes morales associées. Le texte ouvre donc deux possibilités : soit le gestionnaire est différent des personnes morales associées et la structure est *ad hoc* ; soit le gestionnaire se confond avec une personne associée. Cela qui conduit à faire de la maison un service institutionnalisé par deux conventions : la première réglant la création de la maison, et la seconde réglant la relation entre l'entité gestionnaire définie par la première convention et les autres personnes associées.

50. Les administrations utilisent ces deux possibilités et fondent les maisons France Services soit en GIP ou en association, soit en « portage »[114], c'est-à-dire par un contrat. Quand les maisons sont créées « en portage », elles vivent dans les locaux d'une institution préexistante telle qu'une collectivité territoriale, une association ou une entreprise[115]. À l'inverse, quand la maison est un GIP ou une association, elle peut, en tant que sujet de droit, contracter pour acheter ou occuper un local.

51. Un type de service public maison reste toutefois spécifique : les maisons de santé. Pour mutualiser le personnel médical et paramédical, la pratique tend à recourir aux sociétés interprofessionnelles de soins ambulatoires (SISA)[116] issues du

---

[114] LE CENTRE DE RESSOURCES DU DEVELOPPEMENT TERRITORIAL, *Service au public, Monter et faire vivre une maison de services*, 2014, pp. 52 et s.

[115] Par exemple les maisons de services au public postales : *https://www.maisondeservicesaupublic.fr/content/partenaire-national-la-poste* (consulté le 06.04.2020 à 16h55).

[116] Les conseils en ligne pour les professionnels préconisent cette forme de société, v. par exemple : https://www.village-justice.com/articles/creation-des-

décret n°2012-407 du 23 mars 2012. Le décret est effectivement lié aux maisons car comme le dispose sa notice : « les SISA sont des sociétés permettant à certains professionnels de santé d'exercer en commun les activités de coordination thérapeutique, d'éducation thérapeutique ou de coopération entre professionnels de santé ». Comme pour confirmer cette forme, un arrêté mentionne que les maisons de santé sont « constituées en sociétés » et « notamment en SISA »[117]. Cette particularité tient plus à la spécificité du secteur médical qui associe une activité de service public à une profession libérale réglementée, qu'à une réelle différence de nature entre les maisons de santé et les autres maisons.

52. La mutualisation est donc un critère organisationnel qui permet de qualifier le service public maison de service public tout en le spécifiant. En effet, la mutualisation donne naissance à quatre formes juridiques : les contrats associant plusieurs personnes morales, les établissements publics, les GIP, et les associations. Toutes ces formes font intervenir la personne publique, ce qui permet de remplir le critère organique du service public. Bien plus que de remplir ledit critère, cette forme d'organisation est particulière car elle permet aux maisons de se superposer aux entités mutualisées.

II. La superposition des structures maisons et des entités mutualisées

53. Avec les formes mutualisées développées ci-avant, la structure maison se superpose aux entités mutualisées. Tout d'abord, lorsque les entités se mutualisent pour former une maison, elles composent des structures autonomes. Par autonomes il faut entendre qu'elles ont la « possibilité de

maisons-sante-pluri-disciplinaire-msp-processus-long-complexe,28994.html et https://www.cmvmediforce.fr/les-dossiers-cmv-mediforce/dossiers-par-themes/developpement-de-votre-activite/la-sisa-une-nouvelle-structure-pour-les-maisons-de-sante/ ; (consultés le 16.04.2020 à 17h00).

[117] Arrêté du 23 fév. 2015 *portant approbation du règlement arbitral applicable aux structures de santé pluri-professionnelles de proximité*, art. 2 al. 3.

s'administrer librement dans un cadre déterminé »[118], ce n'est donc pas une indépendance totale, mais bien une autonomie relative des maisons. La superposition implique que la maison ne fusionne pas les autorités mutualisées, elle ne fait que les regrouper tout en se forgeant une identité propre.

54. Cette superposition est évidente lorsque la maison possède une personnalité morale, c'est-à-dire que lorsque la maison est organisée en GIP, en association ou en établissement public, elle dispose d'une capacité pour agir (ester en justice, contracter etc.) comme tout sujet de droit[119]. La structure n'absorbant pas les services qu'elle regroupe[120], elle se superpose et devient autonome par la personnalité morale. Par exemple, la maison de justice et du droit possède un « statut d'établissement judiciaire »[121] qui « implique un fonctionnement prenant appui sur du personnel judiciaire permanent »[122] placé sous l'autorité du « conseil de la maison de justice »[123]. Ainsi, la maison de justice et du droit de Pont-Audemer possède un personnel propre qui oriente les usagers vers le bon professionnel et les bonnes juridictions, mais accueille aussi d'autres services en son sein (par exemple le délégué du défenseur des droits, la chambre des notaires de l'Eure et le Service pénitentiaire d'insertion professionnelle)[124]. Ainsi, cette maison de justice et du droit se superpose aux services qu'elle regroupe.

---

118 « Autonomie », in *Dictionnaire de l'Académie française*, 9e éd., https://www.dictionnaire-academie.fr/article/A9A3281 (consulté le 06.04.2020 à 14h37).

119 LINDITCH (F.), *Recherche sur la personnalité morale en droit administratif*, coll. Bibliothèque de droit public, Tome 176, Paris, LGDJ, 1997, 336 p.

120 Pour plus de détails sur la superposition, *v. supra* §§ 53 et s.

121 Circ. Min. Just., NOR : JUSJ0490016C du 24 nov. 2004, *relative aux maisons de justice et du droit et aux antennes de justice*.

122 *Ibid.*

123 Code de l'organisation judiciaire, R131-8, le conseil est présidé par le président du tribunal judiciaire compétent et du procureur de la République près de ce tribunal ; cela permet de répondre à l'art. R131-1 qui place les MJD sous l'autorité du tribunal et du procureur.

124 Site de la maison de justice et du droit de Pont-Audemer, disponible sur https://www.ville-pont-audemer.fr/wp-

55. Néanmoins, même lorsque la maison est organisée par un contrat et ne dispose pas de la personnalité morale, elle dispose quand même d'une autonomie et peut se superposer. En effet, la mutualisation oblige chaque partie à se regrouper pour former un tout commun, cela constitue un fait institutionnel qui permet à la structure maison de prendre une existence extérieure aux parties qu'elle regroupe. Par exemple, la maison de services au public des Balmes Dauphinoises fut créée par contrat, elle ne disposait donc pas de la personnalité morale[125]. Pourtant le contrat stipule deux choses éloquentes : d'une part la maison comporte un personnel propre composé, entre autres, d'un responsable de la gestion et du management, et d'autre part, la maison dispose d'un local spécifique[126]. Ce personnel propre et ce local ne servent qu'à organiser le regroupement de services qui ne sont pas fusionnés par le service public maison (par l'exemple la CAF, la CCI ou la CARSAT)[127].

56. Plus généralement, les normes organisant les maisons donnent une autonomie de gestion aux structures, c'est-à-dire qu'elles disposent d'un personnel propre capable d'accomplir les missions et les services regroupés par la maison. L'exemple le plus parlant est celui des maisons départementales des personnes handicapées. Ce GIP est mené par une commission exécutive dirigée par le président du conseil départemental. Elle est composée pour la moitié de représentants du département, pour un quart de représentants des associations de personnes handicapées, et pour le quart restant de représentants de l'État, de représentants d'organismes locaux d'assurance maladie et d'allocations familiales, du directeur de l'ARS et de

---

content/uploads/2019/02/DepliantJusticeDroit2018.pdf (consulté 23.05.2020 à 19h30).

[125] Délibération créant de la maison de services au public des Balmes Dauphinoises, disponible sur https://www.isere.fr/Deliberations/CP/2015/S0M6A.pdf (consulté 23.05.2020 à 19h30).

[126] Convention locale de la maison de services au public des Balmes Dauphinoises, Annexe 1, disponible sur https://www.isere.fr/Deliberations/CP/2015/S0M6A.pdf (consulté 23.05.2020 à 19h35).

[127] *Ibid.*, Annexe n° 2.

représentants d'autres membres prévus par la convention constitutive[128]. Elle constitue un véritable organe de gestion puisqu'elle est chargée d'administrer l'institution[129] et ses décisions, exécutoires de plein droit[130], sont mises en œuvre directement par le directeur de la maison[131]. Le directeur est chargé de diriger un personnel propre composé : d'agents mis à disposition[132], des fonctionnaires en détachement[133] et d'agents contractuels de droit public ou de droit privé engagés directement par la maison[134].

57. Les maisons de l'État offrent un cas particulier de superposition. Ces structures ne disposent pas d'une autorité gestionnaire institutionnalisée. Cette autorité est assurée en droit par la convention locale fixant l'organisation interne de la

---

[128] Code de l'action sociale et familiale, art. L146-4 al. 4 et al. s.

[129] *Ibid.*

[130] *Ibid.*, art. R146-21 al. 1.

[131] Code de l'action sociale et familiale, art. R146-24 al. 1.

[132] Mise à disposition au sens de : Loi n° 84-16 du 11 janvier 1984 *portant dispositions statutaires relatives à la fonction publique de l'État*, art. 41 et s. ; Loi n° 84-53 du 26 janvier 1984 *portant dispositions statutaires relatives à la fonction publique territoriale*, art. 61 et s. ; Loi n° 86-33 du 9 janvier 1986 *portant dispositions statutaires relatives à la fonction publique hospitalière*, art. 48 et s. ; Décret n° 86-83 du 17 janvier 1986 *relatif aux dispositions générales applicables aux agents contractuels de l'État pris pour l'application des articles 7 et 7 bis de la loi n° 84-16 du 11 janvier 1984 portant dispositions statutaires relatives à la fonction publique de l'État*, art. 33-1 ; Décret n°88-145 du 15 février 1988 *pris pour l'application de l'article 136 de la loi du 26 janvier 1984 modifiée portant dispositions statutaires relatives à la fonction publique territoriale et relatif aux agents contractuels de la fonction publique territoriale*, art. 35-1 ; Décret n° 91-155 du 6 février 1991 *relatif aux dispositions générales applicables aux agents contractuels des établissements mentionnés à l'article 2 de la loi n° 86-33 du 9 janvier 1986 modifiée portant dispositions statutaires relatives à la fonction publique hospitalière*, art. 31-1.

[133] Détachement au sens de : Loi n° 83-634 du 13 juillet 1983 *portant droits et obligations des fonctionnaires* dite loi *Le Pors*, art. 5 quater, 13 bis et 14 bis ; Loi n° 84-16 du 11 janvier 1984 *portant dispositions statutaires relatives à la fonction publique de l'État*, art. 45 et 63 ; Loi n° 84-53 du 26 janvier 1984 *portant dispositions statutaires relatives à la fonction publique territoriale*, art. 30, 64 et s., 83 et 97 ; et Loi n° 86-33 du 9 janvier 1986 *portant dispositions statutaires relatives à la fonction publique hospitalière* art. 21, 51 et s., et 73.

[134] Code de l'action sociale et familiale, art. L146-4-1.

maison[135]. Elle fixe des points très précis comme l'emplacement attribué dans le local à chaque associé ou les modalités d'utilisations des salles de réunions. Selon la circulaire, l'unique personnel propre pouvant être institué provient d'une mise en commun des services supports (courrier, standard, accueil, garage, archives, etc.). Cette structure est donc seulement pensée comme un regroupement d'associés sans autorité gestionnaire unificatrice, donc elle ne possède qu'une autonomie limitée.

58. Outre la personnalité morale et l'autonomie de gestion, la superposition s'observe avec le label. En effet, le label permet à la maison de se structurer en un objet juridique autonome et différent des services regroupés. Celui-ci permet de gagner en visibilité[136] car il possède une fonction de « structuration de l'offre »[137], c'est-à-dire qu'il appelle une communication cohérente autour d'une qualité garantie. Il y a donc deux dimensions dans le label : une qualité minimum garantie et une communication cohérente autour de cette qualité. En d'autres termes, ce système autonomise les maisons en leur créant une image de marque, image singulière qui pourra facilement être reconnue par les usagers.

59. Le label est apparu en 2006 avec les services publics relais[138], puis s'est répandu aux maisons départementales de l'autonomie[139], pour finalement aboutir avec les maisons France Services. Pour ces dernières la labélisation est basée sur une

---

135 Circ. Prem. Min., n° 5745/SG du 15 oct. 2014, *Création de Maisons de l'État*, V).

136 VINCENT (D), « Le relais de service public, un modèle de transition ? », *Pour*, n°208, 2011, pp. 115 et s.

137 LEBOUCHER (C.), « L'œnotourisme, une filière clé pour l'attractivité de la France », *Juris Tourisme*, n°224, 2019, pp. 22 et s.

138 V. le cahier des charges pour la labellisation en Annexe 3 de la Circ. Min. Int., NOR : PRMX1917197C du 2 août 2006, *Labellisation de Relais de services publics*, ce cahier des charges présente une offre de qualité et de communication topique de l'utilisation des labels dans le service public maison.

139 Décret n° 2016-1873 du 26 décembre 2016 *fixant le cahier des charges et la procédure de labellisation des maisons départementales de l'autonomie*.

charte nationale d'engagement et un bouquet France Services[140]. L'engagement premier de la charte précitée consiste notamment en un « socle commun de la qualité de service public » et de manière plus large, tout le statut France Services est pensé comme une garantie de qualité. Pour illustrer, la charte prévoit une présence minimum de deux personnes en *front office*, ainsi qu'une messagerie vocale qui doit informer les usagers. La qualité s'étoffe aussi avec la garantie de services minimums instituée par le Bouquet France Services. Ces services sont au nombre de dix-neuf et vont de « Je prépare ma retraite » à « Je fais face à un litige ou un conflit » en passant par « Je cherche à faire rembourser mes soins ». Ils sont divisés en 6 catégories : « formation, emploi et retraites », « prévention santé », « état civil et famille », « budget », « justice », et « logement, mobilité et courriers ». Concernant la communication, la charte prévoit des informations obligatoires affichées à l'entrée des maisons (comme les horaires d'ouvertures) et aux alentours (une signalétique cohérente et visible doit être implantée à proximité du site). Autre exemple, il est prévu à l'engagement numéro cinq qu'un ensemble de dépliants France Services doit être mis à disposition du public par les acteurs institutionnels, culturels et patrimoniaux du territoire. Tout cela est pensé pour former une communication cohérente autour d'une qualité propre au label France Services. En d'autres termes, le label France Services est un objet juridique bien distinct qui se superpose aux services mutualisés.

60. La superposition des maisons avec les services mutualisés pose des questions en contentieux administratif[141]. En

[140] V. Charte nationale d'engagement et Bouquet France Services de la Circ. Prem. Min, n°6094/SG du 1er juill. 2019 *Création de France Services*.

[141] Le litige qui concerne le service public maison intéresse le juge administratif. Les développements suivants montreront que le service public maison assure des fonctions d'accessibilité et d'adaptation (*v. infra* §§104 et s.), cela n'ayant rien à voir avec une mission industrielle et commerciale (TC, 22 janv. 1921, n°00706, *Sté commerciale de l'Ouest africain*), la mission s'apparente davantage à un service public administratif, ce qui fonde la compétence du juge administratif (CE, sect., 22 fév. 2007, n° 264541, *APREI* et, dans le même sens CE, 23 mai 2011, n°532520, *Cne de Six-Fours-les-Plages*).

effet, si un usager subit un dommage lorsqu'il est en relation avec la structure maison, se pose la question de l'organisme dont la responsabilité doit être engagée. Pour répondre à cette question, il faut déterminer le lien de causalité[142] entre le préjudice subi par le particulier[143] et le fait générateur du dommage[144]. De là découle une règle classique de contentieux administratif : la personne responsable du fait générateur doit indemniser le particulier [145]. Ainsi, dans le cas du service public maison la question revient alors à rechercher qui de la maison ou du service mutualisé a causé le dommage. L'appréciation du lien de causalité n'est toutefois pas dénuée de difficulté et il est possible pour le juge administratif de recourir à la théorie de la causalité adéquate pour répartir la charge du dommage entre les deux services publics[146]. En revanche, si la coopération est trop étroite, le juge peut également retenir une responsabilité *in solidium* et condamner solidairement toutes les personnes impliquées[147].

61. Ainsi, la mutualisation entraine la création de structures spécifiques qui vont permettre aux maisons de se superposer aux entités associées. Cette superposition s'exprime de trois manières : par la personnalité morale, par l'autonomie de gestion et par le label. Toutefois, la création de structures spécifiques n'est pas le seul élément permettant de définir le service public maison par la mutualisation. En effet, les maisons, étant des objets organisés par la mutualisation, placent les services regroupés dans une situation d'horizontalité.

---

[142] Pour plus de détails v. PETIT (J.), FRIER (P.-L.), *Droit administratif*, 10e éd., *op. cit.* (49), §§996 et s.
[143] *Ibid.* §§ 1003 et s.
[144] *Ibid.* §§ 954 et s.
[145] On parle de responsable de la faute en cas de responsabilité pour faute, ou de responsable du dommage en cas de responsabilité sans faute.
[146] Pour plus de détails v. PETIT (J.), FRIER (P.-L.), *Droit administratif*, 10e éd., *op. cit.* (49), §§996 et s.
[147] CE, ass, 9 avril 1993, n° 138652, *M.G* ; et CE, 2 juill. 2010, n° 323890 *Madranges*.

SECTION II. La mutualisation : un mode d'horizontalité entre les services publics regroupés

62. Le service public maison est organisé par la mutualisation, ce qui lui confère un aspect horizontal. Cet aspect, essentiel aux structures maison, n'est possible que parce qu'elles sont organisées par convention (I). L'usage systématique de ce mécanisme entraine l'horizontalité entre les parties mutualisées, c'est-à-dire qu'elles sont placées dans une situation de compromis et de négociation (II).

I. L'utilisation systématique de la convention pour instituer les maisons

63. La convention est omniprésente dans la notion de mutualisation. Par exemple, les collectivités territoriales utilisent le contrat pour se regrouper. Cette « mutualisation contractuelle » comprend quatre types de groupements[148] : les délégations de compétences par contrat[149], les conventions de compétences partagées[150], le partage de services ou d'équipements en cas d'exercice en commun d'une compétence[151], et les conventions supports des collectivités territoriales[152]. Véritable mode de coopération privilégié des collectivités territoriales[153], la convention apparaît comme un mode d'action souple orientant l'action locale vers la satisfaction des usagers[154]. Au travers de cet exemple, la mutualisation et la

---

[148] Catégories déterminées par VERPEAUX (M.), JANICOT (L.), *Droit des collectivités territoriales*, *op. cit.* (88), pp. 437 et s.

[149] Code général des collectivités territoriales, art. L1111-8 et s.

[150] *Ibid.*, art. L1111-9.

[151] *Ibid.*, art. L5111-1 et s.

[152] Catégorie la plus importante et la plus traitée en littérature, elle comprend notamment les articles L.5211-4-1 et s. du Code général des collectivités territoriales.

[153] GUGLIELMI (G. J.), KOUBI (G.), LONG (M.), *Droit du service public*, *op. cit.* (2), §178.

[154] CHRISTIANY (D.), « Du bon usage de l'entente intercommunautaire », *JCP A*, n° 27, 2019, 2200.

convention paraissent liées si bien que la première puisse être définie, en partie, par la seconde.

64. La mutualisation institutionnelle entretient, elle aussi, des rapports étroits avec la convention. Le GIP par exemple est « constitué par convention approuvée par l'État » entre plusieurs personnes morales de droit public ou privé[155]. L'association est aussi définie comme « la convention par laquelle deux ou plusieurs personnes mettent en commun, d'une façon permanente, leurs connaissances ou leur activité dans un but autre que de partager des bénéfices »[156]. Dès lors, l'accord de volonté s'utilise dans la mutualisation institutionnelle comme un préalable qui permet de créer l'institution.

65. Une maison est donc nécessairement organisée par convention. Les maisons France Services (qui s'appuient sur le statut législatif des maisons de services au public[157]) illustrent cette idée. La loi DCRA en son article 27 alinéas 4 et 5, prescrit qu'une convention-cadre entre les participants règle le fonctionnement de la structure. Elle traite, par exemple, de la dénomination et du périmètre d'intervention de la maison, de son lieu principal d'activité, des personnes morales publiques ou privées associées en son sein, ou encore des modalités de fonctionnements[158]. Les autres types de services publics maisons donnent aussi lieu à une convention. Cela ne veut pas dire que la maison est créée par la convention, celle-ci étant souvent créée par décision du préfet ou du ministre compétent, mais cela signifie que, pour que la maison soit reconnue, les associées concluent obligatoirement une convention entre eux. À titre d'exemple, les maisons de justice et du droit sont créées par

---

155 Loi n° 2011-525 du 17 mai 2011 *de simplification et d'amélioration de la qualité du droit*, art. 98.

156 Loi du 1er juillet 1901 *relative au contrat d'association* dite Waldeck-Rousseau, art. 1.

157 Pour l'histoire des maisons France Services, *v. supra* §2.

158 Décret n° 2016-403 du 4 avril 2016 *pris pour l'application de l'article 27 de la loi n° 2000- 321 du 12 avril 2000 relative aux droits des citoyens dans leurs relations avec les administrations*, art. 1.

arrêté[159] après signature d'une convention-constitutive entre le préfet, le président du tribunal judiciaire du ressort de la maison, du procureur de la république près de ce tribunal, et divers acteurs de la justice[160]. Elle détermine les missions et le fonctionnement de la maison ainsi que la mise à disposition d'un local[161].

66. S'agissant des maisons de l'État, le mécanisme conventionnel attire l'attention. Le IV) du cahier des charges de la *circulaire n° 5745/SG du 15 octobre 2014 portant création de Maisons de l'État* indique qu'une convention-locale doit être signée pour chaque service accueilli au sein de la maison. Cette convention prévoit les modalités de fonctionnement de la maison ainsi que la mise à disposition des locaux [162]. Il est prévu que les signataires de cette convention puissent être des services déconcentrés comme le préfet, la DDFIP, les DDI, les directions régionales, l'éducation nationale ou encore le ministère de la Justice. À côté de ces autorités déconcentrées, le cahier des charges dispose que des opérateurs de l'État, des établissements publics et des collectivités territoriales peuvent être signataires.

67. Ce mécanisme pose d'importantes questions. Les services déconcentrés, qu'ils proviennent de la déconcentration verticale ou horizontale, dépendent directement de l'État et ne disposent pas de la personnalité morale[163]. C'est une « différence fondamentale »[164] avec la décentralisation qui entraine des conséquences, surtout à l'égard de l'aptitude à agir, puisque « lorsqu'une autorité déconcentrée signe un contrat, c'est toujours nécessairement l'État qui est engagée »[165]. En effet, la personnalité morale « fournit à l'administration, la capacité

[159] Code de l'organisation judiciaire, art. R131-5.
[160] Code de l'organisation judiciaire, art. R131-3.
[161] *Ibid.*, art. R131-4.
[162] Cahier des charges de la Circulaire n° 5745/SG du 15 octobre 2014 *portant création de Maisons de l'État*, V).
[163] CHEVALLIER (J.), *Science administrative*, *op. cit.* (76), pp. 324 et s.
[164] PONTIER (J.-M.), « Conclusion, La réforme territoriale et le couple déconcentration-décentralisation » p. 280, *in* KADA (N.) (dir.), *De la réforme territoriale à la réforme de l'État*, coll. Cerdhap Grenoble, PUG, 2011, 296 p.
[165] *Ibid.*

d'agir comme à n'importe quel autre sujet de droit »[166]. En outre, la personnalité morale a permis aux collectivités territoriales de se construire un titre à agir en matière économique[167]. En ce sens, contrat et personnalité morale sont intimement liés.

68. Pour les maisons de l'État en revanche, une convention est passée entre des entités ne disposant pas de la personnalité morale. En d'autres termes, l'État s'accorde avec lui-même et la convention ne s'apparente pas à un contrat classique qui matérialise un accord de volontés entre deux personnes juridiques distinctes. Ici, la souplesse de la convention est utilisée pour alléger les contraintes techniques et répondre au besoin d'agilité que demandent les maisons de l'État.

69. Malgré cet usage systématique de la convention, il faut préciser que ce n'est pas le seul acte juridique qui fonde le service public maison. Certes le contrat organise le service public maison, mais c'est toujours un acte unilatéral provenant de l'État qui l'institue[168]. En d'autres termes, le contrat est nécessaire au service public maison mais celui-ci ne peut exister sans un acte unilatéral. Avec cette double nature légale du service public maison, l'administré peut attaquer le contrat au travers d'un recours contractuel[169] autant que l'acte unilatéral avec un recours pour excès de pouvoir[170].

70. Ainsi, une maison fait nécessairement l'objet d'une convention. Cet usage systématique fonde une tangible

---

[166] LINDITCH (F.), *Recherche sur la personnalité morale en droit administratif*, *op. cit.* (119), p. 6.

[167] Dans sa thèse T. Rombauts-Chabrol identifie la personnalité morale comme une source de l'intérêt public local qui constitue un titre à agir pour les collectivités territoriales, v. ROMBAUTS-CHABROL (T.), *L'intérêt public local*, coll. Bibliothèque parlementaire et constitutionnelle, Paris, Dalloz, 2015, 558 p.

[168] Pour plus de détails sur l'acte unilatéral et le service public maison, *v. infra* §§ 177 et s.

[169] CASAS (D.), DELVOLVE (P.), « Un nouveau juge pour le contrat administratif », *Revue juridique de l'économie publique*, n°646, 2007, doss. 1.

[170] Recours reconnu depuis CE, ass., 17 févr. 1950, n°86949, *Dame Lamotte*.

horizontalité entre les parties associées, cela signifie qu'elles sont placées dans une situation de compromis et de négociation.

II. La convention instaurant l'horizontalité entre les parties mutualisées

71. L'usage de la convention entraine l'horizontalité entre les parties mutualisées dans une maison. La contractualisation, emblématique de la postmodernité, est un procédé transversal de collaboration entre personnes publiques favorisant une logique horizontale de coordination[171]. La convention permet d'instaurer une logique de négociations et de compromis là où l'action publique se définissait par l'imposition de volonté et la hiérarchie[172]. En effet, l'horizontalité peut s'entendre comme la coopération entre plusieurs personnes pour répondre à un but commun, celle-ci impliquant une égalité et une logique de compromis et de négociation.

72. L'emploi récurrent du contrat dans les procédés de mutualisation concourt à inscrire ce phénomène dans le mouvement de contractualisation. La mutualisation est un foyer d'horizontalité entre personnes publiques. Cela s'explique par l'histoire de la mutualisation qui résulte du terrain et du pragmatisme, elle s'est construite selon une forme horizontale pour concilier les acteurs publics et encourager de nombreuses politiques institutionnelles[173].

73. L'horizontalité juridique ne doit pourtant pas se confondre avec égalité de fait. Ce n'est pas parce qu'une norme reconnait la négociation entre acteurs que ces acteurs négocieront, de fait, à armes égales. Par exemple, la mutualisation des moyens entre collectivités territoriales et EPCI[174] conduit à une véritable querelle institutionnelle où les

---

[171] CHEVALLIER (J.), *L'État post-moderne*, *op cit.* (30), pp. 138 et s.
[172] *Ibid.*
[173] RIBOT (C.), « La mutualisation des compétences entre communes et communautés », *Le Lamy Collectivités territoriales*, n° 33, 2008, pp. 51 et s.
[174] En application des articles L5211-4-1 et s. du Code général des collectivités territoriales.

communes membres instrumentalisent la mutualisation pour préserver leurs pouvoirs[175]. D'autant plus qu'en pratique, les communes sont manifestement inégales en raison de « l'impérialisme » de la ville centre de l'EPCI qui peut « vampiriser » les communes périphériques[176].

74. Pour en revenir aux maisons, la pratique conventionnelle issue de la mutualisation implique une forme de négociation entre les personnes associées. La convention locale réglant chaque maison de l'État doit, par exemple, préciser : les superficies occupées par chaque associé, les participations aux frais de fonctionnement, et les conditions d'utilisations des locaux et du bâtiment[177]. Ces éléments, d'une importance financière et politique relativement importante, entrainent logiquement une négociation entre les associés. Il en va de même pour les maisons France Services où la convention-cadre doit prévoir le lieu principal d'activité, le gestionnaire de la structure, et les apports financiers, immobiliers, mobiliers et techniques de chacune des personnes morales associées[178].

75. Les maisons de justice et du droit présentent un exemple intéressant d'horizontalité car leur convention constitutive peut être dénoncée par les parties signataires[179]. Le mécanisme n'est pas tout à fait égalitaire[180] mais il laisse la possibilité à chaque partie de contester la convention pour aboutir à la suppression de la structure.

---

175 HABCHI (H.) et MEURAN (C.), « La mutualisation intercommunale des services : mythe ou réalité ? », JCP A, n° 10-11, 2020, 2067.

176 NEVEU (P.), « Contractualisation et mutualisation, outils de l'intercommunalité », JCP A, n° 30-34, 2010, 2242.

177 Cahier des charges des maisons de l'État, *op. cit.* (162), V).

178 Décret n° 2016-403 du 4 avril 2016 *pris pour l'application de l'article 27 de la loi n° 2000- 321 du 12 avril 2000 relative aux droits des citoyens dans leurs relations avec les administrations*, art. 1.

179 Code de l'organisation judiciaire, art. R131-6.

180 Par exemple le préavis d'un an précédant la dénonciation est réduit à 3 mois lorsque la dénonciation émane du président du tribunal judiciaire ou du procureur (Code de l'organisation judiciaire, art. R131-6).

76. Enfin, l'horizontalité peut se traduire dans certaines maisons par un droit de regard des parties, en particulier pour les maisons départementales des personnes handicapées et pour les maisons France Services. Concernant les premières, une convention pluriannuelle d'objectifs et de moyens signée entre la maison et les parties signataires est annexée à la convention constitutive[181]. Cette convention détermine pour trois ans les missions et objectifs de la maison ainsi que les fonds alloués pour remplir ces missions[182]. Les associés pourront discuter de la gestion de l'institution une fois tous les trois ans. Les structures France Services reconnaissent aussi un droit de regard aux organismes associés. Pour chaque maison, un *reporting* obligatoire a lieu chaque trimestre pour permettre aux partenaires locaux et nationaux d'avoir « une vision globale et locale de la fréquentation, des sollicitations et des motifs de contact »[183]. Certes, il n'est reconnu qu'un droit de regard sur la « fréquentation », la « sollicitation » et les « motifs de contact », mais ces indicateurs sont influencés directement par la gestion des maisons. Au travers de ceux-ci, les membres du groupement vont nécessairement analyser la manière dont l'institution est gérée, et, au lieu de n'être présents que lors de la négociation de la convention, les associées pourront regarder la manière dont le personnel de la maison organise le travail, accueille les usagers, gère les fonds, entretient le local, etc.

77. Ainsi, la mutualisation repose sur un recours systématique à la convention, ce qui fait d'une maison un objet empreint d'horizontalité. Dans ces services, le recours à la négociation est indispensable et, pour certaines structures, les associés possèdent un droit de regard sur la gestion de la maison.

78. Pour résumer, le service public maison peut être (en partie) caractérisé par la mutualisation, car cette dernière impose des statuts juridiques précis au service public maison (GIP, association, établissement public ou contrat). Ces statuts

---

[181] Code de l'action sociale et familiale, art. L146-4-2.

[182] L'article précise qu'un avenant financier est signé chaque année pour déterminer le montant des participations.

[183] Engagement n°3 de la Charte France Services, *op. cit.* (140).

permettent à la structure maison de se superposer aux entités regroupées grâce à la personnalité morale, l'autonomie de gestion ou le label. C'est cette organisation mutualisée qui entraine l'horizontalité du service, c'est-à-dire que les parties associées sont placées dans une situation de négociation et de compromis. En revanche, la superposition et l'horizontalité ne sont que des éléments immanents à la mutualisation. Cette dernière est classiquement utilisée pour rationaliser l'administration et produire des économies d'échelle, or si le service public maison se définit par une organisation mutualisée, c'est nécessairement que celui-ci répond aux mêmes objectifs. En d'autres termes, les structures maisons sont indirectement organisées par la mutualisation car elles sont utilisées pour les mêmes objectifs : la rationalisation administrative et l'économie d'échelle.

CHAPITRE II. Des maisons organisées pour répondre aux objectifs de la mutualisation

79. Outre la caractéristique immanente que représente la mutualisation pour le service public maison, la première constitue aussi une caractéristique transcendante puisqu'elle conduit à définir le service public maison au travers des objectifs de rationalisation l'action administrative et de réduction des coûts. Plus précisément, le service public maison se définit indirectement par la mutualisation car il répond aux objectifs traditionnels de la mutualisation, qui sont la rationalisation (SECTION I) et la réduction des coûts (SECTION II).

SECTION I. La rationalisation de l'action administrative

80. La rationalisation consiste en un « perfectionnement de la production juridique », c'est-à-dire « l'amélioration de la qualité de textes et la clarification de la hiérarchie des normes »[184]. En d'autres termes, la rationalisation de l'action administrative est un procédé par lequel on réforme des structures administratives pour en améliorer la qualité. La qualité de l'action administrative pouvant s'entendre comme un « degré d'excellence relative », une « valeur que l'on attribue à une chose [ici l'action administrative] et qui permet de la juger, de la classer par rapport à une norme de référence ou par rapport à des choses analogues »[185]. En quelques décennies, la qualité est devenue un nouveau principe du service public et forme à lui seul un élément de l'intérêt général[186]. La mutualisation est une pratique qui répond à cette loi de qualité en cherchant à améliorer les services

---

184 CHEVALLIER (J.), *L'État post-moderne, op. cit.* (30), p.148.
185 « Qualité », in *Dictionnaire de l'Académie française*, 9e éd., disponible https://www.dictionnaire-academie.fr/article/A9Q0065 (consulté le 08.04.2020 à 8h55).
186 Pour plus de détails v. la thèse de CLUZEL-METAYER (L.), *Le service public et l'exigence de qualité, op. cit.* (51).

rendus aux usagers. Les maisons étant des objets mutualisés, elles concordent avec cet objectif, c'est-à-dire qu'elles réforment les structures administratives dans un but de qualité (I) tout en garantissant la compétence des agents mutualisés (II).

I. Améliorer la qualité de l'action administrative

81. Les maisons, au même titre que la mutualisation, rationalisent l'action administrative pour en améliorer la qualité. Cette amélioration de la qualité passe par deux phénomènes : la simplification et l'amélioration de la prestation[187]. La première implique d'améliorer l'action administrative en développant sa lisibilité tout en évitant les doublons et les lourdeurs techniques. La seconde consiste en l'amélioration d'une prestation fournie, celle-ci répondant davantage aux exigences de l'usager.

82. Ces deux aspects sont associés à la mutualisation[188] qui s'entend « principalement comme un vecteur d'efficacité du service public : efficacité des prestations du service mais surtout efficacité du fonctionnement, de l'organisation et du contrôle »[189]. Par exemple, les réformes judiciaires utilisent ce procédé pour améliorer et simplifier le service public de la justice[190]. Pour prendre un autre exemple, les nouvelles zones de défense furent pensées comme un « échelon de mutualisation des moyens » permettant une meilleure répartition et formation des unités[191].

---

[187] CHEVALLIER (J.), *L'État post-moderne, op. cit.* (30), p.148 et la thèse de CLUZEL-METAYER (L.), *Le service public et l'exigence de qualité, op. cit.* (51).

[188] F. Baroin se dit favorable à la mutualisation pour simplifier et améliorer l'efficacité de l'action publique, v. BAROIN (F.), « Reforme territoriale : point de vue de l'Association des maires de France, La véritable réforme territoriale viendra du terrain », *AJCT*, 2015, pp. 182 et s.

[189] LECUYER (Y.), « Mutualisation et services publics : les enjeux de la réforme », *Droit Administratif*, n° 3, mars 2009, étude 6.

[190] V. RASCHEL (L.), « Loi Belloubet, Loi de programmation 2018-2022 et de réforme pour la justice : aspects d'organisation judiciaire », *Procédures*, n° 6, 2019, étude 11 ; HARDOUIN (S.), « La transformation numérique au service de la Justice », *JCP G*, n° 50, 2018, doctr. 1321 ; et plus anciennement DATI (R.), « Les principes d'une réforme », *AJ Pénal*, 2007, pp. 521 et s.

[191] MAGNAVAL (O.), « La zone de défense et de sécurité dans le Code de la sécurité intérieure D. n° 2014–296, 6 mars 2014 : JO 7 mars 2014 », *JCP A*, n°11-12, 2014, act. 250.

Plus récemment, les propositions de loi de l'Assemblée nationale n°2591 et n°2600 du 15 janvier 2020 visant à créer l'inspection générale de la protection des lanceurs d'alerte, mutualisent les régimes de protections pour garantir la bonne exécution des procédures d'alerte[192]. Ainsi, la mutualisation est un moyen fréquent de rationalisation de l'action administrative[193].

83. Concernant la simplification, les maisons sont particulièrement concernées. La simplification renvoie aux idées de transparence, d'intelligibilité et de qualité puisqu'elle permet de faciliter le recours au droit et de renforcer la sécurité juridique en rendant les procédures administratives plus compréhensibles et rapides[194]. Cette idée de simplification se matérialise dans les maisons France Services qui poursuivent un objectif « de plus grande simplicité des démarches administratives avec le regroupement en un même lieu physique ou itinérant, des services de l'État, des opérateurs et des collectivités territoriales afin de lutter contre l'errance administrative et d'apporter aux citoyens une réponse sur place, sans avoir à se diriger vers un autre guichet »[195]. Réitéré dans le préambule de la Charte d'engagement, cet objectif de simplification permet aux usagers d'avoir un point d'accès unique aux services définis dans le bouquet de services et dans la convention-cadre relative à chaque maison. Cela évite à l'usager de multiplier les déplacements et les formalités administratives parfois considérées comme trop lourdes et inutiles. Les maisons de l'État offrent un autre exemple

---

192 VILLENEUVE (P.), « Protection des lanceurs d'alerte et création d'inspection générale de la protection des lanceuses et lanceurs d'alerte : une ambition de promesses, » JCP A, n°9, 2020, 2056.

193 Pour d'autres exemples dans le domaine de l'éducation et de la santé v. BRACONNIER (S.), « Le Conseil d'État, les Masters et... l'Université », *JCP G*, n° 9-10, 29 fév. 2016, 245 ; et MOZOL (P.), « La réforme continue du droit de la coopération organique hospitalière », *Les Petites affiches*, n°186, 2010, pp. 18 et s.

194 Pour plus de détails v. KERLEO (J.-F.), *La transparence en droit, Recherche sur la formation d'une culture juridique*, Thèse de doctorat en droit public, 5 octobre 2012, Université Jean Moulin Lyon III, §§ 210-211, 217-218, 444, 447, 618, 670, 887, 952 et 1048.

195 Circ. Prem. Min, n°6094/SG du 1er juill. 2019 *Création de France Services*, p.1

de simplification. Ces structures permettent une « rationalisation et une meilleure visibilité de la présence de l'État dans les territoires ruraux, urbains ou périurbains présentant des enjeux particuliers de maintien de cette présence »[196]. Les maisons de l'État rentrent ainsi dans une dynamique de simplification car elles regroupent plusieurs services de l'État en un point unique bien plus lisible pour les usagers.

84. Si les maisons entraînent la simplification, il semble évident qu'elles bonifient aussi *la prestation* rendue à l'usager. En effet, cette amélioration passe par une administration à l'écoute de l'administré, individualisant la prestation et prévenant d'éventuels contentieux, tout en réalisant le service d'une manière la plus rapide et la plus diligente possible[197]. Pour rester dans l'exemple des maisons France Services, celles-ci poursuivent l'objectif d'une « qualité de service substantiellement renforcée avec la mise en place d'un plan de formation d'agents polyvalents et la définition d'un panier de services homogènes dans l'ensemble du réseau France Services »[198]. Les maisons France Services se présentent comme une « montée en gamme »[199] des maisons de services au public qui étaient très critiquées en raison de leur hétérogénéité[200]. Ce caractère hétérogène marquait une différence de qualité entre ces maisons qui fournissaient plus ou moins de services avec des agents plus ou moins bien formés. Le réseau France Services fut donc pensé comme un moyen d'unifier les maisons autour d'une

---

[196] Circ. Prem. Min., n° 5745/SG du 15 oct. 2014, *Création de Maisons de l'État*, II), p.3

[197] CLUZEL-METAYER (L.), *Le service public et l'exigence de qualité*, *op. cit.* (51) §§ 188 et s.

[198] Circ. Prem. Min, n°6094/SG du 1er juill. 2019 *Création de France Service*, p.1.

[199] Question écrite avec réponse n° 12144, 12 septembre 2019, Sénat.

[200] Pour les critiques v. : COUR DES COMPTES, *L'accès aux services publics dans les territoires ruraux*, 2019, pp. 93 et s. ; DUFREGNE (J.-P.), MATTEI (J.-P.), *L'évaluation de l'accès aux services publics dans les territoires ruraux*, Rapport d'information à l'Assemblée nationale, n°2297, 2019, pp. 132 et s. ; et DEFENSEUR DES DROITS, *Dématérialisation et inégalités d'accès aux services publics*, 2019, p. 42.

qualité minimum[201]. Pour prendre un autre exemple, cette fois hors label, les maisons de justice et du droit sont soumises à une exigence de qualité de prestation. Une circulaire « consolide l'identité »[202] de ces maisons pour les rendre plus cohérentes et qualitatives. Elle détaille les services nécessairement proposés aux usagers, lesquels comprennent notamment l'accompagnement aux modes alternatifs de règlement des litiges, l'aide aux victimes, ou l'activité de conseil.

85. Ainsi, les maisons rationalisent l'action administrative pour en augmenter la qualité. Cela s'exprime de deux manières, d'une part les structures tentent de simplifier l'action administrative, d'autre part elles améliorent la prestation rendue à l'usager. Malgré cet objectif, les agents mutualisés ne sont pas nécessairement compétents en raison de leur polyvalence. Aussi, les normes du service public maison tentent de limiter au maximum la défaillance des agents pour garantir au mieux la qualité.

II. La crainte d'une baisse de compétence des agents

86. Les maisons de services au public ont souffert de critiques concernant la formation des agents. La formation demeurait très hétérogène et tandis que certaines structures y déployaient des moyens importants, d'autres ne cessaient de la négliger[203]. La Cour des comptes évoque par exemple que les agents de la maison postale de services au public de Recey-sur-Ource, en Côte-D'Or, ne savaient pas utiliser la tablette spécialement dédiée à Pôle Emploi[204].

87. Pour pallier cette relative incompétence, les maisons France Services annoncent un « plan de formation d'agents

---

201 Sur la notion de label, *v. supra* §§ 58 et s.

202 Circ. Min. Just., NOR : JUSJ0490016C du 24 nov. 2004, *relative aux maisons de justice et du droit et aux antennes de justice*.

203 DUFREGNE (J.-P.), MATTEI (J.-P.), *L'évaluation de l'accès aux services publics dans les territoires ruraux*, *op. cit.* (200), pp. 149 et s.

204 COUR DES COMPTES, *L'accès aux services publics dans les territoires ruraux*, *op. cit.* (200), p.99.

polyvalents »[205]. L'engagement numéro quatre de la Charte prévoit que le CNFPT doit former les agents chaque année sur un « socle minimum », lequel comprend l'accueil physique ou téléphonique des usagers, la médiation avec les partenaires et l'accompagnement des usagers à l'utilisation numérique. En plus du CNFPT, tous les opérateurs partenaires[206] sont chargés d'organiser des formations adaptées, en présentiel ou à distance pour favoriser un savoir spécifique à chaque service fourni. Selon la Charte, l'agent est tenu d'assister à ces formations qui donneront lieu à la délivrance de justificatifs. Cette question de l'exigence professionnelle se trouve dans d'autres services publics maisons, telles que les maisons de santé qui sont ouvertes qu'à des catégories professionnelles spécifiques (médecins, kinésithérapeutes, infirmiers, etc.)[207].

88. C'est pourtant bien la diversité des compétences qui peut justifier l'ouverture de certaines maisons. La pluridisciplinarité peut constituer un argument majeur. La maison départementale des personnes handicapées fonctionne autour d'une équipe pluridisciplinaire pour mieux évaluer les besoins et l'accompagnement de la personne handicapée[208]. Cette équipe est composée de psychologues, de travailleurs sociaux, d'éducateurs spécialisés ou de conseillers d'orientation[209]. Les maisons de santé répondent à la même logique et sont centrées sur « le développement du travail en équipe »[210]. Ce travail en équipe, particulièrement renforcé pour les patients qualifiés de complexes permet un dialogue entre médecins et autres professionnels de santé pour « des gains de qualité et d'efficience »[211]. Ces structures permettent aux patients d'avoir

---

[205] Circ. Prem. Min, n°6094/SG du 1er juill. 2019 *Création de France Services*, p. 1.

[206] Pour les opérateurs, *op. cit.* (113).

[207] v. pour les maisons de naissance le Décret n° 2015-937 du 30 juillet 2015 *relatif aux conditions de l'expérimentation des maisons de naissance*, art. 1 ; et pour les maisons de santé le Code de la santé publique, art. L6323-3 al. 1.

[208] Code de l'action sociale et familiale, art. L146-3 et L146-8.

[209] *Ibid.*, art. R146-27.

[210] Arrêté du 23 fév. 2015 *portant approbation du règlement arbitral applicable aux structures de santé pluri-professionnelles de proximité*, art. 2 al. 1.

[211] *Ibid*, art. 3 3.2.

à accès à différentes médecins (généraliste ou spécialisés) et professionnels de santés (tels que des kinésithérapeutes, ostéopathes ou psychologues par exemple) en un même espace, ce qui facilite l'échange entre spécialités et le suivi complet de chaque usager. Les maisons départementales des personnes handicapées et les maisons de santé défendent ainsi une logique de fertilisation croisée pour mieux répondre aux besoins des usagers.

89. Toutefois, la pluridisciplinarité ne se retrouve pas dans toutes les maisons. Cette logique est, en réalité, est basée sur un dialogue entre spécialistes, ce qui est bien différent de la polyvalence. Un agent polyvalent touche à plusieurs domaines de compétences sans être spécialiste de l'un d'eux. Ce type d'agent est employé dans les maisons France Services où le manque d'expertise fait craindre une perte de qualité. Sous couvert de la rationalisation et du regroupement toujours plus importants des institutions, le risque d'incompétence des agents ne fait que progresser. Le regroupement connaît des limites structurelles, il n'est pas possible de tout simplifier[212]. En effet, les démarches administratives sont complexes et probablement que les agents France Services ne disposent pas du temps et des moyens nécessaires pour répondre à des questions pointues allant des aides sociales à l'imposition[213]. Les acteurs associés eux-mêmes (notamment la CNAF, CNAM et CNAV) doutent sur la possibilité de former des agents polyvalents[214]. Le réseau France Services semble heureusement prendre acte des limites de la simplification. Les partenaires des maisons devront assurer un *back-office* où un spécialiste se tiendra à disposition de l'usager[215]. Ce spécialiste peut intervenir physiquement dans la structure ou simplement rester joignable à distance (par mail,

---

[212] LECUYER (Y.), « Mutualisation et services publics : les enjeux de la réforme », *op. cit.* (189).

[213] Ce problème de polyvalence est soulevé dans la question écrite avec réponse n° 22390 du 13 août 2019 devant l'Assemblée nationale.

[214] DUFREGNE (J.-P.), MATTEI (J.-P.), *L'évaluation de l'accès aux services publics dans les territoires ruraux*, *op. cit.* (200), pp. 154.

[215] Annexe 1 de la Circ. Prem. Min, n°6094/SG du 1er juill. 2019 *Création de France Services*, et engagement n°1 de la Charte.

téléphone, visioconférence, etc.). Dans ce dernier cas, il reviendra à l'agent polyvalent de mettre en contact l'usager et le spécialiste.

90. Avant d'aller plus loin, il faut mentionner que les agents des maisons sont soumis à des obligations statutaires tout à fait spécifiques. En effet, ils doivent respecter diverses obligations de neutralité ou de discrétion selon leur corps d'origine, ce qui peut s'avérer problématique au sein du service public maison qui regroupe une grande diversité d'activités administratives[216].

91. Ainsi, le service public maison est caractérisé par la mutualisation puisque, comme elle, il se rattache au but de rationalisation administrative, c'est-à-dire que les structures maisons sont des lieux de simplification et d'amélioration des prestations. En revanche, la mutualisation n'est pas attachée au seul objectif de rationalisation administrative, elle aussi est utilisée pour réduire les coûts de l'action administrative[217]. En conséquence, le service public maison peut aussi être, en partie, défini par cet objectif d'économie.

---

[216] Pour plus de détails sur le statut des agents du service public maison, v. *infra* §§273 et s.

[217] Cela ne veut pas dire que la qualité et sans lien avec la réduction de la dépense, au contraire L. Cluzel-Metayer établit un lien entre elles : v. CLUZEL-METAYER (L.), *Le service public et l'exigence de qualité*, *op. cit.* (189), 634 p.

SECTION II. Diminuer les coûts de l'action administrative

92. Avec l'influence du *New public management*[218], du droit de l'Union européenne[219] et des crises financières[220], la réduction des dépenses publiques est devenue l'obsession des autorités. Depuis la LOLF de 2001, l'objectif de performance (faire mieux avec moins) imprègne toute l'action publique. La RGPP en 2007 et son successeur, la MAP en 2012, n'ont fait que confirmer cet objectif de redressement budgétaire[221]. Le programme Action publique 2022 ne s'écarte pas de cette ambition[222] et le rapport CAP2022 affirme la nécessité de réformer le service public pour sortir d'une dépense publique « insoutenable »[223]. Cette réforme de l'action administrative est aujourd'hui portée par la mutualisation, et par extension les maisons, qui sont des sources d'économies d'échelle (I). Néanmoins, cette réduction de la dépense ne doit pas déguiser les éventuels surcoûts du mécanisme de mutualisation (II).

I. L'objectif d'économie d'échelle

93. Si l'objectif d'économie d'échelle et de moyens n'est pas explicitement mentionné dans les textes encadrant le service public maison, il n'en demeure pas moins un but essentiel de la création de ces structures. Les maisons de l'État sont les seules qui annoncent clairement ce désir d'économie et les préfets,

---

[218] Pour plus de détails v. BOTTINI (F.), « L'impact du New public management sur la réforme territoriale », *op. cit.* (51).

[219] Notamment le Traité de Maastricht de 1992, le Pacte de stabilité et de croissance de 1995 et, plus récemment, le Traité sur la stabilité, la coordination et la gouvernance de 2012, qui imposent l'équilibre budgétaire aux États signataires.

[220] Pour plus de détails v. BOUVIER (M.), « Crise des finances publiques et refondation de l'État », *Revue française de finances publiques*, n° Spécial Maroc, 2010 pp. 41 et s.

[221] CHEVALLIER (J.), *Science administrative*, *op. cit.* (30), p. 393.

[222] Circ. Prem. Min, n° 5968/SG du 26 sept. 2017 *Programme « Action publique 2022 »*.

[223] CAP2022, *Service public se réinventer pour mieux servir, Nos 22 propositions pour changer le modèle*, 2018, 152 p.

lorsqu'ils examinent l'opportunité de création des maisons, regardent le « coût complet du projet, et la performance immobilière escomptée »[224]. Il est d'ailleurs recommandé que si la maison utilise des locaux non possédés par l'État, celui-ci doit à moyen terme acquérir le bâtiment dans les meilleures conditions[225]. L'objectif est ici une « rationalisation les coûts immobiliers et des frais de fonctionnement »[226]. De surcroît, le cahier des charges réclame des mutualisations les « plus larges possibles » pour « donner tout leur sens aux maisons de l'État »[227].

94. Le mécanisme de mutualisation attaché au service public maison est traditionnellement corrélé avec l'économie d'échelle et de moyens[228]. L'utilisation des termes « économie d'échelle » et « économie de moyens »[229] n'est pas anodine, ces formules désignent la réduction d'une dépense par l'augmentation des institutions concernées. Cette réduction résulte de deux idées. D'une part, la dépense n'est faite qu'une fois pour l'ensemble des institutions, ce qui permet de limiter les doublons et de regrouper les frais, là où des dépenses séparées auraient engagé une somme plus importante que la dépense unique. D'autre part, la charge d'une dépense est répartie entre les institutions ce qui entraine une solidarité entre associés.

95. À titre d'exemple, la mutualisation est recommandée lorsque les collectivités territoriales souffrent de difficultés

---

224 Circ. Prem. Min., n° 5745/SG du 15 oct. 2014, *Création de Maisons de l'État*, I), p.2.
225 *Ibid.*
226 Cahier des charges des maisons de l'État *op. cit.* (162), I).
227 *Ibid.*, III).
228 Par exemple LAMBERT (A.), DETRAIGNE (Y.), MEZARD (J.), SIDO (B.), *La mutualisation des moyens des collectivités territoriales*, Rapport d'information au Sénat n°495, 151 p. ; ROMAN-SEQUENSE (B.), « Mutualisation de moyens et de services, Quels sont les nouveaux outils de mutualisation des moyens des collectivités territoriales issus de la loi du 16 décembre 2010 portant réforme des collectivités territoriales ? », *Contrats et Marchés publics*, n° 4, 2011, comm. 127 ; et TERNEYRE (P.), « L'avenir de la coopération entre personnes publiques : un avenir réel mais limité », *RFDA*, 2014, pp. 407 et s.
229 *Ibid.*

financières[230]. Pour lutter contre « l'effet ciseau »[231], caractérisé par une baisse des dotations de l'État[232] et une augmentation des frais de fonctionnement[233], la mutualisation est envisagée comme une solution viable permettant aux collectivités de tendre vers l'équilibre budgétaire. Le contexte actuel ne pourra qu'affirmer cette tendance à la mutualisation car, bien que les finances locales se portaient bien en 2019[234], la crise économique issue de la Covid-19[235] ne fera qu'accentuer l'effet ciseau.

96. Deux d'exemples peuvent encore être cités. D'une part, le schéma de mutualisation des services entre un EPCI et ses communes membres[236], qui est utilisé pour organiser une gestion commune des déchets et ainsi réduire les coûts de fonctionnement[237]. D'autre part, les services d'achats des personnes publiques peuvent être mutualisés en des groupements de commandes et des centrales d'achats[238]. De tels amas permettent la répartition des dépenses de fonctionnement imputées aux services d'achats. Ils aident aussi à augmenter le volume des commandes pour réduire le prix du produit à l'unité

---

230 DEGRON (R.), « L'évolution des finances locales, levier de la rénovation des cadres de l'action publique territoriale », *Le Lamy Collectivités territoriales*, n° 77, 2012.
231 *Ibid.*
232 Par exemple v. NOGUELLOU (R.), « Baisse des dotations de l'État : quels impacts pour les collectivités territoriales ? », *Droit Administratif*, n° 10, 2015, alerte 99.
233 Par exemple v. NOGUELLOU (R.), « Finances et comptabilité publiques, Les finances locales », *Droit Administratif*, n° 12, 2014, alerte 97.
234 COUR DES COMPTES, *Les finances publiques locales 2019, Fascicule 2*, 2019, 269 p.
235 V. LAGARDE (C.), « Plus le temps sera long, plus les dommages économiques seront importants, *Podcast France Inter du 9.04.2020,* disponible sur https://www.franceinter.fr/emissions/l-invite-de-8h20-le-grand-entretien/l-invite-de-8h20-le-grand-entretien-09-avril-2020 (consulté le 09.04.2020 à 10h27).
236 Code général des collectivités territoriales, L5211-39-1.
237 BILLET (P.), « La gestion des déchets dans la loi de réforme des collectivités locales », *Environnement*, n° 3, 2011, comm. 28.
238 Code de la commande publique, L2113-1 et s.

et limiter les procédures de commande publique souvent lourdes et coûteuses[239].

97. L'objectif de réduction des coûts est donc inhérent à la mutualisation. Il justifie un usage tellement prononcé de ce mécanisme qu'il est parfois ressenti comme un « rouleau compresseur »[240]. En clair, si économie et mutualisation sont liées et que le service public maison est organisé par la mutualisation, alors celui-ci contribue à produire des économies d'échelle. Pour détailler, les maisons permettent de maintenir la présence de l'État et d'assurer une mission d'accessibilité et d'adaptation[241], tout en limitant les coûts de fonctionnement. Par exemple, le coût du maintien des opérateurs France Services dans les territoires est largement réduit grâce aux maisons. La dépense aurait été bien plus importante si chaque opérateur avait choisi une antenne territoriale séparée.

98. En effet, le coût d'une maison est relativement faible. Certes cette structure n'est pas une priorité pour les pouvoirs publics, mais elle n'a pas besoin d'un budget excessif pour fonctionner[242].

99. Ainsi, le service public maison peut s'identifier par un objectif d'économie, il permet de réduire le coût de fonctionnement des services publics pour maintenir leur présence sur les territoires. Pourtant, le silence des textes sur cette question est problématique, aucun accent n'est mis sur le surcoût éventuel que peut entraîner le service public maison.

---

[239] Pour plus de détails v. DELON DESMOULIN (C.), « De la mutualisation des achats à la mutualisation des pratiques d'achat : quelles libertés pour les collectivités territoriales ? », *AJCT*, 2015, pp. 260 et s. ; et KOEBEL (B.), « Le groupement de commandes : mutualiser pour mieux acheter », *JCP A*, n° 17, 2014, 2127.

[240] TAILLEFAIT (A.), « Le développement législatif de la mutualisation des moyens : élargissement ou resserrement des possibilités d'intervention locale ? », *Revue Le Lamy Collectivités territoriales*, n° 77, 1er mars 2012, p.98.

[241] Sur les fonctions des maisons, *v. infra* §§ 104 et s.

[242] Pour un exemple de budget alloué au service public maison, *v. infra* §327.

II. Le surcoût éventuel des structures maisons

100. La mise en pratique des mutualisations révèle des coûts supplémentaires. C'est un véritable paradoxe qui touche ce mécanisme supposé redresser les finances publiques. Concrètement, lorsque la mutualisation est utilisée au sein d'EPCI, elle est principalement « associée à une extension des services proposés aux habitants, plutôt qu'à la génération d'économies budgétaires nettes »[243]. Au lieu de réduire la dépense publique, la mutualisation accroît la qualité de l'action publique en proposant de nouveaux services. En outre, la mutualisation entre collectivités territoriales subit de vives critiques en raison des faibles économies obtenues et du surcoût éventuel qu'elle peut entraîner[244]. Plus précisément, le développement de l'intercommunalité s'est traduit par un « recrutement massif de personnels dédiés provoquant une inflation des dépenses de fonctionnement »[245]. La coopération est parfois difficile et les dépenses visant à unifier deux institutions différentes peuvent vite s'envoler[246]. Il s'avère parfois ardu d'unifier les pratiques administratives car cela nécessite des changements de logiciels, de nouvelles formations pour les agents ou des primes de mobilités pour acheter la paix dans les services[247]. Tous ces points entrainent inévitablement une hausse des dépenses.

---

[243] Inspection générale de l'administration, Inspection générale des finances, *Les mutualisations au sein du bloc communal*, 2014, p. 5.

[244] Bockel (J.-M), « Allocution d'ouverture au Colloque : Les collectivités territoriales, levier de développement des territoires ruraux », Sénat, 7 novembre 2019, in *JCP A*, n° 10-11, 2019, 2066.

[245] Pelissard (J.), Poncelet (C.), « Synthèse du Colloque "Communes, communautés : quelle mutualisation des services ?" », 27 mars 2007, in *Le Lamy Collectivités territoriales*, n° 26, 2007.

[246] Gaboriau (V.) « La mutualisation dans les services publics, nouvel enjeu de coopération », RDSS, 2012, pp. 45 et s.

[247] Bottini (F.), « Les procédés de mutualisation au sein du bloc communal, entre impératif institutionnel et casse-tête organisationnel », *AJDA*, 2016, p.138.

101. Pour éviter le surcoût de la mutualisation, il est nécessaire qu'elle soit adaptée. Aussi, il faut éviter de mutualiser des institutions trop différentes avec un statut trop rigide[248]. Un tel statut peut entraver l'unification de pratiques administratives distantes, en conséquence il est nécessaire que les règles de mutualisation soient flexibles pour concilier les réalités administratives. En d'autres termes, plus les statuts sont plastiques, plus les risques de surcoûts diminuent[249]. De plus, pour éviter un surcoût massif, il faut éviter au minimum le recrutement de personnel et préférer la mobilité des agents déjà recrutés[250]. Enfin, la plus grande des précautions est celle du moyen-long terme. Il est certain que la mutualisation entraine des surcoûts lors de sa mise en œuvre (trouver un local, du matériel, financer l'organisation, les négociations, etc.) c'est pourquoi elle ne doit pas être envisagée sur le court terme[251].

102. Les maisons doivent répondre à ces impératifs pour éviter le surcoût. Concernant la flexibilité, le service public maison en est empreint[252], ce qui limite les dépenses liées à la rigidité du statut. Concernant la condition du court terme, les structures maisons ne semblent pas être concernées, et malgré des remises à niveau récentes (comme le label France Services), la plupart datent de dispositifs légaux anciens[253]. Malgré cet argument, aucune réponse définitive n'est admise car la durée d'existence d'une maison ne dépend pas nécessairement de l'ancienneté du dispositif mais de considérations sociologiques.

---

248 GABORIAU (V.) « La mutualisation dans les services publics, nouvel enjeu de coopération », *op. cit.* (246).

249 *Ibid.*

250 AUBELLE (V.), « Mutualisations et action publique locale », *AJCT*, 2012, pp. 396 et s.

251 *Ibid.*

252 L'usage de la convention montre que les structures maisons sont flexibles, *v. supra* §§63 et s.

253 Par exemple : Loi n° 2005-102 du 11 fév. 2005 pour *l'égalité des droits et des chances, la participation et la citoyenneté des personnes handicapées*, art. 64 pour les maisons départementales des personnes handicapées ; Loi n° 2000-321 du 12 avril 2000 *relative aux droits des citoyens dans leurs relations avec les administrations*, art. 27 et s. pour les maisons des services publics ; Loi n° 98-1163 du 18 déc. 1998 *relative à l'accès au droit et à la résolution amiable des conflits*, art. 21 pour les maisons de justice et du droit, etc.

De même, la flexibilité des statuts entraîne un doute sur le recrutement de personnel nouveau. Ces considérations relèvent d'autres sciences telles que la sociologie du droit[254]. En l'absence de données factuelles, ces questions doivent être laissées en l'état. L'important est simplement de démontrer les possibles surcoûts que peuvent entrainer les organisations maisons.

103. Ainsi, le service public maison se caractérise par une organisation mutualisée puisque, dans un sens transcendant, les maisons répondent aux mêmes objectifs que la mutualisation, et dans un sens immanent, les maisons sont directement des objets mutualisés. En conséquence, l'organisation mutualisée est le premier élément de définition du service public maison. Cet élément permet, en outre, de remplir le critère organique du service public tout en essayant de discriminer une nouvelle catégorie. Ce critère n'est cependant pas suffisant pour construire un concept précis. Dès lors, il faudra, dégager deux critères pour discriminer le service public maison tout en lui faisant remplir le critère matériel du service public. Sans attendre davantage, les développements suivants s'affaireront à dégager ces critères : soit une fonction d'accessibilité et une fonction d'adaptation.

---

254 KELSEN (H.), Trad. ANDRE-PINA (S.), « Sur la sociologie du droit. Réflexions critiques », pp. 375-381 *in* HOCHMANN (T.) (dir.), MAGNON (X.) (dir.), et PONSARD (R.) (dir.), *Un classique méconnu : Hans Kelsen*, coll. Le sens de la science, Paris, Mare et Martin, 2020, 434 p.

TITRE II. L'accessibilité : un critère fonctionnel du service public maison

104. Pour construire un concept de service public maison, il faut, au côté de la mutualisation, dégager des critères permettant de qualifier le service public tout en discriminant une catégorie. Le premier de ces critères, qui est le second élément de définition est une fonction d'accessibilité. Plus précisément, le service public maison s'identifie par une fonction d'accessibilité aux services mutualisés.

105. Sans définir clairement ce que l'on entend par accessibilité, ce qui fera l'objet des développements suivants, ce critère renvoie à l'activité d'intérêt général classiquement rattachée au service public[255] tout en discriminant une catégorie singulière. Préférée à la notion de proximité[256], cette accessibilité a une connotation polyvalente puisque ce critère doit s'entendre au côté de la mutualisation. En d'autres termes, loin d'entendre l'accessibilité de manière classique, il faudra caractériser une fonction spécifique des maisons, qui cherchent à assurer l'accessibilité des services qu'elles mutualisent.

106. Pour démontrer que l'accessibilité est un critère fonctionnel du service public maison il faudra d'abord envisager que les maisons cherchent à assurer l'égal accès aux services publics (CHAPITRE I.), ce qui revient, en réalité, à garantir une meilleure accessibilité aux services mutualisés (CHAPITRE II.).

---

[255] CE, sect., 28 juin 1963, n°43834, *Cne de Narcy* et CE, sect., 22 fév. 2007, n° 264541, *APREI.*

[256] Sur le mot proximité, v. *supra* §32.

CHAPITRE I. Assurer l'égal accès aux services mutualisés

107. Pour démontrer le critère de fonction d'accessibilité, il faut d'abord voir que les maisons cherchent à assurer l'égal accès aux services mutualisés. Dès lors, il sera dégagé que les maisons développent l'égal accès tant géographique (SECTION I.) que numérique (SECTION II.).

SECTION I. Assurer l'égal accès géographique aux services publics

108. Depuis quelques années, les particuliers sont confrontés au repli des services publics dans les territoires (I.). Partant de ce constat, diverses politiques publiques ont tenté de répondre à cette désertification des services en créant des organisations maisons (II.).

I. Le repli des services publics : l'impossibilité d'accéder aux services dans les territoires

109. Depuis les années 1990, les territoires sont marqués par un repli général des services publics[257]. Loin de l'ancienne conception selon laquelle la désertification ne toucherait que les zones rurales, l'ensemble du territoire français est concerné[258], et la nécessité des services de proximité s'est aussi fait sentir en zones urbaines[259]. Le repli des services publics est en réalité attaché à l'indétermination ontologique que représente le territoire[260]. En effet, le territoire ne possède pas de conception

---

[257] BARCZAK (A.), HILAL (M.), « Quelles évolutions de la présence des services publics en France », *op. cit.* (26), pp. 31-65.

[258] *Ibid.*

[259] GUGLIELMI (G. J.), KOUBI (G.), LONG (M.), *Droit du service public*, *op. cit.* (2).

[260] L'Insee a tenté de répondre à cette question en repensant le découpage des territoires en 2011 ; ce nouveau « zonage en aires urbaines » permet d'obtenir une appréciation nouvelle de l'urbanité hors des grandes villes (https://www.insee.fr/fr/metadonnees/definition/c1435, consulté le 13.04.2020

univoque ce qui rend complexe l'approche du repli par territoire, le sentiment d'abandon est donc totalement relatif et contingent[261].

110. Par exemple, depuis les années 1980, les écoles primaires, les gendarmeries et les gares ferroviaires ont diminué dans tous les territoires alors que les services de l'emploi, les médecins et les pharmaciens ont augmenté[262]. Autre exemple, la présence des hôpitaux s'est renforcée dans les grands pôles urbains alors qu'elle a diminué en dehors de ceux-ci[263], créant « des inégalités territoriales persistantes »[264]. Ces exemples montrent que les variations territoriales du repli des services publics, qui reste néanmoins une problématique nationale.

111. Pour lutter contre ce repli, les pouvoirs publics ont intégré l'égal accès aux services publics comme des « éléments de la politique d'aménagement du territoire »[265], sans pour autant en faire, à proprement parler, une priorité. Par exemple, certaines

---

à 11h55) ; celui-ci est souvent associé à la notion de « bassin de vie » (« Le plus petit territoire sur lequel les habitants ont accès aux équipements et aux services les plus courants », https://www.insee.fr/fr/information/2115016, consulté le 13.04. 2020 à 12h00) pour avoir une vision plus réaliste de l'aménagement des territoires.

261 Pour plus de détails, v. COUR DES COMPTES, *L'accès aux services publics dans les territoires ruraux*, *op. cit.* (200). ; DELCROS (B.), HUSSON (J.-F.), MONTAUGE (F.), VALL (R.), *Les collectivités territoriales, leviers de développement des territoires ruraux*, Rapport d'information au Sénat, n°251, 2020, 154 p. ; et GENEST (J.), *L'implantation des services de l'État dans les territoires : état des lieux et enjeux financiers*, Rapport d'information au Sénat, n°334, 2020, 108 p.

262 Pour un tableau résumant le repli des services publics par territoires, v. BARCZAK (A.), HILAL (M.), « Quelles évolutions de la présence des services publics en France », p. 62, *in* COURCELLE (T.), FIJALKOW (Y.), TAULELLE (F.), *Services publics et territoires, Adaptations, innovations et réactions*, coll. Espace et territoires, Rennes, PUR, 2017, 253 p.

263 *Ibid.*

264 BARCZAK (A.), HILAL (M.), « Quelles évolutions de la présence des services publics en France », *op. cit.* (26), pp. 40 et s.

265 COUR DES COMPTES, *L'accès aux services publics dans les territoires ruraux*, *op. cit.* (200), p. 12.

villes ont été « ravagées par la RGPP »[266] puisque cette réforme a conduit à supprimer de nombreux services publics[267]. À l'inverse, AP 2022 et le réseau France Services[268] accordent une place importante à l'accès et la proximité pour lutter contre le repli géographique des services. Cette politique est incarnée par le « bain de jouvence »[269] que représentent les maisons France Services. Ces structures sont présentées comme cela car elles rénovent les maisons de services au public qui furent instituées dans la *loi NOTRe*[270].

112. Ainsi, bien que ce repli soit relatif selon les territoires et les mesures sociodémographiques adoptées, il n'en reste pas moins qu'un constat national peut être dressé pour s'accorder sur la désertification des services. Face à ce constat, les pouvoirs publics ont cherché une manière de renforcer la présence des services publics au sein des territoires. Cela fut fait, notamment, par les maisons.

II. Répondre au repli par des services publics mutualisés

113. Depuis les années 1990, des politiques publiques tentent d'assurer l'égal accès géographique aux services publics avec les structures maisons. Dernièrement, ce sont les maisons France Services qui sont le symbole de cette lutte. Ces organisations, basées sur le statut des maisons de services au public, ont pour

---

266 BARCZAK (A.), HILAL (M.), « Quelles évolutions de la présence des services publics en France », *op. cit.* (26), p. 35.

267 Pour plus de détails, v. BRICAULT (J.-M.), « Des conséquences de la RGPP en milieu rural », pp. 99-110, *in* NEMERY (J.-C.), *RGPP et réforme des collectivités territoriales*, coll. GRALE, Paris, L'Harmattan, 2012, 270 p.

268 Circ. Prem. Min, n° 5968/SG du 26 sept. 2017 *Programme « Action publique 2022 » ;* Circ. Prem. Min, n° 6029/SG du 24 juill. 2018 *Organisation territoriale des services* publics ; Circ. Prem. Min, NOR : PRMX1917197C, du 12 juin 2019 *relative à la mise en œuvre de la réforme de l'organisation territoriale de l'État* ; et Circ. Prem. Min, n°6094/SG du 1er juill. 2019 *Création de France Services.*

269 ERSTEIN (L.), « Évaluation de l'accès aux services publics », *JCP A*, n° 43-44, 2019, act. 662.

270 Sur l'histoire des maisons France Services, *v. supra* § 4.

objet « d'améliorer l'accessibilité et la qualité des services, en milieu rural et urbain, pour tout public »[271].

114. En outre, le label France Services est une montée en gamme des maisons de services au public dont le maillage restait assez faible[272]. Pour remplir l'objectif d'une plus grande accessibilité des services, le réseau propose d'établir une maison par canton d'ici 2022[273]. Les projets d'implantations doivent être étudiés selon cinq critères de priorité : il faut identifier les zones éloignées d'une offre de services existants (notamment des services définis par le bouquet), prioriser les quartiers prioritaires de la politique de la ville, encourager les solutions itinérantes, favoriser l'implantation dans des lieux de passage habituels (tiers lieux, médiathèques, etc.), et porter une attention particulière aux territoires d'outre-mer[274]. Ce maillage consiste à implanter, pour un moindre coût, les services minimums garantis par le label[275] dans les territoires où ils sont absents. De surcroît, l'engagement numéro deux de la Charte[276] prévoit des solutions itinérantes, telles que les bus France Services pour « toucher les populations les plus fragiles et les plus isolées ». Par exemple, les personnes voulant être aidées pour leur demande d'aide sociale pourront trouver des points géographiquement proches pour bénéficier de ces services. Ainsi, la maison France Services regroupe des services publics dans le but d'assurer un égal accès géographique aux services mutualisés.

115. Des maisons de l'État en passant par les maisons de justice et du droit, cet objectif concerne l'ensemble des structures

---

[271] Loi n° 2000-321 du 12 avril 2000 *relative aux droits des citoyens dans leurs relations avec les administrations*, art. 27 al. 1.

[272] COUR DES COMPTES, *L'accès aux services publics dans les territoires ruraux*, *op. cit.* (200), pp. 65 et s. ; et DUFREGNE (J.-P.), MATTEI (J.-P.), *L'évaluation de l'accès aux services publics dans les territoires ruraux*, *op. cit.* (200), pp. 132 et s.

[273] Circ. Prem. Min, n°6094/SG du 1er juill. 2019 *Création de France Services*, p.2.

[274] Annexe 2 de la Circ. Prem. Min, n°6094/SG du 1er juill. 2019 *Création de France Services*.

[275] Sur le label, *v. supra* §§ 58 et s.

[276] Charte d'engagement, *op. cit.* (140).

maisons. Pour ne choisir qu'un exemple et éviter les redondances, les maisons de santé[277] illustrent bien cette idée. Elles sont principalement situées dans les communes hors influence des pôles urbains (soit 36% des maisons en 2019) et dans des espaces peu attractifs pour la catégorie socioprofessionnelle des médecins (en 2019, 90% des structures étaient situées dans des espaces peu ou moyennement attractifs)[278]. L'objectif de ces maisons est de « favoriser l'accès aux soins »[279] pour offrir la meilleure offre aux territoires souffrant des problèmes de « démographie médicale » et de « désaffection des jeunes médecins à la médecine générale »[280]. Ces maisons sont donc pensées pour pallier la carence d'offre dans les déserts médicaux. Plus encore, elles permettent aux jeunes médecins de ne pas être isolés et de développer un intérêt professionnel pour la médecine générale. C'est une véritable « logique gagnant-gagnant » qui permet aux patients d'avoir des soins de proximité et aux médecins d'éviter l'isolement en travaillant dans une structure organisée[281]. Cette institution offre un meilleur contexte pour les médecins de campagne, souvent surchargés par le travail. Grâce au travail pluridisciplinaire, aux secrétaires spécialisées et à l'arrivée de nouveaux médecins, elles permettent un meilleur équilibre entre vie personnelle et vie professionnelle[282].

116. Ainsi, les maisons mutualisent différents services pour en garantir l'égal accès géographique à travers un accès unique pour tous les usagers. Pourtant, l'égal accès ne comporte pas seulement une dimension géographique. Avec le développement

---

[277] Code de la santé publique, art. L6323-3.

[278] COUR DES COMPTES, *L'accès aux services publics dans les territoires ruraux*, *op. cit.* (200), p. 109.

[279] Arrêté du 23 fév. 2015 *portant approbation du règlement arbitral applicable aux structures de santé pluri-professionnelles de proximité*, art. 3, 3.1.

[280] Circ. Min. Int., NOR : EATV1018866C du 27 juill. 2010, *Lancement d'un plan d'équipement en maisons de santé en milieu rural.*

[281] ROUSSET (G.), « Les maisons de santé, un mode d'exercice favorisant l'accès aux soins ? », *RDSS*, 2014, pp. 450 et s.

[282] *Ibid.*

du numérique, les services publics doivent aussi être accessibles à distance.

SECTION II. Assurer l'égal accès numérique aux services publics

117. Loin de n'assurer que l'égal accès géographique, les structures maisons assurent aussi, pour lutter contre la facture numérique (I.), un égal accès aux services publics en ligne (II.).

I. La fracture numérique : l'impossibilité d'accéder aux services publics en ligne

118. Ces dernières années, le numérique comme mode de transformation de l'État n'a cessé de se développer[283]. Sans évoquer la *loi pour une République numérique*[284] ou la création de la Direction interministérielle du numérique[285], la dématérialisation est une source d'économie et de simplification permettant de « nourrir le projet d'État-plateforme » axé sur l'échange entre l'administration et l'administré[286]. C'est ainsi que depuis 2012, le numérique s'est imposé comme le mode de contact privilégié par les usagers[287] conduisant à la fermeture de certains points de contact physiques de l'administration, comme

---

[283] COUR DES COMPTES, *Relations aux usagers et modernisation de l'État, Vers une généralisation des services publics numériques*, *op. cit.* (27).

[284] Loi n° 2016-1321 du 7 oct. 2016 *pour une République numérique*.

[285] La Direction interministérielle du numérique prend la suite de la Direction interministérielle du numérique et du système d'information et de communication de l'État, elle a pour fonction d'accompagner l'État dans sa transformation numérique, v. Décret n° 2019-1088 du 25 octobre 2019, *relatif au système d'information et de communication de l'État et à la direction interministérielle du numérique*.

[286] PASTOR (J.-M.), « La Cour des comptes prône un recours généralisé aux services publics numériques », *AJDA*, 2016, pp. 233 et s.

[287] Pour un tableau montrant l'évolution des modes d'accès privilégiés aux services publics, Source : DUFREGNE (J.-P.), MATTEI (J.-P.), *L'évaluation de l'accès aux services publics dans les territoires ruraux*, Rapport d'information à l'Assemblée nationale, n°2297, 2019, p. 15.

ce fut le cas, par exemple, des trésoreries de la DGFIP[288]. La dématérialisation semble avoir des effets contradictoires : « [e]lle facilite des formes de déterritorialisation pour les utilisateurs des plateformes publiques. Mais en même temps, encourage des pratiques constructives et participatives pour les territoires proches des administrés »[289]. L'accès au numérique se présente alors comme « le premier des services publics »[290].

119. Pourtant, l'illectronisme concerne 17% de la population française[291] et comme l'évoque l'Insee : « [e]n 2019, 15 % des personnes de 15 ans ou plus n'ont pas utilisé Internet au cours de l'année, tandis que 38 % des usagers manquent d'au moins une compétence numérique de base et 2 % sont dépourvus de toute compétence »[292]. Une question se pose alors : si la dématérialisation entraîne un retrait physique des services publics et que 17% de la population ne peut accéder au numérique, comment assurer l'égal accès aux services publics ? L'ombre de la fracture numérique plane, et les autorités, notamment les parlementaires et la Cour des comptes[293], commencent à la craindre. Cette question a ainsi fait l'objet du rapport annuel du Défenseur des droits en 2019, dans lequel il a souligné l'importance de conserver plusieurs modes d'accès aux services pour lutter contre la fracture numérique[294].

---

288 Question écrite avec réponse n° 22390 du 13 août 2019, Assemblée nationale.

289 OBERDORFF (H.), « Les territoires de l'État à l'ère du numérique », p. 257, *in* GRALE, *Droit et gestion des collectivités territoriales, Les territoires de l'État*, Éd. Le Moniteur, Antony, 2017, 808 p.

290 DUFREGNE (J.-P.), MATTEI (J.-P.), *L'évaluation de l'accès aux services publics dans les territoires ruraux*, *op. cit.* (200), p. 10.

291 INSEE, « Une personne sur six n'utilise pas Internet, plus d'un usager sur trois manque de compétences numériques de base », in *Insee Première*, n°1780, 2019, 4 p.

292 *Ibid.*

293 Par exemple v. la Question écrite avec réponse n° 24590 du 19 nov. 2019, Assemblée nationale et COUR DES COMPTES, *Relations aux usagers et modernisation de l'État, Vers une généralisation des services publics numériques*, *op. cit.* (27).

294 DEFENSEUR DES DROITS, *Dématérialisation et inégalités d'accès aux services publics*, *op. cit.* (200), 71 p.

120. Le numérique modifie profondément les notions d'accès et de territoire[295], et on assiste aujourd'hui au développement d'une mission d'accompagnement aux procédures en ligne. La question dépasse dorénavant celle de savoir si le service public est géographiquement accessible et se focalise les procédures en ligne et leur accessibilité. En conséquence, les maisons cherchent aujourd'hui à assurer l'égal accès numérique aux services mutualisés.

II. Répondre à la fracture numérique par des services publics mutualisés

121. Les maisons essaient de résoudre la crise de l'illectronisme et d'assurer l'égal accès numérique aux services demandant une procédure en ligne. La structure phare dans ce domaine est la maison France Services. Ces maisons tendent à développer un véritable accompagnement des utilisateurs, là où les maisons de services au public ne faisaient que mettre à disposition du matériel sans aucune aide des agents[296]. La charte d'engagement France Services[297] précise toutes les actions prévues pour lutter contre l'illectronisme. L'engagement numéro un prévoit l'accès libre à un point numérique permettant de réaliser les démarches en ligne. Ce point numérique doit comporter un nombre suffisant d'outils informatiques et garantir une connexion internet constante de qualité. Sur l'accompagnement, chaque agent doit identifier les difficultés rencontrées par l'usager, l'accompagner directement dans ses démarches, le rediriger vers des aidants numériques spécialisés et plus généralement, l'accompagner dans l'appréhension de divers outils numériques. Des bus numériques ont ainsi été mis en place dans le cadre des maisons de services au public et proposaient, selon un mode itinérant, des formations de trois

---

[295] GUGLIELMI (G. J.), KOUBI (G.), LONG (M.), *Droit du service public*, *op. cit.* (2), §§1602 et s.

[296] Ce constat n'est que général et certaines maisons de services au public proposaient un accompagnement et des formations, v. DEFENSEUR DES DROITS, *Dématérialisation et inégalités d'accès aux services publics*, *op. cit.* (200), p. 42.

[297] Charte d'engagements France Services, *op. cit.* (140).

heures pour apprendre à se familiariser avec l'informatique[298]. Nul doute que ce genre d'initiative sera mis en place dans le cadre de France Services.

122. Ces éléments reflètent une dynamique de « lutte contre le non-recours au droit »[299] dans laquelle chaque agent est tenu de signaler toute situation de non-recours au droit ainsi que de porter une attention poussée à la complétude des dossiers.

123. Outre ces garanties générales, le bouquet France Services[300] détaille des actions précises à mener pour chaque service proposé. Par exemple, l'agent devra accompagner l'usager pour l'utilisation du site caf.fr ou du site solidarité-santé.gouv.fr pour qu'il puisse accéder aux aides sociales. Dans le même sens, l'agent est tenu d'aider aux simples simulations d'allocations que voudrait faire l'usager. Cela ne veut toutefois pas dire que les agents se substitueront aux services regroupés. En effet, leur fonction se limite à assurer un premier accueil, et les services, qui ne sont pas totalement absorbés par la structure maison, devront toujours assurer un *back-office* ou une présence sur le site de la maison pour renseigner les usagers[301]. Ce *back-office* est utilisé pour pallier la crainte d'une baisse de compétence due à la polyvalence des agents France Services[302]. L'agent France Services, dans ce cas-là, est alors chargé d'accompagner l'usager pour la mise en contact.

124. Ainsi, le service public maison a pour fonction d'assurer l'égal accès géographique et numérique aux services mutualisés. Cet égal accès est toutefois spécifique. En effet, ce service cherche à assurer les deux faces de l'égalité[303], soit traiter de manière identique les personnes en situations semblables et

---

298 DEFENSEUR DES DROITS, *Dématérialisation et inégalités d'accès aux services publics*, *op. cit.* (200), p. 44

299 Charte d'engagements France Services, *op. cit.* (140), Engagement n°1, 1.4.

300 Bouquet France Services, *op. cit.* (140).

301 Pour plus de détails sur la compétence des agents et le *back office*, v. *supra* §81.

302 Sur la baisse de compétence des agents, v. *supra* §§ 86 et s.

303 MELIN-SOUCRAMANIEN (F.), « La loi et le principe d'égalité », *RFDA*, 2013, pp. 952 et s.

traiter de manière différente les personnes en situations dissemblables. Cela conduit, en réalité, à renforcer l'accessibilité des services regroupés.

CHAPITRE II : Assurer l'accessibilité des services mutualisés

125. Certes, les maisons cherchent à assurer l'égal accès aux services mutualisés, mais cela revient à garantir l'accessibilité de ces mêmes services (Section I.). La conséquence directe de cette fonction est que les maisons sont solidaires des services mutualisés (Section II.).

SECTION I. Assurer l'égal accès pour renforcer d'accessibilité

126. En ayant pour fonction d'assurer l'égal accès géographique et numérique aux services mutualisés, les maisons ont pour fonction d'assurer l'accessibilité aux mêmes services. Certes, ces deux notions d'égal accès et d'accessibilité sont ontologiquement distinctes (I.), mais lorsqu'est détaillé le cas des maisons, il devient évident qu'égal accès et accessibilité se confondent (II.).

I. Différencier égal accès et accessibilité

127. Dans l'absolu, les questions d'égal accès et d'accessibilité sont différentes car la première s'entend comme un accès unique pour tous les usagers, tandis que la seconde (dans ses multiples facettes[304]) fait référence à la capacité d'accéder au service. Plus précisément, l'accessibilité comprend deux composantes : l'accès aux services publics[305] et la lisibilité

---

[304] C. Minster par exemple différencie accessibilité spatiale et accessibilité a-spatiale, v. MINSTER (C.), « Que veut dire accéder aux services ? », pp. 157-166, *in* COURCELLE (T.), FIJALKOW (Y.), TAULELLE (F.), *Services publics et territoires, Adaptations, innovations et réactions,* coll. Espace et territoires, Rennes, PUR, 2017, 253 p. ; Y. Lécuyer distingue quant à lui entre intelligibilité du droit, dimension tarifaire et dimension territoriale, v. LECUYER (Y.), « Mutualisation et services publics : les enjeux de la réforme », *op. cit.* (189).

[305] CLUZEL-METAYER (L.), *Le service public et l'exigence de qualité, op. cit.* (51), §§ 207 et s.

de l'action administrative[306]. La première renvoie à l'accessibilité géographique (temps de trajet, etc.) et l'accessibilité sociale (question du tarif, etc.), tandis que la seconde comprend la transparence (accès aux documents administratifs, etc.) et la simplification des démarches administratives. Donc, la question de l'accessibilité n'entretient pas systématiquement un lien avec la notion d'égal accès.

128. Il est tout à fait possible de concevoir qu'un accès unique soit mis en place pour tous les administrés, alors même que le service n'est pas du tout accessible. Par exemple, de manière parfaitement abstraite, on pourrait envisager un service de délivrance de permis de conduire situé à trente heures de voitures de chaque usager, l'accès serait donc unique et égal mais tout bonnement inaccessible en raison du cheminement trop long. En d'autres termes l'accessibilité est la notion permettant d'assurer le droit d'accès effectif au service public, cela va donc plus lois que garantir un accès unique pour tous, notamment au niveau tarifaire[307].

129. Ainsi, l'égal accès et l'accessibilité apparaissent différents. Dans le cas des maisons, toutefois, il apparait que ces deux notions sont liées et que renforcer l'une revient à renforcer l'autre.

II. Une fonction : lier égal accès et accessibilité

130. Le droit positif actuel tisse un lien manifeste entre l'égal accès et l'accessibilité en ce que le premier est utilisé pour garantir le second. La recherche d'un égal accès permet de lutter contre la fracture numérique et le repli des services publics dans les territoires. Loin de permettre l'accessibilité au sens large (sociale, transparence, etc.), la recherche d'égal accès permet de garantir l'accessibilité géographique et numérique, c'est-à-dire garantir un accès effectif aux services. Plus précisément, lorsque

---

[306] CLUZEL-METAYER (L.), *Le service public et l'exigence de qualité*, *op. cit.* (51), §§247 et s.

[307] GUGLIELMI (G.J.), KOUBI (G.), LONG (M.), *Droit des services publics*, *op. cit.* (2), pp. 538 et s.

la maison mutualise des services, cela revient à assurer un accès effectif au service public selon le lieu de résidence et la capacité numérique de chacun.

131. De surcroît, l'accessibilité est clairement liée à la loi d'égalité du service public[308]. Comme le dit L. Janicot, « Le service public est largement lié à l'égalité, il est classiquement admis que ce dernier doit effet être accessible à tous et proposer des prestations identiques aux usagers »[309]. Ce lien évoque clairement l'idée d'une unité dans l'accès. En revanche, lorsque le service public maison améliore un égal accès géographique et numérique, il ne traite pas des situations identiques de manière semblable, il fait bien plus, il traite des situations différentes de manière dissemblable[310] pour créer un accès unique et effectif à une diversité de citoyens. C'est ce traitement différencié qui constitue la fonction d'accessibilité.

132. Les objectifs d'accessibilités géographique et numérique présentent un enjeu politique majeur. Explicitement mentionnées dans la réforme AP 2022[311], les accessibilités géographique et numérique constituent des leviers puissants de dynamisation[312] et apparaissent « indispensables à l'attractivité des territoires ruraux »[313]. Véritables instruments de lutte contre l'exclusion[314], ces objectifs permettent de maintenir des services publics

---

[308] V. LACHAUME (J.-F.), PAULIAT (H.), DEFFIGIER (C.), *Droit des services publics*, 3e éd. coll. Manuel, Paris, Lexis Nexis, 2018 pp. 580 et s. ; et GUGLIELMI (G.J.), KOUBI (G.), LONG (M.), *Droit des services publics*, *op. cit.* (2), pp. 538 et s.

[309] JANICOT (L.), « Le principe d'égalité devant le service public », *RFDA*, 2013, pp. 722 et s.

[310] V. MELIN-SOUCRAMANIEN (F.), « La loi et le principe d'égalité », *op. cit.* (303).

[311] Pour plus de détails v. CAP2022, *Service public se réinventer pour mieux servir, Nos 22 propositions pour changer le modèle*, 2018, 152 p., et PAULIAT (H.), « Moins de structures et de nouvelles méthodes de travail au sein de l'Administration centrale ? », *JCP A*, n° 21, 2019, act. 361.

[312] *Ibid.*

[313] DUFREGNE (J.-P.), MATTEI (J.-P.), *L'évaluation de l'accès aux services publics dans les territoires ruraux*, *op. cit.* (200), pp. 61 et s.

[314] LECUYER (Y.), « Mutualisation et services publics : les enjeux de la réforme », *op. cit.* (189).

essentiels au développement économique et social (services de l'impôt, médecins, etc.). Concrètement, un territoire sans médecin ou sans aucun service d'aide à l'emploi est nécessairement moins attractif pour les particuliers voulant s'y installer. L'accessibilité se présente comme une « triple source de valorisation des territoires »[315], qui permet de stabiliser la population en l'encourageant à rester sur place, constituer un soutien aux entreprises, et d'augmenter l'attractivité des territoires pour les particuliers et entreprises qui veulent s'y installer. Le cas de l'Auvergne illustre cet objectif de dynamisation puisque les structures maisons sont utilisées pour pérenniser « des services publics indispensables à l'implantation de nouvelles populations et donc à la survie des territoires les moins attractifs »[316].

133. Ainsi, le service public maison peut se caractériser par une fonction d'accessibilité en ce que les maisons favorisent un accès effectif et différenciés aux services mutualisés. Cela amorce une réflexion sur l'ensemble des services publics. Les maisons sont, en effet, des structures qui mutualisent d'autres services publics en leur sein pour en assurer l'accessibilité. En d'autres termes, les pouvoirs publics ont développé un méta-service public pour assurer la proximité d'autres services. Dès lors, n'assisterait-on pas à la naissance d'un nouveau principe dans l'action publique ? Avant de détailler cette réflexion, il faut s'arrêter un instant sur la notion de principe. Le principe est une notion d'abord utilisée en philosophie pour désigner les premières règles qui permettent d'accéder la connaissance[317].

---

[315] DELCROS (B.), HUSSON (J.-F.), MONTAUGE (F.), VALL (R.), *Les collectivités territoriales, leviers de développement des territoires ruraux*, *op. cit.* (261).

[316] Pour plus de détails v. ÉDOUARD (J.-C.), « L'accessibilité aux services publics dans la France de faible densité : l'exemple de l'Auvergne », pp. 67-81, *in* COURCELLE (T.), FIJALKOW (Y.), TAULELLE (F.), *Services publics et territoires. Adaptations, innovations et réactions,* coll. Espace et territoires, Rennes, PUR, 2017, 253 p.

[317] V. pour plus de détails ALLAND (D.) (dir.), RIALS (S.) (dir.), « Dictionnaire de la culture juridique », 1ère éd., coll. Quaridge, Paris, PUF, 2003, pp. 1201 et s. ; les Méditations métaphysiques de Descartes offrent un exemple éloquent de cette signification du principe : dans sa première méditation, Descartes conteste ses propres « opinions » de départ en ne s'attaquant pas aux « opinions » elles-

Outre cette acception, la notion de principe a fini par intégrer les sciences juridiques avec un sens plus ou moins relatif. Autant entendu comme des moyens de communication entre systèmes juridiques[318] que comme des normes non écrites permettant de combler un vide juridique ou d'écarter certains textes[319], les principes ont surtout été appréciés par deux théoriciens : Herbert Hart et Ronald Dowrkin. Sans entrer dans le détail de leurs idées[320], il convient néanmoins de présenter la vision de Herbert Hart dans la Postface du *Concept de droit*[321]. Pour lui « les principes ont par rapport aux règles une portée large, générale et non spécifique, en ce sens que ce qui serait souvent considéré comme un ensemble de règles distinctes peut être présenté comme l'exemplification ou l'illustration d'un principe unique »[322]. De plus, il exprime de manière éclairante que « les principes, parce qu'ils se réfèrent de manière plus ou moins explicite à quelques objectifs, buts, titres ou valeurs, sont considérés d'un certain point de vue comme méritant un soutient ou une adhésion, et ainsi non seulement comme fournissant l'explication ou là raison d'être des règles qui les exemplifient, mais comme contribuant plus ou moins à leur justification »[323]. Ainsi, bien que pour Herbert Hart la règle puisse, elle aussi, être relativement indéterminée[324], il n'en reste pas moins que le principe est plus large et latent, qu'il doit susciter une certaine adhésion, et qu'il joue nécessairement un rôle dans l'esprit et la pratique du juge. Selon ces idées, et en se gardant de les

mêmes mais bien aux « principes » qui ont permis de les dégager, v. DESCARTES (R.), présentation BEYSSADE (J.-M.) et BEYSSADE (M.), *Méditations métaphysiques, Objections et Réponses*, Paris, Garnier-Flammarion, 2011, pp. 55 et s.

318 ALLAND (D.) (dir.), RIALS (S.) (dir.), « Dictionnaire de la culture juridique », *op. cit.* (317)

319 *Ibid.*

320 Pour un résumé v. SEVE (R.), *Philosophie et théorie du droit*, 2e éd., coll. Cours Dalloz, PARIS, Dalloz, 2016, §§323 et s.

321 HART (H.L.A), Trad VAN DE KERCHOVE (M.), *Le concept de droit*, 2e éd. augmentée, Bruxelles, Facultés universitaires Saint Louis, 2005, pp. 254 et s.

322 *Ibid*, §260.

323 HART (H.L.A), Trad VAN DE KERCHOVE (M.), *Le concept de droit*, *op. cit.* (360), §250.

324 *Ibid.* §§261 et s.

transposer strictement[325], il est possible de s'en inspirer pour étudier la naissance d'un nouveau principe de l'action publique.

134. Les structures maisons questionnent sur l'émergence d'un principe d'accessibilité. L'accessibilité, bien qu'elle soit liée à la loi d'égalité devant et par le service public, semble se vêtir d'une ampleur nouvelle au travers des maisons. Celles-ci ayant pour caractéristique générale de développer l'accessibilité aux services qu'elle regroupe, on peut dire que les maisons instaurent une logique d'accessibilité au sein des services publics et du service public. Dès lors, on peut envisager que les maisons tendent à faire émerger un principe d'accessibilité au sens d'un nouvel axiome fondamental et latent qui influence, sans obliger, les administrations et les décideurs publics. En d'autres termes, l'accessibilité, en tant que principe, devient un poids qui pondère et influence les décisions de l'administration au profit des administrés. Il faut, en revanche, se garder d'y voir un droit public subjectif[326] car aucune maison, hormis les maisons France Services et les maisons départementales des personnes handicapées, n'est obligatoirement instituée. Il n'y a donc aucun pouvoir d'exiger permettant de caractériser un droit.

135. Ainsi, le service public maison se caractérise par une fonction d'accessibilité. Si les maisons se réunissent toutes autour de cette fonction, qui doit être liée avec la mutualisation, cela signifie qu'elles sont solidaires aux services regroupés.

---

[325] Les idées de Hart s'intéressent au pouvoir adjudicateur et à la place du juge, et non à l'action publique.

[326] Au sens notamment de BONNARD (R.), « Les droits publics subjectifs des administrés », *RDP*, 1932, pp. 695-728, v. aussi pour du détail historique CHEVALLIER (J.), « L'obligation en droit public », *Archives de philosophie du droit*, 2000, pp. 179-194

Section II. Un service public maison solidaire aux services accessible

136. Avec cette fonction d'accessibilité, les maisons doivent assurer l'accessibilité des services mutualisés en leur sein. La conséquence de cette affirmation est qu'une maison est nécessairement solidaire avec les services mutualisés en son sein. Par solidarité, il faut entendre « Qui se trouve dans un rapport d'étroite dépendance réciproque ou de causalité avec une autre chose »[327]. En ce sens, les maisons sont dans un rapport d'interdépendance avec les services mutualisés en leur sein.

137. En une phrase, si la maison a pour fonction d'assurer l'accessibilité d'un autre service ontologiquement distinct de la maison, comme le montre le phénomène de superposition évoqué plus haut[328], alors en toute logique les deux entités sont dans un rapport de solidarité. L'utilité de qualifier la solidarité est de ne pas confondre avec la fusion. Précisément, si on parlait de fusion, alors la maison aurait pour fonction d'assurer l'accessibilité des services regroupés ainsi que les missions de ces mêmes services. Or tout l'objet de cette section est de démontrer que la fonction de la maison, qui caractérise le service public maison, est seulement la fonction d'accessibilité et non la fonction des services regroupés.

138. Cette solidarité entre maison et services accessibles est soit claire dans les maisons spéciales (I.), soit implicite dans les maisons à double casquette (II.). Avant de définir cette solidarité, il faut dire que celle-ci, bien qu'elle soit étudiée au titre de la fonction d'accessibilité des maisons, est nécessairement en lien avec les autres critères du service public maison. D'une part, si cette solidarité est possible, c'est par le phénomène de

---

[327] « Solidaire », C., in *Le trésor de la langue française informatisé*, https://www.cnrtl.fr/definition/maison (consulté le 13.01.2021 à 13h45).

[328] Sur la superposition v. *supra* §§ 53 et s.

superposition issu de la mutualisation[329], et d'autre part, c'est elle qui donne tout son sens à la fonction d'adaptation des maisons[330].

I. Les maisons spéciales : une solidarité claire

139. Une maison spéciale est une maison clairement distinguée des services qu'elle rend accessibles. Par spécial il faut entendre « qui concerne, qui constitue une espèce, par opposition à ce qui est, dans le même domaine, général »[331]. En conséquence, c'est une maison qui se distingue, qui est d'une espèce propre des services mutualisés. Ces structures sont donc autonomes et assurent l'accessibilité de services distincts regroupés en son sein.

140. Premièrement, les maisons France Services et les maisons de l'État présentent une différence claire entre la maison et d'autres services. Les structures France Services assurent un lien entre l'usager et les opérateurs définis dans le Bouquet de services[332]. Sans mentionner les opérateurs spécifiques déterminés par une convention-cadre, les services minimums garantis dans ces institutions rassemblent neuf opérateurs : le ministère de l'Intérieur, le ministère de la Justice, la DGFIP, la CNAM, la CNAV, la CNAF, le Pôle emploi, la MSA et La Poste. La maison France Services est donc chargée d'établir un lien entre l'usager et ses opérateurs sans jamais s'y substituer. Par exemple, les agents France Services sont chargés d'accompagner les usagers qui demandent leurs papiers d'identité sur le site de l'ANTS[333] sans jamais accorder eux-mêmes les titres. Autre exemple, les agents polyvalents n'ont qu'un rôle d'aide et de renseignement pour les allocations de logement[334], mais ne

---

329 Sur la fonction d'accessibilité, v. supra §§104 et s.
330 Sur la fonction d'adaptation v. *infra* §§ 149 et s.
331 « Spécial », C., in *Le trésor de la langue française informatisé*, https://www.cnrtl.fr/definition/maison (consulté le 13.01.2021 à 14h00).
332 Bouquet France Services, *op. cit.* (140).
333 Bouquet France Services, *op. cit.* (140), p.8.
334 *Ibid.*, p.15.

jouent pas le rôle de la CNAF pour accorder des allocations comme l'aide personnalisée au logement.

141. La distinction est encore plus claire dans les maisons de l'État qui sont seulement pensées comme un regroupement d'associés au sein d'un espace commun[335]. Elles ne sont chargées que d'établir un lien entre les services prévus dans le cahier des charges (préfet, directions régionales, etc.) et les usagers[336]. Ces structures ne possédant pas de personnel propre hormis pour les fonctions supports, il est évident qu'elles ne pourront pas se substituer au préfet, à la DDFIP, aux directions régionales ou aux autres opérateurs[337].

142. Ainsi dans les maisons spéciales, il y a un lien de solidarité claire entre la maison et les services mutualisés. Plus précisément ce lien de solidarité exprime que la maison a pour fonction d'assurer l'accessibilité de services distincts et aucunement de remplir la fonction des services mutualisés. À l'inverse, il y a des maisons à double casquette à mi-chemin entre solidarité et fusion.

II. Les maisons à double casquette : une solidarité implicite

143. Une maison à double casquette est une maison assurant autant une mission d'accessibilité des services mutualisés qu'une autre mission de service public. Elles disposent alors d'un personnel propre qui accomplit une mission de service public en sus de la mission principale. En conséquence, la solidarité n'est qu'implicite car à première vue la maison prend en charge une autre mission de service public. Cependant, par un phénomène de superposition[338], la maison n'absorbe pas les services accessibles, ce qui permet de qualifier la solidarité et non la fusion. Il faut aussi noter que même si certaines maisons ont une

---

[335] Sur la superposition, *v. supra* §§53 et s.
[336] Cahier des charges des maisons de l'État, *op. cit.* (162), IV), p.4.
[337] Pour plus de détails sur la nature juridique des maisons de l'État, *v. supra* §49
[338] Sur la superposition, *v. supra* §§53 et s.

autre mission de service public, alors cela n'exclut en rien le caractère systématique de la fonction d'accessibilité pour définir le service public maison. C'est en outre ce caractère systématique qui en fait un élément de définition.

144. Pour illustrer la double casquette, les maisons départementales des personnes handicapées ont vocation à offrir un « accès unique aux droits et prestations » prévues pour les personnes souffrant de handicap[339] tout en exerçant « une mission d'accueil, d'information, d'accompagnement et de conseil des personnes handicapées et de leur famille, ainsi que de sensibilisation de tous les citoyens au handicap »[340]. Leur mission est double, elles assurent à la fois une meilleure accessibilité géographique du service d'aide aux personnes handicapées et concourent directement à ce dernier. Notamment, elles disposent d'un « fonds départemental de compensation du handicap » pour directement soutenir financièrement les individus dans leurs démarches[341]. De surcroît, l'équipe pluridisciplinaire engagée par la maison est chargée d'établir un « plan de compensation du handicap »[342] visant à déterminer toute mesure aidant la personne handicapée dans ses projets. Plus éloquent encore, ces maisons peuvent prescrire des périodes de mise en situation professionnelle[343].

145. En conséquence, ces structures exécutent plusieurs missions de service public car elles assurent l'accessibilité aux services d'aide, ainsi qu'une mission d'assistance aux personnes handicapées. Il faut cependant préciser que cette structure, malgré sa double casquette, n'absorbe pas les services regroupés. En effet, la commission exécutive de la maison est, entre autres, composée de l'État, du département ou des organismes locaux d'assurance maladie et d'allocation familiale[344]. En conséquence, même si sa gestion est très intégrée avec un directeur et un

[339] Code de l'action sociale et familiale, art. L146-3 al. 1.
[340] Code de l'action sociale et familiale., art. L146-3 al. 5.
[341] *Ibid.*, art. L146-5.
[342] *Ibid.*, art. L146-8 et R146-28 et s.
[343] Code de l'action sociale et familiale, art. R146-31 et s.
[344] *Ibid.*, L146-6.

personnel propre, elle reste composée de plusieurs personnes publiques qu'elle n'absorbe pas totalement. Ces personnes continuent à œuvrer de leur côté pour aider les personnes handicapées. Pour résumer, les maisons départementales se superposent aux services publics membres de la commission exécutive mais tendent à se confondre avec eux dès que la décision prise en commission est mise en œuvre par le personnel. Cette maison est un des cas les plus intégrés où la superposition se distingue le plus difficilement[345].

146. Un dernier cas de maison attire l'attention : les maisons de justice et du droit. Dans ces structures, les fonctions de justice et d'accessibilité s'y trouvent alternativement confondues et séparées. Cette institution présente une sorte d'hybridation entre les deux types évoqués précédemment. Premièrement, ces maisons assurent « une présence judiciaire de proximité et concourent à la prévention de la délinquance, à l'aide aux victimes et à l'accès au droit »[346]. Le texte ouvre la possibilité d'une double casquette, car la maison de justice et du droit doit assurer la mission d'accessibilité en plus de concourir au service public de la justice. Le terme concourir peut revêtir deux significations : soit la maison œuvre directement pour le service public en prenant en charge la prévention de la délinquance, l'aide aux victimes et l'accès au droit, soit elle concourt au service public de la justice par sa seule fonction de proximité polyvalente. Dans le premier cas, elle possède une double casquette, dans le second, il y a une distinction nette entre la mission d'accessibilité et la mission de justice.

147. Une circulaire du 24 novembre 2004[347] éclaire la pratique dans ces structures. Tout d'abord, certaines missions ne peuvent être accomplies que par une autorité extérieure, notamment la protection judiciaire de la jeunesse et le point 1-2 du texte précise que les directions régionales compétentes

345 Pour plus de détails sur la nature juridique des maisons départementales de personnes handicapées, *v. supra* §43

346 Code de l'organisation judiciaire, art. R131-1 al.2

347 Circ. Min. Just., NOR : JUSJ0490016C du 24 nov. 2004, *relative aux maisons de justice et du droit et aux antennes de justice.*

doivent intervenir pour mettre en œuvre des mesures éducatives pénales, des mesures de réparations, etc. De même pour la mission d'aide aux victimes, le point 1-3 précise que des associations d'aide aux victimes ont vocation à apporter un soutien aux victimes présentes sur le site des maisons. À l'inverse, des missions semblent revenir au personnel permanent de la maison (personnel composé de magistrats[348] et de greffiers[349]). Parmi ces missions, on compte les alternatives aux poursuites et les compositions pénales (point 1-1) ou l'accès au droit et la conciliation (point 1-4). Ces missions, restant bien sûr ouvertes à des personnes extérieures telles que les associations ou les conciliations, offrent la possibilité pour l'institution de se constituer une double casquette et de concourir directement au service public de la justice. Les maisons de justice et du droit sont donc des structures hybrides assurant principalement une mission d'accessibilité et accessoirement des missions propres au service public de la justice.

148. Ainsi, le service public maison se caractérise par une fonction d'accessibilité. Couplé au critère organisationnel de mutualisation, cela signifie que chaque maison a pour fonction d'assurer l'accessibilité de services mutualisés en son sein, solidaires, et non confondus avec elle. Cette fonction d'accessibilité constitue un pan de la mission d'intérêt général, classique au service public[350]. Les critères de mutualisation et d'accessibilité ne sont cependant pas suffisants pour discriminer et identifier complètement le service public maison. Effectivement, à la lecture des normes organisant les maisons, il est possible de distinguer une autre mission déterminante : l'adaptation. En conséquence la mission d'intérêt général permettant de qualifier le service public comme maison se découpe en deux pans : l'accessibilité, étudiée ici, et l'adaptation, qui fera l'objet du titre suivant.

---

[348] Code de l'organisation judiciaire, art. R131-7.
[349] *Ibid.*, art. R131-10.
[350] Sur la définition du service public v. *supra* §§ 16 et 17.

Titre III. L'adaptation : un critère fonctionnel du service public maison

149. La seconde fonction, ou mission d'intérêt général, que prennent en charge les maisons est l'adaptation des services mutualisés en leur sein. L'adaptation est un qualificatif choisi à bon escient car, même si mutabilité, adaptabilité et adaptation sont interchangeables[351], il n'en reste pas moins que leur sens diffère. Plus clairement, la mutabilité renvoie à l'idée d'une transformation et d'un mouvement sensible[352], l'adaptabilité évoque plus des « améliorations » et « perfectionnement »[353], alors qu'adaptation « toujours suiviste, implique que soient mises en œuvre des procédures particulières »[354]. Le terme « adaptation » est ici préféré pour souligner la solidarité[355] et la superposition[356] qui existent entre une maison et les services mutualisés en son sein. La fonction de l'organisation maison, en effet, vise à assurer l'adaptation de procédures et de services préexistants et solidaires à une diversité de populations et de territoires.

150. En France, la différence des territoires est admise depuis longtemps. Dans les années 1980, le territoire français fut découpé par le géographe P. George entre l'urbain et la campagne[357]. Cette dernière renvoyant à des réalités diverses comme « les déserts ruraux »[358] qui sont totalement abandonnés, les « vraies campagnes »[359] abandonnées et « défigurées » par l'utilisation industrielle du sol, et « les reconquêtes urbaines »[360]

---

351 GUGLIELMI (G.J.), KOUBI (G.), LONG (M.), *Droit des services publics*, *op. cit.* (2), §831.
352 *Ibid.*
353 *Ibid.*
354 *Ibid.*
355 Sur la solidarité v. *supra* §§ 136 et s.
356 Sur la superposition v. *supra* §§ 53 et s.
357 GEORGE (P.), *Fin de siècle en Occident, déclin ou métamorphose*, PUF, Paris, 1982, pp. 191 et s.
358 *Ibid.*, pp. 44-45.
359 *Ibid.*
360 *Ibid.*

qui sont des campagnes actives dont la rentabilité importante permet l'arrivée et le maintien de populations.

151. Les pouvoirs publics ont toujours pris acte de ces différences. Dès 1852, le *décret sur la décentralisation administrative* affirmait « qu'on peut gouverner de loin, mais qu'on n'administre bien que de près »[361], comme pour souligner que seule une administration *proche* et *adaptée* pouvait gérer les affaires courantes d'un territoire. Alexis de Tocqueville a lui aussi admis l'idée selon laquelle un pouvoir ne pouvait s'exercer que s'il était décentralisé et s'il s'adaptait aux diversités territoriales[362]. Aujourd'hui encore, les pouvoirs publics prônent cette conviction en reconnaissant un principe de modularité dans l'organisation territoriale de l'État[363]. Selon ce principe, les services déconcentrés régionaux et départementaux doivent s'adapter en fonction des spécificités territoriales[364]. C'est ainsi que, sans parler des différenciations entre collectivités territoriales[365], l'administration et l'exercice du pouvoir sont fortement liés aux différences territoriales.

152. L'adaptation est donc un thème courant et connu lorsqu'on parle d'État et de service public. En conséquence, démontrer la fonction d'adaptation des maisons, c'est démontrer qu'elles répercutent dans « l'organisation » et « le fonctionnement » des services publics mutualisés en leur sein,

---

361 Décret du 25 mars 1852 *sur la décentralisation administrative*.

362 De Tocqueville (A.), *L'Ancien Régime et la Révolution*, coll. Folio Histoire, Saint-Amand, Gallimard, 1999, 378 p.

363 Décret n° 2010-146 du 16 février 2010 *modifiant le décret n° 2004-374 du 29 avril 2004 relatif aux pouvoirs des préfets, à l'organisation et à l'action des services de l'État dans les régions et départements*, art. 1 et s. ; et Circ. Prem. Min., n° 6029/SG du 24 juill. 2018 *Organisation territoriale des services publics*, 3.

364 Combeau (P.), « Les nouveaux visages territoriaux de la déconcentration », *RFDA*, 2010, pp. 1011 et s.

365 Pour plus de détails sur la différenciation entre collectivités territoriales, v. Gorge (A.-S.), *Le principe d'égalité entre les collectivités territoriales, Bibliothèque parlementaire de droit constitutionnel*, coll. Bibliothèque parlementaire et constitutionnelle, Paris, Dalloz, 2011, pp. 351 et s. ; et Kada (N.), « État et collectivités territoriales : (petite) cuisine et (grandes) dépendances », *AJDA*, 2019, pp. 2423 et s.

« les variations et les évolutions affectant l'intérêt général et l'environnement juridique, économique et social dans lequel vit tout service public »[366] (CHAPITRE I.). Cette adaptation, toutefois, n'est pas absolue et il faut en tracer les contours. En effet, ce n'est pas parce qu'on adapte que l'on possède une puissance de démiurge. En ce sens ce critère d'adaptation n'existe que dans un impératif de cohérence nationale (CHAPITRE II.).

[366] LACHAUME (J.-F.), PAULIAT (H.), DEFFIGIER (C.), *Droit des services publics*, *op. cit.* (308), p. 527.

CHAPITRE I. La fonction d'adaptation

153. Pour adapter les services publics mutualisés en leur sein aux variations sociales, économiques et politiques, les maisons fonctionnent de deux manières. D'une part, elles adaptent l'offre des services publics mutualisés (SECTION I.), d'autre part, elles adaptent immédiatement ces mêmes services (SECTION II.).

SECTION I. Adapter l'offre des services publics mutualisés

154. Pour adapter les services publics mutualisés, les maisons modifient l'offre des services proposés. Cette modulation permet aux services mutualisés de répondre aux différents besoins des populations pour arriver à un niveau de satisfaction équitable sur l'ensemble du territoire national. En observant les normes organisant les maisons, il apparait que celles-ci adaptent l'offre de services dans une pluralité de politiques publiques (I.) ou, *a contrario*, dans une seule de ces politiques (II.).

I. Adapter l'offre de services d'une pluralité de politiques publiques

155. Bien que la notion soit complexe[367] et variable, il faut ici entendre les politiques publiques comme « des actions spécifiques interreliées et officielles, annoncées ou entreprises à un moment donné par une autorité étatique légitime, au niveau local, national ou international, et orientées vers la résolution d'un problème public »[368]. En conséquence, dire qu'une maison adapte l'offre de services d'une pluralité de politiques publiques, c'est dire qu'elle adapte diverses catégories d'actions spécifiques. Ces catégories pouvant être désignées selon les

---

[367] NYECK (C.), « Politique publique », pp. 364 et s., in KADA (N.) (dir.), MATHIEU (M.) (dir.), *Dictionnaire d'administration publique*, coll. Droit et action publique, Paris, PUG, 2014, 576 p.
[368] *Ibid.*

propositions linguistiques suivantes : justice, santé, emploi, budget, etc.

156. Les maisons France Services illustrent cette adaptation de l'offre dans une pluralité de politiques publiques. Précisément, elles répondent à un principe de « cohérence territoriale » selon lequel « l'offre de service France Services s'adapte aux spécificités des besoins des populations locales »[369]. Le socle commun du bouquet France Services « peut être enrichi de partenariats pour répondre de façon pertinente à ces besoins »[370] et, en conséquence, chaque maison peut disposer d'un ensemble de services différents prévus par leur convention-cadre. Ces institutions peuvent associer autant des services publics que des services privés, le tout pour assurer le service au public. L'association de l'action privée ne concerne toutefois que peu de structures maisons et n'est pas un critère nécessaire pour spécifier le service public maison. Le service au public sera donc traité, ultérieurement, lorsqu'il sera question de la transformation de l'État.

157. Cette idée d'adaptation se démontre aussi par des exemples factuels. La maison France Services de Blaye en Gironde se situe dans un bassin économique constituée autour du Centre nucléaire de production d'électricité du Blayais. Ce bassin regroupant beaucoup d'employés du secteur nucléaire, la maison France Services propose une permanence de la CAMIEG (Caisse d'assurance maladie des industries électriques et gazières) le quatrième vendredi du mois de 10 h à 13 h[371]. Pour un autre territoire, l'offre sera différente. Par exemple, à Amplepuis dans le Rhône, la maison France Services fut créée « sous l'impulsion de Madame Chuzeville, présidente du Conseil départemental, souhaitant maintenir les services de la SNCF et également développer des services publics non disponibles aux

---

369 Charte d'engagements, *op. cit.* (140), 2.2.

370 *Ibid.*, 2.5.

371 Liste des permanences à l'espace France Services, disponible sur https://ccb-blaye.com/wp-content/uploads/2020/02/20-02-06-mise-%C3%A0-jour-permanences.pdf (consulté le 20.04.2020 à 14h38).

habitants sur ce territoire »[372]. On retrouve ainsi la présence de la SNCF, du centre communal d'action sociale d'Amplepuis ou de la chambre de commerce et d'industrie compétente[373]. Autres exemples encore, dans la maison de Forcalquier dans les Bouches-du-Rhône, où il est possible de trouver le Service pénitentiaire d'insertion probation ou l'Agence nationale des titres sécurisés[374], là où, à Paris, dans la maison France Services du dix-huitième arrondissement, seront plutôt présents Keolis ou le Crédit municipal de Paris[375]. Enfin, dans les territoires à fort afflux touristique, il est possible que des maisons des saisonniers soient intégrées aux structures France Services[376]. Ces dépendances saisonnières ont pour but d'aider les travailleurs saisonniers. C'est notamment la forme qu'a choisie l'espace France Services du Briançonnais dans laquelle un espace saisonnier est ajouté à la maison pour aider travailleurs et employeurs à trouver des réponses sur toute question relative au travail saisonnier[377].

158. Les maisons de l'État, elles aussi, sont de bons exemples car pour leur création, « c'est bien l'analyse des besoins des usagers et des moyens disponibles qui permettra de déterminer la meilleure configuration à retenir »[378]. Cette structure est flexible et doit s'adapter au territoire sur lequel elle compte s'implanter. De cette manière, la convention locale constitutive de la maison permet d'accueillir des services déconcentrés, des opérateurs de

---

372 Site de la maison France Services d'Amplepuis, https://www.maisondeservicesaupublic.fr/content/pimms-amplepuis (consulté le 20.04.2020 à 14h51).

373 *Ibid.*

374 Site de la maison France Services de Forcalquier https://www.maisondeservicesaupublic.fr/content/forcalquier (consulté le 20.04.2020 à 15h00).

375 Site de la maison France Services de Paris Nord-Ouest https://www.maisondeservicesaupublic.fr/content/pimms-paris-nord-ouest (consulté le 20.04.2020 à 15h00).

376 Charte d'engagements France Services, *op. cit.* (140), 2.6.

377 Site de la maison France Services du Briançonnais http://www.ccbrianconnais.fr/espace-france-services-du-brianconnais (consulté le 21.04.2020 à 10h05).

378 Circ. Prem. Min., n° 5745/SG du 15 oct. 2014, *Création de Maisons de l'État*, p. 3.

l'État, des établissements publics et des collectivités territoriales[379]. Par exemple, la maison de l'État de Château-Gontier, en Mayenne, propose un pôle d'accompagnement » destiné aux collectivités territoriales, ainsi qu'un pôle réglementation voué à l'accueil des particuliers pour répondre à toute question concernant l'organisation sportive, l'expulsion locative ou les associations[380]. La maison de Nérac dans le Lot-et-Garonne, quant à elle, propose, entre autres, des permanences de la DDCSPP pour fournir des conseils sur la protection des consommateurs et les litiges entre bailleurs et locataires, ou de la UT DIRECCTE pour renseigner sur les dispositifs en faveur des entreprises[381].

159. Ainsi, les maisons adaptent l'offre de services d'une pluralité de politiques publiques. Toutefois, cela ne concerne pas l'ensemble des maisons. En effet, d'autres structures n'adaptent pas les offres de manière semblable et restent dans une politique publique spécifique.

II. Adapter l'offre de services d'une politique publique spécifique

160. Certaines maisons adaptent l'offre de services d'une politique publique spécifique, cela signifie qu'elles adaptent divers services d'une même catégorie. C'est le cas pour les maisons départementales des personnes handicapées, les maisons de santé, les maisons de justice et du droit, et les maisons de l'emploi.

---

[379] Cahier des charges des maisons de l'État, *op. cit.* (162), IV), p. 4.

[380] Site de la maison de l'État de Château-Gontier, disponible http://www.mayenne.gouv.fr/Services-de-l-Etat/Les-services-de-l-Etat-en-Mayenne/Prefecture-et-sous-prefectures/Sous-prefecture-de-Chateau-Gontier/Organigramme (consulté le 20.04.2020 à 15h41).

[381] Flyer de la maison de l'État de Château-Gontier, disponible sur http://www.lot-et-garonne.gouv.fr/IMG/pdf/flyer_maison_de_l_Etat_Ro-Vo_cle5b1756.pdf (consulté le 20.04.2020 à 15h46).

161. Par exemple, les maisons départementales des personnes handicapées peuvent associer toute personne morale présentant un intérêt pour les personnes handicapées[382]. La maison de santé quant à elle, « est une personne morale constituée entre des professionnels médicaux, auxiliaires médicaux ou pharmaciens »[383]. Cette formulation large permet aux maisons « d'offrir à la population d'un territoire un lieu de prise en charge la plus globale possible »[384]. Autrement dit, la maison de santé d'un territoire pourrait contenir des kinésithérapeutes et des podologues alors qu'une maison implantée ailleurs pourrait ne pas en contenir et laisser la place à des ophtalmologues, tout cela en vue de répondre à une demande sociale de soins spécifique. Cette maison est assez spécifique car elle n'est composée que d'acteurs privés exerçant une profession médicale réglementée. Bien que ces acteurs soient privés, ils œuvrent tout de même pour le service public de santé[385], ce qui les distingue bien des maisons qui regroupent des services publics avec d'autres services privés d'intérêt général[386].

162. De manière plus générale, ces maisons utilisent la convention[387]. Ce qui laisse les acteurs suffisamment libres de choisir quels services intégrer à la structure selon les spécificités locales. Cet usage systématique de la convention permet, ainsi, de caractériser d'office une fonction d'adaptation de l'offre dans ces maisons[388].

163. Donc, les maisons ont pour fonction d'adapter l'offre de services mutualisés en leur sein. Toutefois, ce n'est pas la seule composante de la fonction d'adaptation générale. Le second

---

[382] Code de l'action sociale et familiale, art. L146-4, al. 3.
[383] Code de la santé publique, art. L6323-3, al.3.
[384] Cahier de charges des maisons de santé pluri-professionnelles, Préambule, *in* Circ. Min. Int., NOR : EATV1018866C du 27 juill. 2010, *Lancement d'un plan d'équipement en maisons de santé en milieu rural.*
[385] Code de la santé publique, art. L6323-3.
[386] Pour plus de détails sur la superposition et la solidarité aux services mutualisés, *v. supra* §§53 et s. ; et §§ 136 et s.
[387] Sur l'usage systématique de la convention v. *supra* §§63 et s.
[388] Cet argument est aussi, bien entendu, valable pour les maisons adaptant l'offre de services appartenant à une pluralité de politiques publiques.

élément est une adaptation immédiate des services publics mutualisés.

SECTION II. Adapter immédiatement les services publics mutualisés

164. Outre l'adaptation à travers une offre variée, une maison adapte chaque service public en particulier. Dès lors, deux dimensions à l'adaptation se dessinent. D'une part, si le service public maison ne prend en charge que les services d'accessibilité et d'adaptation, on parle d'une adaptation de services distincts (I.). En effet, lorsque la maison ne prend en charge que ces fonctions, alors adapter la structure polyvalente c'est nécessairement adapter, dans un second temps, les services mutualisés en son sein. D'autre part, si la structure maison possède une double casquette[389], adapter le service polyvalent implique d'adapter, dans le même temps, un autre service public pris en charge (II.).

I. L'adaptation d'un service distinct de la structure maison

165. Par les phénomènes de superposition[390] et de solidarité[391], les maisons sont distinctes des services mutualisés. En conséquence, la fonction d'adaptation en sa composante immédiate permet d'adapter les services distincts.

166. Les maisons Frances Services permettent d'illustrer les cas où le service maison se distingue clairement du service regroupé. Dans de telles situations, l'adaptation des maisons France Services conduit à l'adaptation des services déterminés au bouquet[392] et à la convention constitutive. Concrètement, chaque maison France Services dispose d'agents qui sont engagés à temps plein ou à temps partiel selon les réalités du

[389] Sur la double casquette, v. *supra* §143 et s.
[390] Sur la superposition v. *supra* §§ 53 et s.
[391] Sur la solidarité v. *supra* §§ 136 et s.
[392] Bouquet France Services, *op. cit.* (140).

territoire (fréquentation projetée, densité de population, etc.)[393]. Les maisons peuvent aussi choisir des solutions itinérantes afin de « toucher les populations les plus fragiles et les plus isolées »[394]. Cela permet d'adapter les services en ce que les prestations et les procédures existantes sont plus adaptées aux réalités locales.

167. Par exemple, dans la communauté de communes de Thiérache Sambre et Oise, une maison de services au public (qui n'est pas encore labellisée Frances Services) est organisée par itinérance : un *camping-car* aux couleurs du label parcourt ainsi la zone avec un planning défini[395]. Autres mesures, les horaires d'ouverture doivent répondre aux besoins des populations, et bien qu'un minimum de vingt-quatre heures par semaine soit exigé par la Charte, il est possible que la maison soit ouverte sur des horaires plus larges, en soirée ou le week-end si les habitants en ressentent le besoin[396]. Toutes ces mesures permettent d'adapter la structure polyvalente aux besoins des habitants. Or ce service est utilisé pour rendre d'autres services publics adaptés aux besoins des habitants. Ainsi, un agent polyvalent France Services pourra aider un particulier pour lui permettre de bénéficier de services de la CNAM, la CNAV ou l'ANTS, conformes à ses besoins.

168. Autre exemple, les maisons de justice et du droit. Dans la circulaire de 2004, il est clairement dit que ces maisons permettent « à la Justice d'offrir des réponses de qualité dans le cadre d'actions partenariales avec les collectivités locales » [397]. Cette « réponse de qualité » en partenariat avec « les collectivités locales » sous-tend cette logique d'adaptation des services

---

393 Charte d'engagements France Services, *op. cit.* (140), 1.5.
394 *Ibid.* 2.3.
395 Site de la maison itinérante de la communauté de commune Thiérache-Sambre et Oise, disponible. Sur https://www.maisondeservicesaupublic.fr/content/service-public-itinerant-de-la-communaute-de-communes-thierache-sambre-et-oise (consulté le 21.04.2020 à 9h50).
396 Charte d'engagements France Services, *op. cit.* (140), 2.4.
397 Circ. Min. Just., NOR : JUSJ0490016C du 24 nov. 2004, *relative aux maisons de justice et du droit et aux antennes de justice.*

regroupés au sein des maisons. Pour illustrer cette idée, le point 1-2-2 de la circulaire évoque que, lorsque les services déconcentrés de la protection judiciaire de la jeunesse et de l'administration pénitentiaire interviennent dans les maisons, cela permet « aux travailleurs sociaux d'acquérir une meilleure connaissance du contexte socio-économique dans lequel les personnes suivent évoluent ». Cela témoigne d'une adaptation des services distincts de la maison pour mieux répondre aux besoins des individus.

169. Ainsi, les maisons contribuent à adapter des services mutualisés en leur sein. Toutefois, certaines maisons sont chargées d'un service public différent de leurs missions d'accessibilité et d'adaptation. Dans ce cas-là, adapter la maison c'est directement adapter le service mutualisé.

II. L'adaptation d'un service pris en charge par la structure maison

170. Certaines maisons sont chargées d'un service public en supplément de leurs missions d'accessibilité et d'adaptation. Cela concerne les maisons à double casquette[398], telles que les maisons de l'emploi et les maisons départementales des personnes handicapées, et les maisons hybrides, telles que les maisons de justice et du droit.

171. Concernant les maisons à double casquette, les maisons de l'emploi fournissent une illustration éloquente. Par exemple, les maisons de l'emploi « concourent à la coordination des politiques publiques et du partenariat local des acteurs publics et privés qui agissent en faveur de l'emploi, de la formation, de l'insertion et du développement économique »[399] en exerçant, notamment, des missions d'observations, de sensibilisation, d'information ou de maintien de l'emploi [400]. Comme le résume très clairement le cahier des charges de ces maisons, « elles

---

[398] Sur les maisons à double casquette v. *supra* §§ 143 et s.
[399] Code du travail, art. L5313-1, al. 1.
[400] Code du travail, art. L5313-1, al. 2 et s.

doivent [...] coordonner et fluidifier la transmission d'informations et les relations entre les acteurs sur le territoire, et non créer une nouvelle offre de service propre »[401]. À titre d'exemple, la maison de l'emploi de Marseille aide les individus à la recherche d'emploi et à l'insertion professionnelle sur le territoire de Provence[402]. Ces missions apportent une double nature à ces institutions : d'une part elles concourent directement au service public de l'emploi, d'autre part, elles assurent un service spécifique en garantissant l'égal accès et l'adaptation du service public de l'emploi. En outre, ces maisons ont vocation à « s'adapter aux spécificités des territoires dans lesquels s'inscrivent les partenariats les plus pertinents »[403]. Par conséquent, la seule création de ces maisons à double casquette consiste à adapter le service public de l'emploi à l'échelon local.

172. Concernant la structure hybride de la maison de justice et du droit, la circulaire de 2004 est éloquente sur l'adaptation. En effet, pour les services pouvant être pris en charge par la maison, soit les alternatives aux poursuites et les compositions pénales, il est clairement dit que ces mesures exécutées dans les maisons doivent « apporter une réponse judiciaire lisible à des actes de petite et moyenne délinquance commise sur le quartier d'implantation de la Maison de Justice et du Droit »[404]. En conséquence, il est clairement dit que chaque composition pénale ou alternative aux poursuites doit être adaptée aux circonstances locales. Si les alternatives ou les compositions incombent à la maison, alors la maison s'adaptera au contexte local pour adapter le service en question.

173. Ainsi, les maisons ont pour fonction d'adapter les services mutualisés en leur sein, qu'ils soient distincts ou pris en charge par elles. Cela n'est, en revanche, que la première

---

401 Arrêté du 18 déc. 2013 *portant avenant au cahier des charges des maisons de l'emploi*, III., 3.1.2.

402 Site de la maison de l'emploi de Marseille, disponible sur http://www.mdemarseille.fr/nos-missions (consulté le 21.04.2020 à 10h38).

403 Site de la maison de l'emploi de Marseille, *op. cit.* (402).

404 1-1, Circ. Min. Just., NOR : JUSJ0490016C du 24 nov. 2004, *relative aux maisons de justice et du droit et aux antennes de justice*.

composante d'une fonction générale d'adaptation puisque les maisons ont aussi pour mission d'adapter l'offre des services mutualisés. Cette mission d'adaptation constitue le troisième critère d'identification du service public maison au côté de l'organisation mutualisée et de l'accessibilité. Toutefois, il convient de préciser ce dernier critère. Si les maisons ont pour fonction d'adapter la structure étatique au contexte local, c'est dans l'ouverture laissée par l'État central. La fonction d'adaptation est donc limitée par la cohérence nationale.

Chapitre II. La cohérence nationale : une limite à la fonction d'adaptation

174. Après avoir identifié un critère fonctionnel d'adaptation, il est important d'en tracer les contours. Si ce critère doit être délimité, c'est parce que le pouvoir politique national pèse sur la fonction d'adaptation attachée aux maisons.

175. « La France est une République indivisible », affirme l'article premier de la Constitution française de 1958. De nombreuses conséquences découlent de cet impératif, notamment la règle selon laquelle l'État a le monopole pour assurer la représentation de la République à l'échelon international[405]. Autre conséquence, le Conseil constitutionnel en 1991 a refusé la reconnaissance du peuple corse au motif que le peuple français est indivisible[406]. En France, c'est la souveraineté, et non le territoire qui est indivisible[407], ce qui signifie que l'État peut diviser son territoire dans la limite de sa souveraineté. *A fortiori*, seul l'État est souverain et jamais une autre structure, par exemple une collectivité territoriale, ne peut acquérir un pouvoir semblable à celui de l'État central. En conséquence, les maisons sont directement concernées par cet impératif d'indivisibilité. À la manière des différenciations territoriales[408], l'adaptation au local ne peut alors se faire que dans la limite de la souveraineté nationale.

176. En raison de cette limite, les maisons nécessitent l'amorce de la volonté politique et souveraine du pouvoir central. Il en résulte deux conséquences en droit : l'assentiment du

---

[405] Cons. Const., 12 février 2004, n° 2004-490 DC, *Loi organique portant statut d'autonomie de la Polynésie française*.

[406] Cons. Const., 9 mai 1991, n° 91-290 DC, *Loi portant statut de la collectivité territoriale de Corse*.

[407] Stirn (B.), *Les sources constitutionnelles du droit administratif*, 10e éd., coll. Systèmes, Paris, LGDJ, 2019, p. 166.

[408] Sur cette question v. la thèse de A.-S Gorge et l'article de N. Kada *op. cit.* (365).

pouvoir central pour instituer les maisons (SECTION I), et le contrôle de ce même pouvoir après ladite création (SECTION II).

SECTION I. L'assentiment *ex ante* du pouvoir central

177. La première limitation à la fonction d'adaptation est l'assentiment du pouvoir central avant la création de la maison. Cet assentiment est soit accordé directement par homologation (I.), soit accordé indirectement par conformité à des schémas (II.).

I. L'assentiment accordé par homologation

178. Une maison ne peut exister qu'avec l'accord du pouvoir central. Cet assentiment s'exprime en premier lieu avec l'homologation de chaque structure maison. En effet, chaque maison est organisée par une convention[409] mais elle ne peut exister, et être instituée, que par un acte unilatéral provenant de l'État[410].

179. Pour les maisons France Services, ce sont les préfets de département qui sont chargés de l'homologation des maisons de services au public existantes[411]. Plus précisément, pour obtenir le label France Services et les subventions associées de 30 000 euros par an[412], les candidats devront déposer une demande devant le préfet de département compétent, selon une grille d'évaluation établie par la CGET[413] (aujourd'hui l'ANCT[414]). Cette dernière pourra, en outre, procéder à des audits pour assurer

[409] Sur l'usage de la convention, *v. supra* §§63 et s.
[410] L'homologation peut donc venir indifféremment des services décentralisés et des services déconcentrés.
[411] Circ. Prem. Min, n°6094/SG du 1er juill. 2019 *Création de France Services*, Annexe 1, B).
[412] *Ibid.*, Annexe 4.
[413] *Ibid.*, Annexe 3.
[414] L'ANCT fusionne la CGET, Epareca et l'Agence du numérique, v. Loi n° 2019-753 du 22 juillet 2019 *portant création d'une Agence nationale de la cohésion des territoires.*

l'homogénéité de la démarche[415]. Le préfet de région sera, quant à lui, chargé d'attribuer les allocations entre les différents départements[416].

180. Concernant les maisons de l'État, c'est aussi le préfet de département qui décide, par arrêté, de leur création[417]. En outre, cet arrêté est nécessairement lié à la convention constitutive puisque cette dernière doit être directement visée dans l'arrêté[418].

181. Les maisons de justice et du droit illustrent différemment cette idée d'homologation puisque dans ce cas, ce n'est pas un service déconcentré qui décide de la création, mais bien l'autorité centrale. En effet, les maisons de justice et du droit sont créées « par arrêté du garde des sceaux, ministre de la Justice »[419]. L'approbation de l'État est d'autant plus marquée que chaque projet de maison doit être soumis pour avis au président du tribunal judiciaire compétent et du procureur de la République près ce tribunal. Ceux-ci doivent ensuite soumettre le projet au premier président de la Cour d'appel et au Procureur général près cette cour, pour finalement aller recueillir l'approbation du ministre de la Justice lui-même[420]. La signature de la convention constitutive ne peut donc advenir qu'une fois ces acteurs consultés et leur approbation obtenue.

182. Les maisons de l'emploi, quant à elles, associent obligatoirement l'État[421], ce qui garantit l'assentiment du pouvoir central. De surcroît, elles ne peuvent être aidées et financées en tant que maison de l'emploi que si elles respectent les conditions du cahier des charges[422] fixé par l'autorité nationale, cette aide étant attribuée par le représentant du pouvoir central : le préfet

---

[415] Annexe 3 de la Circulaire France Services *op. cit.* (411).
[416] *Ibid.*
[417] Circ. Prem. Min., n° 5745/SG du 15 oct. 2014, *Création de Maisons de l'État*, III), 1).
[418] *Ibid.*, 2.
[419] Code de l'organisation judiciaire, art. R131-5.
[420] *Ibid.*, art. R131-1.
[421] Code du travail, art. L5313-2.
[422] Arrêté du 18 déc. 2013 *portant avenant au cahier des charges des maisons de l'emploi.*

de région[423]. L'homologation est sensiblement comparable pour les maisons de santé puisque ce sont les préfets et l'ARS qui décideront des maisons de santé susceptible d'être reconnues pour un financement[424].

183. Toutefois, les maisons départementales des personnes handicapées présentent un cas spécifique car ce n'est pas l'autorité administrative nationale qui décide de leur institution, mais directement la loi (Code de l'action sociale et familiale, art. L146-3 al.1) ; cela ne pose aucune difficulté puisque « la loi est l'expression de la volonté générale » (Déclaration des droits de l'homme et du citoyen, art. VI).

184. Ainsi, le service public maison est nécessairement homologué par un acte administratif unilatéral émanant du pouvoir central. Cet assentiment du pouvoir souverain n'est pourtant la seule limite *ex ante*. Une maison, pour être créée, doit être coordonnée à l'ensemble de l'action administrative pour assurer la cohérence de l'administration dans le territoire national. Cette coordination s'exprime par la conformité aux schémas.

II. L'assentiment accordé par la conformité aux schémas

185. Pour être créée, la maison doit être encadrée par un schéma. L'administration utilise les schémas, un outil de coordination souple basé sur la consultation et la contractualisation[425]. Au départ nationaux, les schémas ont évolué vers les échelons régionaux et inférieurs pour assurer la cohérence de l'action administrative tout en s'adaptant aux diversités territoriales[426].

---

[423] Code du travail., art. L5313-1 al. 7 et art. R5313-3 et s.

[424] 3. et 4., Circ. Min. Int., NOR : EATV1018866C du 27 juill. 2010, *Lancement d'un plan d'équipement en maisons de santé en milieu rural.*

[425] Pour plus de détails, v. PONTIER (J.-M.), « Les schémas dans l'ordonnancement juridique », *AJDA*, 2018, pp. 957 et s.

[426] *Ibid.*

186. Par exemple, les maisons France Services, pour être créées, doivent s'inscrire dans un grand nombre de schémas. Tout d'abord, la création de ces maisons doit répondre aux exigences du schéma départemental d'amélioration de l'accessibilité des services au public (SDAASP). Ce schéma est adopté pour une durée de six ans entre les services déconcentrés du département et le conseil départemental[427]. Il est « destiné à renforcer l'offre de services dans les zones présentant un déficit d'accessibilité des services »[428], et comprend notamment un « plan de développement de la mutualisation des services sur l'ensemble du territoire départemental »[429]. La nécessité d'obéir à ce schéma n'est pas clairement exprimée dans les textes mais la procédure de création des maisons France Services associant étroitement les services départementaux décentralisés[430] et déconcentrés[431], il ne fait aucun doute que ces schémas devront être respectés. D'autant que ceux-ci avaient l'habitude de régler la coordination en matière de maison de services au public[432].

187. Le SDAASP n'est pas le seul schéma qui règle les maisons France Services, et si l'on raisonne *a pari*, il est possible de considérer que tous les schémas qui traitent des maisons de services au public peuvent légitimement organiser les maisons France Services. Pour prendre un autre exemple, on peut mentionner les SRADDT[433], établis par la région (préfet de région et conseil régional), qui « fixe les objectifs de moyen et long terme sur le territoire de la région en matière d'équilibre et d'égalité des territoires, d'implantation des différentes

---

[427] Loi n° 95-115 du 4 fév.1995 *d'orientation pour l'aménagement et le développement du territoire* dite loi Pasqua, art. 26.
[428] *Ibid.*
[429] *Ibid.*
[430] Circ. Prem. Min, n°6094/SG du 1er juill. 2019 *Création de France Services*, Annexe 2.
[431] *Ibid.*, Annexe 3
[432] V. par ex. le SDAASP des Landes du 4 juin 2018, disponible sur https://www.landes.fr/files/cg40/Vos-services-en-ligne/Schema-departemental-damelioration-de-laccessibilite-des-services-au-public/2018-06-04-SDAASP40-Version-Finale-PDF-Reduit-.pdf (consulté le 21.04.2020 à 15h07).
[433] Code général des collectivités territoriales, art. L5241-1 et s.

infrastructures d'intérêt régional, de désenclavement des territoires ruraux, d'habitat […] »[434]. Concrètement, le SRADDT de la région Nouvelle Aquitaine adopté le 27 mars 2020 précise que les maisons de services au public sont un instrument pour « garantir l'équité dans l'accès au droit et aux services publics dans l'ensemble de la région »[435]. Avec le même raisonnement, il est possible d'envisager que les maisons France Services sont incluses dans une multitude d'autres schémas. Ainsi, ces maisons devront être conformes aux SDREII[436], aux éventuels schémas de mutualisations intercommunaux[437], et aux nouveaux Pactes de gouvernances[438] issus de la *loi n° 2019-1461 du 27 déc. 2019 relative à l'engagement dans la vie locale et à la proximité de l'action publique*. De surcroît, les maisons France Services peuvent faire l'objet des contrats de plan État-région[439]. Par exemple, le Contrat 2015-2020 entre la région Provence-Alpes-Côte d'Azur et l'État prévoit une amélioration de l'offre de services au public par le développement des structures maisons[440].

188. Les autres types de maisons sont aussi coordonnées avec des schémas. Par exemple, lorsque le préfet de département étudie la possibilité de créer une maison de l'État, il doit nécessairement regarder sa conformité avec le SDAASP ou le schéma directeur immobilier régional[441]. Autre illustration, les projets de maisons de santé pluri-professionnelles, pour être

---

[434] *Ibid.*, art. L5241-1, al. 1.

[435] Rapport d'objectifs du SRADDT de la région Nouvelle Aquitaine, p.181, disponible sur https://egf.nouvelle-aquitaine.pro/link/BpAzqRiCCkTKrmnr1xYq9m (consulté le 21.04.2020 à 15h20).

[436] Code général des collectivités territoriales, art. L5251-12 et s.

[437] *Ibid.*, art. L5211-39-1.

[438] *Ibid.*, art. L5211-11-2 et s.

[439] Sur ce point, v. PONTIER (J.-M.), « Les contrats de plan État-régions 2014-2020 », *JCP A* n° 16, 22 avril 2014, 2118.

[440] Contrat de plan entre la région Provence-Alpes-Côte d'Azur et l'État, V.1.2, disponible sur https://www.prefectures-regions.gouv.fr/provence-alpes-cote-dazur/provence-alpes-cote-dazur/content/download/11585/78205/file/CPER%20sign%C3%A9.pdf (consulté le 21.04.2020 à 15h40).

[441] Circ. Prem. Min, n° 5745/SG du 15 oct. 2014, *Création de Maisons de l'État.*

acceptés par le préfet de région et le directeur de l'ARS, doivent être conformes au schéma régional d'organisation des soins[442].

189. Cette organisation en schéma est vivement critiquée. En 2019, la Cour des comptes a dénoncé un manque de coordination qui lèse l'aménagement et le développement des territoires[443]. Comme le montre l'exemple des maisons France Services, la pratique des schémas se multiplie et la création d'un schéma appelle la création d'un autre[444]. On assiste alors à une multiplication de ces textes, ce qui entraîne autant des difficultés de compréhension que d'application. Les schémas n'apparaissent alors que comme un instrument de façade qui ne fait que « donner une apparence de cohérence à un foisonnement de normes et d'actions prévues par les textes et que personne ne maitrise »[445].

190. Ainsi, pour être instituée, une maison nécessite l'assentiment du pouvoir central, assentiment donné par les procédures d'homologation et la coordination des schémas. En conséquence, une maison reste toujours soumise à la volonté politique nationale. De surcroît, cette soumission ne s'exprime pas seulement au moment de la création de la maison, l'autorité du pouvoir central continue de jouer durant toute la vie d'une structure maison.

SECTION II. Le contrôle *ex post* du pouvoir central

191. Après avoir été instituée, la structure maison n'est pas laissée libre de ses mouvements. L'adaptation aux territoires n'est donc pas illimitée, elle doit se faire selon la volonté de l'État souverain. Le contrôle le plus poussé et technique apparait être

---

[442] Circ. Min. Int., NOR : EATV1018866C du 27 juill. 2010, *Lancement d'un plan d'équipement en maisons de santé en milieu rural*, 5.

[443] COUR DES COMPTES, *L'accès aux services publics dans les territoires ruraux*, *op. cit.* (200).

[444] PONTIER (J.-M.), « Les schémas dans l'ordonnancement juridique », *op. cit.* (425).

[445] *Ibid.*

une gouvernance nationale, mais cela ne concerne que les maisons France Services (I.). Pour toutes les autres maisons, le contrôle se fait par évaluation (II.).

I. Le contrôle par une gouvernance nationale

192. Les maisons France Services offrent un exemple expressif de ce poids de l'État car elles illustrent une véritable « gouvernance » sous le « pilotage » et « l'animation »[446] de l'ANCT[447]. Les termes utilisés sont intéressants, ils sortent du vocable unilatéral et hiérarchique de l'administration pour préférer des termes connotant l'horizontalité, le dialogue et la négociation. En effet, au niveau national, le ministre de la Cohésion des territoires, les autres ministres concernés, la banque des territoires, les opérateurs partenaires, et les associations d'élus se réunissent chaque semestre dans un comité de pilotage stratégique qui définira les grandes orientations du réseau France Services[448]. Il ne faut pourtant pas s'y tromper, si une place est faite à l'adaptation et au local, elle n'est ni illimitée, ni absolue. La négociation conduit nécessairement à un accord de volontés et, en ce sens, l'État central veillera à ce que les initiatives locales aillent dans un certain sens. L'imposition de volonté est donc plus douce et plus fluide que dans une relation unilatérale et hiérarchique, mais elle reste présente. Pour résumer, la négociation entre l'État et les partenaires ne doit pas cacher le poids du premier dans l'établissement des décisions stratégiques.

193. Pour continuer sur la gouvernance France Services, après avoir défini les grandes orientations, il revient à l'ANCT d'assurer le pilotage en réunissant chaque trimestre tous les

---

[446] Termes présents dans la Circ. Prem. Min, n°6094/SG du 1er juill. 2019 *Création de France Services*, Annexe 3.

[447] Dans la circulaire il est mentionné le CGET, cependant celle-ci fut remplacée par l'ANCT au 1er janv. 2020 -*op. cit.* (420)-, il convient donc d'appeler la structure de gouvernance ANCT alors même que le CGET figure dans la circulaire.

[448] Circ. Prem. Min, n°6094/SG du 1er juill. 2019 *Création de France Services*, Annexe 3.

partenaires du programme[449], et en vérifiant que les structures maisons respectent bien les orientations décidées au niveau national. Pour ce faire, elle est chargée de procéder à des audits flash de conformité sur les maisons, d'effectuer des enquêtes de satisfaction auprès des usagers, et d'évaluer le coût global de fonctionnement du réseau[450].

194. Les préfets de département constituent la plaque tournante de ce pilotage en étant responsables de la mise en opération du réseau. Ils se réunissent deux fois par an dans un comité départemental d'accès aux services publics en présence des partenaires France Services et des associations d'élus pour dresser un bilan de mise en œuvre de la réforme qu'ils adressent ensuite à l'ANCT[451]. Ils sont ensuite chargés de veiller au respect des orientations définies au niveau national en désignant des maisons « tête de réseaux » qui dirigent des comités d'échanges de bonnes pratiques entre les différentes maisons du département[452], d'autant que ces « bonnes pratiques » sont vouées à être circularisées. Un représentant de la préfecture est aussi membre d'un énième comité de pilotage interne à chaque maison France Services, ce comité est chargé de diriger chaque structure maison en tant que telle[453]. Ainsi, sans évoquer la lourdeur technique et la complexité de ces procédures, le réseau France Services accorde une grande place à l'adaptation aux territoires en prévoyant, dans toutes les instances de gouvernance, la présence des élus locaux et des opérateurs France Services. Néanmoins, cette reconnaissance n'est pas absolue et n'existe que dans la négociation avec l'État. En d'autres termes, l'autorité centrale, au travers du dialogue, veillera toujours à ce que les structures France Services gardent une cohérence nationale.

---

449 Circ. Prem. Min, n°6094/SG du 1er juill. 2019 *Création de France Services*, Annexe 3.
450 Charte d'engagements France Services, *op. cit.* (140), 3.1.
451 Sur l'ANCT et la CGET *op. cit.* (414).
452 Charte d'engagements France Services, *op. cit.* (140), 1.9.
453 *Ibid.*, 3.3.

195. Ainsi, les maisons France Services sont contrôlées *ex post* par une gouvernance nationale spécifique. À l'inverse, les autres types de maisons sont soumis au pouvoir central par l'évaluation.

II. Le contrôle par évaluation

196. Les maisons, hors France Services, sont soumises au pouvoir central après leur création puisqu'elles sont périodiquement soumises à son évaluation. Cette évaluation va de pair avec la présence de l'État lui-même dans certaines structures[454]. Cette présence garantit un contrôle plus grand mais ce n'est pas systématique à toutes les maisons et cela reste moins éloquent que l'évaluation périodique.

197. Par exemple, les maisons de santé, bien que constituées sous forme de société de droit privé[455], sont sujettes à une évaluation de l'ARS l'année suivant le financement pour vérifier que le projet approuvé par le préfet de région et le directeur de l'ARS est bien respecté[456]. Les maisons départementales des personnes handicapées présentent un cas semblable, puisque chaque maison « transmet à la Caisse nationale de solidarité pour l'autonomie son rapport d'activité annuel et les données normalisées relatives : 1°) à son activité […] ; 4°) aux caractéristiques de ses usagers et à la mesure de leur satisfaction […] ; 7°) au montant et à la répartition des financements qu'elle a reçus ».

198. Autre cas, les maisons de l'emploi « adressent chaque année au préfet de région un compte rendu financier et un bilan d'activité mettant en évidence les contributions apportées au fonctionnement du service public de l'emploi et du marché de

---

[454] Par exemple les maisons départementales des personnes handicapées, v. Code de l'action sociale et familiale, art. L246-4 et R146-18 ; ou les maisons de l'emploi, v. Code du travail, art. L5313-2.

[455] Sur la superposition, v. *supra* §§ 53 et s.

[456] Circ. Min. Int., NOR : EATV1018866C du 27 juill. 2010, *Lancement d'un plan d'équipement en maisons de santé en milieu rural*, III).

l'emploi sur leur territoire d'intervention »[457]. Cela permet au pouvoir central, au travers de l'autoroute déconcentrée, d'avoir un regard sur les maisons de l'emploi. D'autant que si le préfet s'aperçoit que la maison ne respecte plus le cahier des charges, il peut décider de suspendre le financement[458].

199. Les maisons de justice et du droit fournissent un aperçu intéressant de cette évaluation. En effet, ce n'est pas un pouvoir étatique extérieur qui est chargé d'évaluer, mais bien « le conseil de maison ». Ce conseil est chargé de « définir les orientations de la maison » et de mettre en place « une procédure d'évaluation de cette action »[459]. Or le conseil de la maison est dirigé par le président du tribunal judiciaire et le procureur de la République près ce tribunal[460]. En conséquence, en plus d'être dirigée par des membres de l'autorité judiciaire, la maison de justice et les services qu'elle regroupe sont évalués par ces membres.

200. Ainsi, la fonction d'adaptation des maisons est limitée par la cohérence nationale. Cette dernière traduisant l'accord du pouvoir souverain nécessaire pour instituer les maisons, ainsi que le contrôle de celui-ci après la création des maisons. Cette frontière, tracée par l'État central, permet de mieux apprécier le troisième critère d'identification du service public maison, à savoir l'adaptation. Ce second critère fonctionnel est à allier avec un critère de même nature : l'accessibilité. Ces deux critères constituent la mission d'intérêt général que remplit le service public maison. En d'autres termes, pour assurer l'intérêt de tous, le service public maison a pour mission de développer l'accessibilité et d'adapter les services mutualisés en son sein. La mutualisation, voilà le troisième critère d'identification du service public maison. Effectivement, celui-ci est déterminé par la mutualisation puisque chaque maison est issue d'un regroupement d'entités sur lesquelles elle se superpose.

---

[457] Code du travail, art. R5313-7.
[458] Code du travail, art. R5313-3.
[459] Code de l'organisation judiciaire, Art. R131-8 al. 2.
[460] *Ibid.* al. 1.

201. Ces trois critères cumulatifs permettent, dans un même mouvement, de déterminer le genre commun du service public maison tout en le discriminant. Concernant le genre commun, soit le service public, l'organisation mutualisée permet de remplir le critère organique de prise en charge, ou de contrôle, par une personne publique. L'accessibilité et l'adaptation, elles, permettent de réponde au critère matériel d'activité d'intérêt général. Concernant la discrimination maintenant, l'alliance de l'organisation mutualisée avec une double mission d'accessibilité et d'adaptation est propre au service public maison, ce qui en fait une catégorie singulière. En d'autres termes, aucune autre catégorie de service public ne saurait être identifiée par l'alliance de ces trois critères. Ces affirmations permettent de donner une définition au service public maison : celui-ci est un service public organisé par la mutualisation qui a pour fonction d'assurer l'accessibilité et l'adaptation des services mutualisés en son sein.

202. Avoir construit un concept de service public maison permet de fournir une grille de lecture intéressante sur l'environnement politico-juridique. En effet, après avoir étudié en globalité le phénomène des maisons, il est important de questionner leurs effets et leurs rôles[461]. Plus précisément, le phénomène des maisons entre dans un mouvement de transformation de l'État. En conséquence, avoir construit un concept de service public maison permet de lire les transformations actuelles de l'État.

---

[461] Cette idée s'inspire largement du raisonnement d'E. Durkheim en sociologie, cet auteur pense que pour envisager un phénomène, il faut autant répondre aux questions de « comment est né » et « de comment est » qu'aux questions de « à quoi sert-il » et de « quel rôle joue-t-il », v. DURKHEIM (E.), *Les règles de la méthode sociologique*, coll. Champs, Paris, Flammarion, 1894 rééd. 1996, pp. 182 et s.

PARTIE II. LIRE LA TRANSFORMATION DE L'ÉTAT A TRAVERS LE CONCEPT DE SERVICE PUBLIC MAISON

203. Le service public maison, au sens d'un service public organisé par la mutualisation qui a pour fonction d'assurer l'accessibilité et l'adaptation des services mutualisés en son sein, révèle une transformation de l'État. Par État, il faut entendre l'objet dans sa globalité. En effet, celui-ci peut s'envisager tant sous l'angle juridique[462] que sociologique[463], mais ces deux faces ne sont que « deux dimensions non négligeables du phénomène étatique dans la vie sociale »[464]. Cela ne veut cependant pas dire que le service public maison est un concept sociologique, non, il demeure juridique car il a été dégagé selon une méthode normativiste en regardant les normes des diverses maisons. En revanche, ce concept éclaire un objet plus général, qui a des implications sociologiques et juridiques. Dans les développements, il s'agira donc d'étudier l'État dans sa globalité, non de manière exhaustive, seulement par le prisme de la science du droit et du normativisme.

204. Avant de préciser ce que révèle le concept de service public maison, il faut s'arrêter sur le vocable de transformation. À l'inverse de l'évolution qui suppose « un changement

---

[462] V. pour plus de détail TROPER (M.), *Pour une théorie juridique de l'État*, coll. Léviathan, Paris, PUF, 1994, 358 p.
[463] V. par exemple BURDEAU (G.), *L'État*, coll. Points, Paris Édition du Seuil, 1970 rééd. 2009, 210 p.
[464] BRAUD (P.), « Préface », p. VIII, *in* BURDEAU (G.), *L'État*, coll. Points, Paris, Édition du Seuil, 1970 rééd. 2009, 210 p.

progressif de position ou de nature »[465], la transformation évoque « l'action de transformer »[466], c'est-à-dire de « donner une autre forme à »[467]. Il s'agit ici de faire ressortir l'aspect actif de la transformation alors que l'évolution semble plus passive. Certes, le service public maison appelle à une analyse avolontariste, mais si l'on considère, au sens de Kelsen, que l'État est le droit[468], alors dire que les maisons transforment l'État, cela revient à dire que l'État se transforme lui-même. En conséquence il ressort clairement l'aspect actif de la transformation. Cette vision de l'auto-transformation étatique est d'ailleurs confirmée par le vocable du droit positif actuel, notamment avec la loi du 6 août 2019 dite de *transformation de la fonction publique*[469].

205. Pour en revenir à la transformation de l'État lue par le service public maison, il est possible d'identifier trois moments. Tout d'abord, le concept de service public maison révèle une transformation du service public, au sens du discours objet, en montrant une nouvelle intégration du secteur privé au service public (TITRE I.). Ensuite, ce concept met en lumière une transformation de l'organisation administrative, au sens plus large de la science juridique, puisque les maisons forment une troisième voie entre déconcentration et décentralisation (TITRE II.). Enfin, les maisons amorcent une réflexion générale sur la notion d'État en rénovant sa fonction et son architecture (TITRE III.). Ces transformations, encore une fois, ne sont que des lectures à travers le prisme du service public maison. Il ne s'agit

---

465 « Évolution », *Le trésor de la langue française informatisé* (consulté le 25.01.2021, à 15h12), disponible sur https://www.cnrtl.fr/definition/%C3%A9volution.
466 « Transformation », *Le trésor de la langue française informatisé* (consulté le 25.01.2021, à 15h13), disponible sur https://www.cnrtl.fr/definition/transformation.
467 « Transformer », *Le trésor de la langue française informatisé* (consulté le 25.01.2021, à 15h14), disponible sur https://www.cnrtl.fr/definition/transformer.
468 V. KELSEN (H.), Trad. LAROCHE (B.), *Théorie Pure du Droit*, coll. La pensée juridique, Coll. LGDJ, 1999 rééd. 1962, 369 p.
469 Loi n° 2019-828 du 6 août 2019 *de transformation de la fonction publique*.

aucunement d'identifier ces modifications dans leur exhaustivité mais de les identifier avec un angle précis.

TITRE I. La transformation du service public

206. Le service public est une activité d'intérêt général prise en charge par la personne publique ou contrôlée par elle[470]. En d'autres termes, le service public est une notion précise dans le discours objet qui est liée à l'intérêt général et à la personne publique. Plus précisément, lorsqu'il est question du critère organique du service public, cela renvoie à deux phénomènes. D'une part l'intervention naturelle de la personne publique, et d'autre part l'intervention de la personne privée reconnue par le droit objectif, et contrôlée par la personne publique[471] .

207. Le service public maison, cependant, permet d'entrevoir une transformation du service public. Plus précisément, celui-ci n'est plus simplement pris en charge par une personne publique ou contrôlée par elle, il peut-être, dorénavant, un service entre les secteurs public et privé. Cela ne remet certainement pas en cause le discours objet puisque le contrôle de la personne publique sur les maisons est présent[472]. En revanche, les maisons rénovent l'appréhension organique du service public puisqu'elles fusionnent les secteurs public et privé. Ainsi, lorsqu'on regarde les maisons, on distingue l'amorce d'une transformation car les secteurs public et privé sont mêlés dans une même institution (CHAPITRE I.). En revanche, ce n'est que lorsqu'on lie le phénomène maison avec la qualification de service public que l'on aperçoit une transformation. Le concept de service public maison, en droit, révèle ainsi une recomposition organique du concept de service public (CHAPITRE II.).

208. Il ne s'agira ici que d'identifier une transformation, c'est-à-dire révéler que le secteur privé tend, de plus en plus, à devenir, au côté du secteur public, promoteur de l'intérêt général. Il n'y a aucune prétention de détailler ce phénomène dans sa

---

470 Sur le service public, v. *supra* §§ 16 et 17.

471 *Ibid.*

472 Sur le contrôle de la personne publique, v. *supra* §§ 174 et s.

totalité. L'objet est de dire que, dans les propositions normatives, le secteur privé tend à s'immiscer dans le service public par rapport à ce que prévoient les autres normes de l'ordre juridique. Cette étude n'a donc pas pour vocation à déterminer, dans les faits, quel est le rôle d'un individu dans la pratique administrative, mais à voir, dans la norme, en quoi l'idée de secteur privé s'intègre dans la notion, elle aussi normative, du service public.

209. De surcroît, cette recomposition n'est pas une transformation de la définition du service public, mais bien une transformation des possibilités d'intégration du secteur privé en son sein. Ce n'est donc pas une transformation majeure ou essentielle, elle reste minoritaire et contingente. En revanche, souligner cette transformation demeure intéressant car cela permet d'entrevoir une évolution dans l'idée d'administration.

CHAPITRE I. L'amorce d'une transformation : la mutualisation des secteurs public et privé

210. L'idée de secteur public renvoie à un « ensemble de biens, activités, et entreprises qui relèvent de la puissance publique », par opposition au secteur privé qui est un « ensemble de biens, activités, et entreprises qui appartiennent aux particuliers »[473]. Ainsi, le secteur public est directement lié à au service public puisque cette notion décline un ensemble de supports qui permet aux services d'utiliser des « prérogatives de puissances publiques »[474] pour garantir l'intérêt général.

211. Avant d'avancer sur l'étude de la confusion des secteurs public et privé dans les maisons, il faut mentionner l'indétermination ontologique du premier. Là où le secteur privé pourrait se définir au travers du droit de propriété, le secteur public ne peut être défini par cette seule acception. Bien qu'il soit reconnu au niveau constitutionnel[475], législatif[476] et

---

[473] CORNU (G.), ASS. HENRI CAPITANT, *Vocabulaire juridique*, 10e éd. mise à jour, coll. Quadrige, Paris, PUF, 2014, p. 949.

[474] M. Hauriou distingue entre deux prérogatives propres à la puissance publique : « la jouissance de droits de puissance publique exorbitants du droit commun » et « la prérogative de l'action d'office mise en œuvre dans la procédure par décision exécutoire », pour plus de détails sur la prérogative de puissance publique v. HAURIOU (M.), *Précis de droit administratif et de droit public*, *op. cit.* (46), pp. 10 et s.

[475] Le texte constitutionnel reconnait le secteur public sans le définir : « La loi fixe également les règles concernant : [...] les nationalisations d'entreprises et les transferts de propriété d'entreprises du secteur public au secteur privé. », Constitution du 3 oct. 1958, art. 34.

[476] Le Code général de la propriété des personnes publiques reconnait un droit de propriété de l'État et des personnes publiques sur certains biens : v. Code général de la propriété des personnes publiques, art. L1 « Le présent code s'applique aux biens et aux droits, à caractère mobilier ou immobilier, appartenant à l'État, aux collectivités territoriales et à leurs groupements, ainsi qu'aux établissements publics. ; et art. L2 Le présent code s'applique également aux biens et aux droits, à caractère mobilier ou immobilier, appartenant aux autres personnes publiques dans les conditions fixées par les textes qui les régissent. ».

jurisprudentiel[477], aucune liste exhaustive des biens et des activités de l'État n'a jamais été faite. Au vu de la complexité de celui-ci, il est difficile d'en avoir une définition claire et précise[478]. Aussi, pour étudier les influences des maisons, il faut avoir conscience de l'indétermination de l'étendue du secteur public.

212. De surcroît, il ne sera pas question de l'association des personnes privées pour élaborer la décision publique[479]. Dans le cas présent, l'association du privé se fait directement dans l'action publique, le privé n'est pas consulté pour créer l'action publique, il est une composante de celle-ci. Il faut bien différencier l'association du public (qui renvoie à l'élaboration d'une décision) à la mutualisation du secteur privé au secteur public (au sein même de l'administration).

213. Cette mutualisation des secteurs privé et public constitue l'amorce d'une transformation. En effet, les maisons forment une dynamique de mutualisation (SECTION I.), ce qui amène à la création du phénomène de *service au public* (SECTION II.). Le *service au public* doit, évidemment, bien se différencier du service public, mais ce premier offre des pistes intéressantes pour comprendre la transformation du second.

---

[477] V. par ex. l'évolution CE, ass., 24 nov. 1978, n°02020, *Synd. national du personnel de l'énergie atomique* ; CE, ass., 22 déc. 1982, n°34252, *SFENA* ; CE, 6 mars 1991, n° 31468, *Synd. national du CEPME.*

[478] Pour plus de détails sur les contours du secteur public, notamment en domaine économique, v. DREYFUS (J.-D.), « Entreprises du secteur public », *Répertoire des sociétés*, Dalloz, 2009, 382 p. et MANSON (C.), « Synthèse - Institutions du secteur économique public », *Essentiel*, Lexis Nexis, 2020, 29 p.

[479] Sur ce type d'association, v. TESTARD (C.), « Les procédés d'association du public aux décisions prises par les administrations locales », *JCP A*, n° 42, 2018, 2281.

SECTION I. La dynamique de mutualisation des secteurs public et privé

214. Les maisons construisent une dynamique de mutualisation des secteurs public et privé. Il s'agit ici de dynamique puisque ce phénomène est, certes, répandu (I.), mais en aucun cas systématique (II.).

I. Les maisons : une mutualisation des secteurs public et privé

215. Les maisons tendent à réunir en leur sein les secteurs public et privé. C'est le cas, notamment pour les maisons France Services, les maisons de justice et du droit, les maisons de l'Emploi et les maisons départementales des personnes handicapées.

216. Par exemple, les maisons France Services rassemblent « des services publics relevant de l'État, des collectivités territoriales ou de leurs groupements, d'organismes nationaux ou locaux chargés d'une mission de service public ainsi que les services nécessaires à la satisfaction des besoins de la population »[480]. Les services nécessaires à la satisfaction des besoins de la population sont, en fait, des services privés placés sur le même plan que les services publics. C'est une « sédimentation de différents dispositifs de mutualisation »[481] qui consiste à maximiser les associations d'acteurs locaux pour satisfaire les besoins d'une population. Pour renforcer cette idée, la charte d'engagement France Services évoque que « l'offre de service France Services s'adapte aux spécificités des besoins des populations locales »[482] et que le « le bouquet France Services peut être enrichi de partenariat pour répondre de façon pertinente

[480] Loi n° 2000-321 du 12 avril 2000 *relative aux droits des citoyens dans leurs relations avec les administrations*, art. 27 al. 2.
[481] DORE (G.), « Des services publics aux services au public », pp. 91 et s., *in* COURCELLE (T.) (dir.), FIJALKOW (Y.) (dir.), TAULELLE (F.) (dir.), *Services publics et territoires, Adaptations, innovations et réactions,* coll. Espace et territoires, Rennes, PUR, 2017, 253 p.
[482] Charte d'engagement France Services, *op. cit.* (140), 2.2.

à ces besoins »[483]. Ce partenariat public-privé est fondamental pour les maisons France Services. Par exemple, la maison France Services de Blaye héberge, tous les quatrièmes jeudis du mois, l'association de défense des droits des accidentés et handicapées[484] tandis que la maison de Château-Chinon répond à d'autres besoins en proposant une permanence de l'IFAC[485], une association à vocation éducative et sociale[486].

217. Cet imbroglio public-privé irrigue toute la structure France Services. Non seulement les personnes privées peuvent défendre l'intérêt général, mais la personne publique peut, elle aussi, agir comme une personne privée. En d'autres termes, pour satisfaire l'intérêt général, la personne publique peut se vêtir aux couleurs de l'initiative privée. Précisément, la loi autorise la personne publique à intervenir dans le domaine concurrentiel en cas « d'inadaptation de l'offre privée »[487]. Ce critère « d'inadaptation de l'offre privée » facilite l'intervention publique puisqu'il est plus ouvert que la « carence de l'initiative privée » habituellement regardée par le Conseil d'État[488].

218. Pour rester dans l'exemple France Services, il est possible de mentionner les startups d'États. Ces startups répondent à un mode de gestion atypique du service public car elles utilisent des méthodes de management privé afin de gagner en efficacité et en souplesse[489]. Certaines interviennent dans les maisons France Services, comme la startup *Aidants Connect*

---

483 *Ibid.*, 2.5.

484 Le site de la Communauté de communes de Blaye, disponible sur https://ccb-blaye.com/wp-content/uploads/2020/02/20-02-06-mise-%C3%A0-jour-permanences.pdf (consulté le 28.04.2020 à 16h28).

485 Le site de la maison France Services de Château-Chinon, disponible sur https://www.maisondeservicesaupublic.fr/content/maison-de-la-solidarite-chateau-chinon (consulté le 28.04.2020 à 16h33).

486 Le site de l'IFAC, disponible sur https://www.ifac.asso.fr/L-Ifac-en-quelques-mots (consulté le 28.04.2020 à 16h34).

487 Loi n° 2000-321 du 12 avril 2000 *relative aux droits des citoyens dans leurs relations avec les administrations*, art. 27-2.

488 CE, ass., 31 mai 2006, n°275531, *Ordre des avocats au barreau de Paris*, v. en ce sens CE, 17 mars 2017, n°403868.

489 Pour plus de détail v. KERLEO (J.-F.), « Le service public en mode start-up », *AJDA*, 2020, p.83.

dans la maison de la communauté de commune Champagne Picarde[490]. Cette startup a pour objectif de « permettre à un professionnel habilité préalablement, de réaliser des démarches administratives en ligne, à la place d'une personne ne parvenant pas à les faire seule, via une connexion sécurisée »[491].

219. Les maisons de justice et du droit illustrent aussi la confusion public-privé. Ces structures associent des personnes publiques, telles que les magistrats ou des élus locaux, ainsi que des personnes privées, qui sont définies comme des « associations œuvrant dans le domaine de la prévention, de la délinquance, de l'aide aux victimes ou de l'accès au droit »[492]. Par exemple, les associations d'aide aux victimes « ont pour mission d'apporter un soutien aux victimes, y compris sur le plan psychologique, de les informer de leurs droits et de les accompagner dans les démarches à entreprendre »[493]. C'est cette mission qu'assure l'association Vict'Aid, le vendredi matin, dans la maison de justice et du droit de Bordeaux[494]. De surcroît, cette même maison loge l'association des responsables de copropriété du Sud-ouest qui, un mercredi matin par mois, fournit des conseils juridiques sur la copropriété[495].

220. Ainsi, les maisons mutualisent les secteurs public et privé dans une même institution. Cette association, cependant, n'est pas systématique. C'est pour cela que l'on parle de dynamique et non d'élément de définition systématique.

---

490 Le site de la startup *Aidants Connect*, disponible sur https://beta.gouv.fr/startups/aidantsconnect.html (consulté le 28.04.2020 à 17h05).
491 *Ibid.*
492 Code de l'organisation judiciaire, R131-3, f).
493 Circ. Min. Just., NOR : JUSJ0490016C du 24 nov. 2004, relative aux maisons de justice et du droit et aux antennes de justice.
494 Site de la maison de justice et du droit de Bordeaux, disponible sur http://www.bordeaux.fr/o1686/maison-de-la-justice-et-du-droit-de-bordeaux (consulté le 28.04.2020 à 17h30).
495 *Ibid.*

II. Une mutualisation notable mais non systématique

221. La mutualisation des secteurs public et privé au sein d'une même institution est certes notable, mais elle n'est certainement pas systématique. D'une part, certaines normes organisant les maisons n'obligent en rien à une mutualisation des secteurs, et d'autre part, certaines normes prohibent tout simplement un tel regroupement.

222. Tout d'abord, certains statuts n'obligent en rien à la mutualisation des secteurs public et privé. Par exemple, les maisons de l'emploi « associent obligatoirement l'État, l'institution mentionnée à l'article L. 5312-1 [c'est-à-dire Pôle Emploi] et au moins une collectivité territoriale ou un établissement public de coopération intercommunale »[496]. Dans cette disposition, il n'y a aucune obligation d'intégration du secteur privé. Pour confirmer cette simple faculté d'associer le secteur privé, le cahier des charges des maisons de l'emploi dispose que les acteurs locaux de la politique de l'emploi et de la formation professionnelle, « peuvent devenir des membres associés à la maison de l'emploi dès lors que leur admission a reçu l'accord préalable des membres constitutifs obligatoires »[497]. Cette idée se trouve, en outre, concrétisée au travers de la Maison de l'emploi de Toulouse qui ne regroupe pas d'acteurs du secteur privé[498].

223. Le cas est semblable pour les maisons départementales des personnes handicapées puisqu'elles n'associent obligatoirement que des personnes publiques et, « le cas échant, des représentants des autres membres du groupement prévus par la convention constitutive »[499]. Cette simple possibilité est bien illustrée par la maison de l'Indre-et-Loire où des membres du secteur privé (comme l'Association des paralysés de France) sont

---

[496] Code du travail, art. L5313-2.
[497] Arrêté du 18 déc. 2013 portant avenant au cahier des charges des maisons de l'emploi, I.-1.1.
[498] V. http://www.emploi-tme.fr/equipe (consulté le 18.01.2021 à 10h30).
[499] Code de l'action sociale et familiale, art. L146-4, 3°, c).

qualifiés de « membres qui ont manifesté la volonté de participer au groupement » et non comme des « membres de droit »[500].

224. Différemment, certaines maisons (assurément minoritaires) ne reconnaissent nûment pas la possibilité de mutualisation. Par exemple, les maisons de l'État ne sont seulement pensées que comme des structures regroupant des autorités administratives[501]. De même, les statuts des maisons de santé n'autorisent que le regroupement de professions libérales réglementées, soit les « professionnels médicaux », les « auxiliaires médicaux », et les « pharmaciens »[502].

225. Ainsi, la mutualisation des secteurs privé et public est certes développée par les maisons, mais cela n'est pas un phénomène systématique pour ces dernières. Il est donc impossible de faire de la mutualisation des secteurs public et privé un élément de définition du service public maison. Ce regroupement constitue, en revanche, une grille de lecture permettant d'identifier l'apparition du service au public, une mutation du service public.

Section II. L'apparition du service au public

226. La mutualisation des secteurs public et privé dans les maisons illustre l'apparition du *service au public* (I.), un phénomène qui se caractérise comme une mutation du service public (II.).

---

500 V. https://www.mdph37.fr/les-membres-du-gip.html (consulté le 18.01.2021 à 10h27).

501 Circ. Prem. Min., n° 5745/SG du 15 oct. 2014, *Création de Maisons de l'État et Cahier des charges pour la création de Maison de l'État*, IV°).

502 Code de la santé publique, art. L6323-3.

I. Lire le service au public au travers du service public maison

227. La mutualisation des secteurs privé et public au sein des maisons fait émerger le phénomène du *service au public.* Cette notion est apparue dans le droit positif avec la *loi NOTRe* qui fonde les maisons de services au public[503]. Ces structures[504] rénovent les maisons de services publics pour en faire des espaces qui, affranchis de la rigueur traditionnelle du service public, peuvent regrouper des activités privées et publiques pour répondre aux besoins d'une population[505].

228. Toutefois, l'appellation *service au public* interpelle. Dès 2005, les maisons de services publics pouvaient déjà accueillir des activités privées[506]. Or, en substance, si l'association public-privé était dès lors reconnue avec les maisons des services publics, pourquoi retenir l'appellation de *service au public* ? En réalité, cela témoigne d'un changement idéologique. Lors des débats parlementaires de la *loi NOTRe*, les maisons de services au public furent pensées selon une « définition plus large des services au citoyen »[507]. Pour les parlementaires, celles-ci permettent de « définir des obligations de service au public en cas d'inadaptation, et non plus de carence, de l'offre privée », tout en facilitant « les partenariats avec les opérateurs privés et répondant aux objectifs de présence territoriale, qui seraient fixés par l'État »[508]. Le *service au public* relève alors d'une « démarche mercatique » et d'une approche « consumériste »

---

503 Code de la santé publique, art. 100.

504 Aujourd'hui appelées maisons France Services.

505 Guglielmi (G. J.), Koubi (G.), Long (M.), *Droit du service public, op. cit.* (2), §1204 et s.

506 L. n° 2005-157 du 23 fév. 2005 *relative au développement des territoires ruraux* art. 107 ; v. comm. Dreyfus (J.-D.), « Présence des services publics dans les territoires ruraux : l'émergence d'une loi de proximité », *AJDA*, 2005, pp. 1274 et s. ; et Tremeur (M.), « Services publics : une priorité à la proximité », *op. cit.* (75).

507 Dussopt (O.), *Rapport sur le projet de loi n°2529 portant nouvelle organisation territoriale de la République*, Rapport n°2553, Assemblée nationale, 2015, p. 42.

508 *Ibid.*

visant à satisfaire les besoins individuels des citoyens[509]. Avec les maisons de services au public, le but n'est plus simplement « de maintenir les services mais de créer du lien vers d'autres services qui ne sont pas toujours matériellement assurés dans le lieu ressource »[510].

229. Ainsi, le *service au public* vise à associer le privé au public pour mieux répondre aux besoins d'une population. Il est donc évident que les maisons France Services, auparavant maisons de services au public, ainsi que toutes les maisons mutualisant les secteurs public et privé (maison de justice et du droit, maison de l'emploi, etc.) concrétisent cette notion. Il ne faut cependant pas s'y méprendre. Certes, le *service au public* vise à satisfaire un intérêt général, mais il ne doit pas être confondu avec le service public.

II. Le service au public : une mutation du service public

230. Partant de cette logique consumériste, le *service au public* se distingue du service public. Cette notion fut développée par le Conseil économique et social en 2006 pour dépasser celle de service public et pour penser une vision globale des services d'intérêt général[511]. Le Conseil pense *le service au public* selon trois éléments : le dépassement de la notion de service public associée au secteur public pour mieux « tenir compte des mutations économiques, sociales, technologiques, institutionnelles et culturelles »[512], le dépassement d'un cadre juridique prédéfini pour s'appuyer plus « directement sur les besoins réels des populations et des territoires sans se crisper sur

---

509 GUGLIELMI (G. J.), KOUBI (G.), LONG (M.), *Droit du service public*, *op. cit.* (2), §1204 et s.

510 LONG (M.), « Réflexions sur les changements de l'action publique : quels moyens ? Pour quels services ? Services publics, services au public : quels services ? Pour quels territoires ? », *Le Lamy Collectivités territoriales*, n° 69, 2011.

511 CONSEIL ECONOMIQUE ET SOCIAL, *Aménagement du territoire, Services publics et Services au public*, 2006, pp. 105 et s.

512 *Ibid.*, p. 107.

l'offre »[513], et l'affirmation d'une fonction de « cohésion territoriale et sociale »[514]. En d'autres termes, *le service au public* relativise l'exceptionnalité du service public car il reconnaît l'action privée comme un acteur essentiel de l'intérêt général. Pourtant, cela ne veut pas dire que l'intérêt général passe aux mains de l'acteur privé. Au contraire, le Conseil préconise que le *service au public* reste sous l'emprise étatique[515].

231. Le *service au public* est donc une mutation du service public puisque, comme lui, il vise à garantir l'intérêt général. Toutefois, cela pose de vives questions. Le service public, justification de l'intervention étatique pour garantir l'intérêt général[516], est clairement défini par le juge administratif. La notion de *service au public*, elle, est plastique et difficilement saisissable. Elle est, certes, différente du service public, mais elle reste composée des services publics. En conséquence, les services publics font aujourd'hui partie de deux ensembles : le *service public* et le *service au public*. Cette situation, pour le moins complexe, témoigne d'une transformation des services publics puisqu'ils s'associent avec le privé pour mieux promouvoir l'intérêt général.

232. Ainsi, le *service au public* est une mutation du service public concrétisée par les maisons puisque celles-ci mutualisent les secteurs public et privé en leur sein. Cette mutation, toutefois, n'est certainement pas autonome car le *service au public* est constitué *de* services publics, eux-mêmes faisant partie *du* service public. En conséquence, la mutualisation des secteurs public et privé, bien plus que de concrétiser le *service au public*, transforme *le* service public.

---

513 CONSEIL ECONOMIQUE ET SOCIAL, *Aménagement du territoire, Services publics et Services au public*, *op. cit.* (511), p. 107.
514 *Ibid.*, p. 108.
515 *Ibid* p. 130.
516 ESPAGNO (D.), « L'idéologie du service public », *op. cit.* (32), pp.12-46.

Chapitre II. L'aboutissement d'une transformation : recomposer le critère organique du service public

233. En France, le service public est basé sur l'intervention d'une personne publique, ou d'une personne privée contrôlée par la personne publique. Toutefois, en mutualisant les secteurs public et privé, les maisons recomposent ce critère organique puisque le secteur privé y est reconnu comme promoteur de l'intérêt général (Section I.). Certes, cette transformation n'est ni essentielle ni primordiale car elle ne remet pas en cause la définition du service public, mais elle reste intéressante car elle témoigne d'une transformation globale de l'administration (Section II.).

Section I. L'atténuation de l'exceptionnalité organique du service public

234. Le service public est classiquement lié à l'intervention de la personne publique, ou à l'intervention de la personne publique sous l'étroit contrôle de la personne publique. Or le développement des structures maisons recompose cette affirmation (II.) puisque le secteur privé est reconnu comme promoteur de l'intérêt général (I.).

I. Reconnaitre le secteur privé comme promoteur de l'intérêt général

235. Les maisons brouillent sensiblement les frontières entre le secteur public et le secteur privé. Comme démontré ci-avant[517], en associant le secteur privé dans une même institution, les maisons pensent le service public sur la base du secteur public autant que sur la base du secteur privé. En conséquence, l'administré devient un « coproducteur de service »[518] et le

---

517 Sur l'association public-privé, *v. supra* §§ 210 et s.

518 C. Morio parle de « coproduction de services » dans l'administration augmentée, c'est-à-dire modifiée par le numérique ; le service public maison a

secteur privé se conçoit comme un défenseur de l'intérêt général au même titre que le secteur public.

236. Dès lors se dessine une double fusion des secteurs. Tout d'abord, si les secteurs se mutualisent dans les maisons, alors ceux-ci font partie intégrante de la maison, une structure qui se superpose aux services regroupés. En d'autres termes, la maison, en tant que service public, se retrouve composée autant du secteur public que du secteur privé. En conséquence, le secteur privé devient, dans les maisons, chargé d'un service public d'accessibilité et d'adaptation.

237. Cette fusion directe n'est pas la seule assimilation. En effet, une maison a pour mission d'assurer l'accessibilité et l'adaptation de services regroupés en son sein, or si les maisons sont comprises au travers d'un concept global de service public maison, c'est qu'il est d'intérêt général qu'elles assurent l'accessibilité et l'adaptation de services regroupés en leur sein. Si ces services sont des services publics alors il est évident qu'ils sont des composantes de l'intérêt général. Or si ce sont des services privés (par exemple une association), alors s'ils font partie de la mission d'intérêt général de la maison, cela signifie que l'État les considère comme une composante de l'intérêt général. Cette seconde confusion toutefois, n'est pas celle qui intéressera la transformation du service public.

238. Pour illustrer la première assimilation, la maison France Services de Blaye regroupe l'association France Alzheimer Gironde et le Conseil départemental de l'accès au droit[519]. Or selon le statut des maisons, ces deux acteurs sont tous deux signataires de la convention cadre[520]. En conséquence, si ces

---

ça de novateur qu'il entraine cette « coproduction » en dehors de l'administration augmentée ; v. MORIO (C.), « Quelle place pour l'administré dans l'administration augmentée ? », *JCP A*, n° 50, 2018, 2341.

[519] Le site de la Communauté de communes de Blaye, disponible sur https://ccb-blaye.com/wp-content/uploads/2020/02/20-02-06-mise-%C3%A0-jour-permanences.pdf (consulté le 18.01.2021 à 11h20).

[520] Loi n° 2000-321 du 12 avril 2000 *relative aux droits des citoyens dans leurs relations avec les administrations*, art. 27 al. 4 et 5.

deux acteurs appartiennent, pour l'un au secteur privé, et pour l'autre au secteur public, cela signifie qu'ils sont parties à la maison, et donc qu'ils sont indifféremment chargés d'une mission d'intérêt général d'accessibilité et d'adaptation.

239. De même dans la maison de justice et du droit de Bordeaux, l'association Vict'Aid ainsi que les avocats sont considérés comme promoteurs de l'intérêt général puisqu'ils appartiennent au même service[521].

240. Sans s'appesantir en exemples, il est désormais clair que secteurs privé et public, au sein des maisons, sont tous deux considérés comme promoteurs de l'intérêt général. Cet intérêt, cependant, est classiquement pensé en France comme un intérêt public au sens qu'il est défendu par une personne publique représentant la nation. Penser un concept de service public maison composé de personnes publiques et privées permet, ainsi, de lire la recomposition organique du service public.

II. La recomposition du critère organique du service public

241. Le service public est classiquement relié au secteur public. Que ce soit la personne privée ou publique qui soit en charge du service, le secteur public garde toujours le contrôle du service[522]. En France l'administration, plus que partout ailleurs, est étroitement liée au secteur public grâce au service public. Sans revenir sur la construction de cette notion, le service public forme « l'ossature de la vie collective » et a « été conçu comme un instrument privilégié d'intégration et de cohésion sociale »[523]. Aussi, que ce soit en matière économique ou administrative, le secteur public n'a cessé de grandir pour garantir la fourniture de

---

[521] Site de la maison de justice et du droit de Bordeaux, disponible sur http://www.bordeaux.fr/o1686/maison-de-la-justice-et-du-droit-de-bordeaux (consulté le 18.01.2021 à 11h25).

[522] Sur le service public et son critère organique, v. §§ 16 et 17 et s.

[523] CHEVALLIER (J.), « Devenir de l'État : vers la fin de l'exceptionnalité française ? », *op. cit.* (40).

services publics[524]. Plus précisément, en France, le service public a pris une place tellement importante pour le développement économique et social[525] que certains le perçoivent comme une « exceptionnalité française »[526].

242. Cela ne veut pas dire que le service public est hermétique à la personnalité juridique de droit privé. Bien au contraire, le service public a toujours composé avec l'initiative privée, mais sans se confondre avec elle[527]. En témoigne la littérature généraliste actuelle [528] et plus ancienne[529], où a été systématisée l'association du secteur privé au secteur public pour défendre un intérêt général transcendantal.

243. Avec les maisons, en revanche, les choses paraissent différentes puisque pour défendre l'intérêt général, les maisons regroupent autant le secteur public que le secteur privé dans une même institution. Ici, cela ne correspond pas aux cas classiques, par exemple, de concession de service public, ou d'investiture unilatérale. Non, dans le cas du service public maison, les secteurs public et privé s'associent pour défendre, sur un pied d'égalité, l'intérêt général. Cela renforce un imbroglio déjà présent entre secteur public et privé.

---

524 v. ESPAGNO (D.), « L'idéologie du service public », *op. cit.* (32) pp.12-46, ; et GUENAIRE (M.), « Le service public au cœur du modèle de développement français », *op. cit.* (40).
525 GUENAIRE (M.), « Le service public au cœur du modèle de développement français », *op. cit.* (40).
526 CHEVALLIER (J.), « Devenir de l'État : vers la fin de l'exceptionnalité française ? », *op. cit.* (40).
527 *Ibid.*
528 V. LACHAUME (J.-F.), PAULIAT (H.), DEFFIGIER (C.), *Droit des services publics*, *op. cit.* (308), pp. 342 et s. ; et GUGLIELMI (G.J.), KOUBI (G.), LONG (M.), *Droit des services publics*, *op. cit.* (2), pp. 621 et s., et Code de la commande publique.
529 Par exemple sur l'association public-privé v. JEZE (G.), *Les principes généraux de droit administratif, Le fonctionnement des services publics*, Tome 3, Paris, Dalloz, 1926 réd. 2011, pp. 154 et s. ; et sur le contrat administratif v. RIVERO (J.), *Droit administratif*, Paris, Dalloz, 1960 réd. 2011, pp. 90 et s.

244. Ce mouvement de confusion lu au travers du service public maison traverse, en réalité, l'entièreté du droit public[530]. À titre d'illustration, le récent programme d'entrepreneur d'intérêt général associe au secteur public des profils atypiques issus du secteur privé pour résoudre un problème spécifique d'intérêt général[531]. Ce programme s'inscrit dans la lignée des maisons au sens où l'association du privé ne signifie aucunement un dessaisissement de la personne publique. Au contraire, celle-ci permet à l'administration de maintenir « sa propre compétitivité dans un nouveau contexte économique et numérique où les acteurs privés cherchent constamment à concurrencer l'État, voire à s'y substituer »[532]. Loin d'être pensé comme une menace à l'intérêt général, le secteur privé est désormais un défenseur de la nation et du public. Pour prendre des exemples concrets, les programmes d'entrepreneurs d'intérêt général consistent à cartographier les parcelles cultivées en agriculture biologique, maximiser l'exploitation des données de l'Arcep, et évaluer l'impact des réformes socio-fiscales sur les citoyens[533]. Autre exemple, les programmes *Bercy Lab*, *Passinnov* et *Bercy Innov*, associent des acteurs privés au ministère de l'Économie pour favoriser l'innovation numérique et managériale[534].

---

530 Certains auteurs sont très favorables à l'association du privé, ils pensent que l'administration ne pourra remplir sa mission que lorsqu'elle sera plus ouverte au secteur privé ; v. GRUNBERG (O.), « Services publics : la performance ne doit pas être une option, *La gazette*, n°8, 2020, pp .20 et s. ; et LEONETTI (X.), *État, entreprises, intelligence économique, quel rôle pour la puissance publique ?,* Thèse de doctorat en droit privé et sciences criminelles, 7 novembre 2008, Université d'Aix-Marseille, 540 p.

531 Pour plus de détails v. KERLEO (J.-F.), « Le programme entrepreneurs d'intérêt général, un brouillage entre secteurs public et privé au service de l'intérêt général », *AJDA*, 2020, pp. 437 et s.

532 *Ibid.*

533 Le site du Programme entrepreneur d'intérêt général, disponible sur https://entrepreneur-interet-general.etalab.gouv.fr/defis.html (consulté le 29.04.2020 à 11h09).

534 Site de la Mission Innovation, disponible sur https://www.economie.gouv.fr/mission-innovation (consulté le 20.04.2020 à 11h23).

245. Ainsi, la confusion public-privé lue au travers du service public maison recompose le critère organique du service public car les maisons associent secteurs public et privé dans un sens inédit. Cela constitue le début d'une recomposition organique du service public puisque le secteur public n'est plus le seul à avoir la charge de l'intérêt général.

246. Le service public maison est donc un concept qui révèle une recomposition organique du service public. Cette recomposition est intéressante car, même si elle est minoritaire et contingente en ne touchant pas la définition même du service public, elle éclaire une transformation générale de l'administration.

SECTION II. La transformation de l'administration

247. La fonction administrative consiste à « pourvoir aux besoins de l'ordre public et assurer le fonctionnement de certains services publics pour la satisfaction des intérêts généraux et la satisfaction des affaires d'utilité publique »[535]. En France, cette fonction administrative fut centralisée « sous l'autorité juridique du pouvoir exécutif et le pouvoir judiciaire en ce qui concerne l'administration du droit »[536]. Cela signifie que l'État français possède un « régime administratif »[537] et l'administration s'entend comme un système placé sous le contrôle du pouvoir exécutif[538], qui dispose d'un pouvoir spécifique, pour satisfaire l'intérêt général. Aujourd'hui deux définitions de l'administration coexistent. L'une est matérielle et conçoit l'administration comme « l'activité instrumentale des personnes morales de droit public ou de droit privé étroitement liées à celles-là, qui remplissent une mission de service public, hors des

[535] HAURIOU (M.), *Précis de droit administratif et de droit public*, *op. cit.* (46), p.1.
[536] *Ibid*, p. 3.
[537] *Ibid*, pp. 7 et s.
[538] Ce contrôle est fondé par l'art. 20 de la Constitution de 1958 : « Le Gouvernement détermine et conduit la politique de la nation. Il dispose de l'administration et de la force armée ».

fonctions législatives et juridictionnelle »[539]. L'autre est organique et pense l'administration de manière plus étroite pour former un ensemble d'organes « assurant la fonction administrative qui, au sein des personnes publiques, relèvent du pouvoir exécutif, soit par un lien de subordination directe, soit par la soumission à son contrôle »[540]. Dans les deux cas, l'administration est étroitement liée à la personne publique et à l'intérêt général. Plus précisément, c'est avec la notion de service public que les autorités administratives ont pu remplir leurs fonctions en France.

248. Ainsi l'administration est une notion clairement liée au service public. Or si le service public maison révèle une recomposition du critère organique du service public, alors il faut chercher si cette transformation traduit quelconque changement dans l'administration. Précisément, la recomposition organique du service public entraine l'apparition d'une administration de transparence (I.) et d'une administration d'innovation (II.).

I. Vers une administration de transparence

249. La recomposition organique du service public révélée par le service public maison éclaire l'évolution de la notion d'administration. En effet, si les maisons mutualisent les secteurs public et privé, c'est pour développer une administration de transparence.

250. La transparence est une notion plurielle qui ne peut pas être définie précisément à cause de sa relativité ontologique[541]. Elle pourrait, *a minima*, se définir comme « un complexe de techniques comprenant aussi bien des normes juridiques que des représentations idéales fondées sur une réévaluation du rapport savoir/pouvoir en renvoyant à un processus unilatéral ou

---

[539] PETIT (J.), FRIER (P.-L.), *Droit administratif*, *op. cit.* (49), §45.
[540] *Ibid.*
[541] Pour plus de détails, v. la thèse de J.-F. Kerléo sur la notion de transparence, KERLEO (J.-F.), *La transparence en droit, Recherche sur la formation d'une culture juridique*, Thèse de doctorat en droit public, 5 octobre 2012, Université Jean Moulin Lyon III, 762 p.

multilatéral de communication d'informations dans un but de connaissance, d'efficacité ou de légitimation »[542]. Souvent développée en droit positif suite à des scandales[543], la transparence en France renvoyait d'abord à la publication des lois, pour ensuite, dès les années 1970 se construire par l'accès aux documents administratifs[544]. Aujourd'hui, la transparence est prolongée par les notions de conflit d'intérêts, de déontologie ou d'*Open Data*[545].

251. Par la recomposition organique de l'administration, les maisons s'introduisent dans une politique de transparence. En effet, lorsqu'un particulier est associé à l'administration, celui-ci a « la légitimité de s'immiscer dans l'organisation des pouvoirs publics et la fabrication du droit par le regard inquisiteur qu'elle lui permet de jeter sur les institutions »[546]. L'administré peut œuvrer aux côtés de l'État pour satisfaire l'intérêt général tout en regardant la façon dont la puissance publique agit. Cela semble traduire une transformation de la relation administrative car « l'administré est impliqué dans le fonctionnement administratif » et est tenu « d'intérioriser un certain nombre de valeurs collectives »[547].

252. Pour préciser, les maisons ne rentrent pas dans le mouvement de transparence qu'avec l'association des secteurs public et privé. En effet, les structures maisons visent à simplifier l'action administrative[548], c'est-à-dire qu'en regroupant une multitude de personnes publiques en une institution et en

---

542 KERLEO (J.-F.), « La transparence de la vie publique en droit », *Sens-Dessous*, n°20, 2017, pp. 15 et s.
543 *Ibid.*
544 KERLEO (J.-F.), « Comprendre l'État sous le regard de la transparence », *Droit et société*, n°102, 2019, pp. 389 et s. ; et KERLEO (J.-F.), « La transparence de la vie publique en droit », *op. cit.* (542).
545 *Ibid.*
546 KERLEO (J.-F.), « Comprendre l'État sous le regard de la transparence », *op. cit.* (544).
547 CHEVALLIER (J.), « La transformation de la relation administrative : mythe ou réalité ? », *Recueil Dalloz*, 2000, pp. 575 et s.
548 Sur la simplification, *v. supra* §§ 81 et 83.

prévoyant un personnel spécialement dédié à l'information[549], les maisons visent à une meilleure compréhension de l'administration par l'administré. En d'autres termes, la maison contribue doublement à la transparence : d'une part elle associe le secteur public au secteur privé pour que le premier puisse comprendre l'action administrative, et d'autre part elle simplifie l'action administrative pour que l'administré envisage au mieux l'administration.

253. Ainsi, la recomposition organique du service public lue au travers du service public maison permet d'identifier le développement d'une administration de transparence. Ce n'est toutefois pas la seule transformation qui peut être lue au travers du service public maison. Celui-ci, de surcroît, révèle l'apparition d'une administration d'innovation.

II. Vers une administration d'innovation

254. La mutualisation des secteurs public et privé montre que l'administration place l'innovation comme un principe cardinal de son action. L'innovation est le fait d'innover c'est-à-dire « d'introduire du neuf dans quelque chose de bien établi »[550], elle se présente donc comme le passage radical d'un état à un autre. Cette notion fut théorisée par J. Schumpeter dans les années 1940. Selon lui, l'innovation est « tributaire de l'esprit d'entreprise » ainsi que des « différentes qualités de l'inventeur/entrepreneur »[551]. Le visage de l'innovation changea dans les années 1960. Celle-ci fut imaginée selon une approche systématique, c'est-à-dire que « lorsque l'on disposait des ressources nécessaires (personnel, budget et connaissances) à un endroit donné, l'innovation y est possible »[552]. Aujourd'hui,

---

[549] Sur le personnel spécialement dédié et la rationalisation de l'action administrative, v. *supra* §§ 80 et s.

[550] « Innover », in *Le trésor de la langue française informatisé*, disponible sur https://www.cnrtl.fr/definition/innover (consulté le 22.05.2020 à 17h34).

[551] BEKKERS (V.) et TUMMERS (L.), « L'innovation dans le secteur public : vers une approche ouverte et collaborative », *Revue Internationale des Sciences Administratives*, vol. 84, 2018, pp. 215 et s.

[552] *Ibid.*

l'innovation s'envisage par un milieu au sens où elle n'est plus déterminée par une organisation, mais par une volonté de partage des ressources essentielles. Elle est donc tributaire de « milieux innovateurs » dans lesquels il existe un « processus de collaboration et de co-création entre des parties prenantes dans le but de répondre à des défis sociétaux »[553].

255. L'innovation est liée à l'idée de réseau et d'horizontalité[554]. Pour ce faire, elle nécessite un « apprentissage interorganisationnel »[555], c'est-à-dire que plus des structures sont mises en relations, plus l'innovation est favorisée. Certaines études de sciences administratives détaillent les facteurs d'innovation dans le milieu administratif. Celles-ci démontrent que l'innovation est permise par des facteurs externes (comme la décentralisation, les corporations, etc.), du réseautage et du *leadership*[556].

256. Cette théorie de l'innovation basée sur le réseau et l'ouverture fait l'objet d'un engouement important dans l'administration[557]. Aujourd'hui, les organisations administratives, pour régler un problème identifié collectivement et pour améliorer leur fonctionnement[558], tendent à s'ouvrir au secteur privé pour favoriser l'apprentissage interorganisationnel et stimuler l'innovation. Sans mentionner le programme

---

553 BEKKERS (V.) et TUMMERS (L.), « L'innovation dans le secteur public : vers une approche ouverte et collaborative » *op. cit.* (551).

554 *Ibid.*

555 HARTLEY (J.), RASHMAN (L.), « L'innovation et l'apprentissage interorganisationnel dans le contexte de la réforme du service public », *Revue Internationale des Sciences Administratives*, vol. 84, 2018, pp. 241 et s.

556 M. LEWIS (J.), RICARD (L.M.) et KLIJN (E.H.), « Politique d'innovation et ses facteurs », *Revue Internationale des Sciences Administratives*, vol. 84, 2018, pp. 301 et s.

557 HARTLEY (J.), RASHMAN (L.), « L'innovation et l'apprentissage interorganisationnel dans le contexte de la réforme du service public » *op. cit.* (555).

558 OURAL (A.), *L'innovation au pouvoir ! Pour une action publique* réinventée *au service des territoires*, Rapport remis à la ministre M. Lebranchu avec l'appui du SGMAP, 2015, 110 p.

d'entrepreneurs d'intérêt général[559] et les startups d'État[560] qui, certes, rentrent parfaitement dans cette idée, il est possible d'illustrer l'innovation administrative par les laboratoires d'innovations territoriales. Ces laboratoires sont des structures sans critères juridiques précis qui s'inspirent du secteur privé tout en s'associant à lui pour répondre à une problématique territoriale[561].

257. Les maisons rentrent parfaitement dans cette logique d'innovation. En effet, celles-ci permettent à l'administration de s'ouvrir au privé pour mieux répondre aux besoins de l'usager et du contribuable. Par cette ouverture au secteur privé, les structures maisons sont autant un objet innovant qu'un facteur d'innovation. Elles sont des objets d'innovation car leur fonctionnement est novateur, mais elles apparaissent aussi comme un facteur d'innovation car elles développent l'apprentissage interorganisationnel entre les secteurs public et privé.

258. Ainsi, le service public maison témoigne de l'apparition d'une administration d'innovation, c'est-à-dire d'une administration qui s'ouvre de plus en plus aux structures extérieures pour satisfaire au mieux les particuliers. L'administration d'innovation pourrait se coupler avec la notion « d'administration augmentée »[562] selon laquelle, à la manière du transhumanisme, l'administration trouverait son fonctionnement et ses missions bouleversées par les nouvelles technologies. Plus précisément, le numérique pourrait très bien renforcer le

---

559 KERLEO (J.-F.), « Le programme entrepreneurs d'intérêt général, un brouillage entre secteurs public et privé au service de l'intérêt général », *op. cit.* (531).

560 KERLEO (J.-F.), « Le service public en mode start-up », *op. cit.* (489).

561 Pour plus de détails v. KERLEO (J.-F.), « Les laboratoires d'innovation territoriale », *AJDA*, 2019, pp. 1683 et s.

562 Sur la notion d'administration augmentée, v. SAISON (J .), MONDOU (C.), « L'administration augmentée », *JCP A*, n° 50, 2018, 2338 ; et MORIO (C.), « Quelle place pour l'administré dans l'administration augmentée ? », *JCP A*, n° 50, 2018, 2341.

brouillage entre secteur public et secteur privé pour favoriser l'innovation.

259. Finalement, construire un concept de service public maison permet de lire une recomposition organique du service public, recomposition traduisant la transformation de l'administration dans sa globalité. Cette évolution n'est pourtant pas la seule à pouvoir être révélée par le service public maison. Effectivement, loin de s'en tenir au simple service public comme mode d'action de la puissance publique, les maisons font évoluer l'organisation administrative de l'État.

TITRE II. La transformation de l'organisation administrative

260. Le service public maison permet de lire une transformation de l'organisation administrative de l'État. En ce sens, les maisons forment une troisième voie en mutualisant les autorités déconcentrées et décentralisées classiques.

261. Avant de détailler cette troisième voie, il est nécessaire de s'arrêter sur la notion d'organisation administrative. Tout d'abord, pour appliquer la politique de la nation et satisfaire les besoins du public[563], l'administration organise ses services dans les territoires de l'État. Cette organisation de l'administration évite « l'apoplexie » du système[564], car elle applique la volonté unique du pouvoir dans une pluralité de territoires. Pour reprendre la célèbre formule du décret de 1852 : « Considérant qu'on peut gouverner de loin, mais qu'on n'administre bien que de près ; qu'en conséquence, autant il importe de centraliser l'action gouvernementale de l'État, autant il est nécessaire de décentraliser[565] l'action purement administrative »[566]. En France, l'organisation administrative s'est construite autour d'une dualité : la décentralisation et la déconcentration.

262. Cette dualité, en revanche, tend à être transformée à la mesure du service public maison. Les maisons, par la mutualisation des autorités déconcentrées et décentralisées, forment une troisième voie entre déconcentration et décentralisation (CHAPITRE I). Il ne faut cependant pas s'y méprendre, l'affirmation de cette troisième voie n'a rien de

---

563 M. Hauriou écrit : « la fonction administrative consiste dans la satisfaction des besoins du public », v. HAURIOU (M.), *Précis de droit administratif et de droit public*, *op. cit.* (46), pp. 14 et s.

564 PONTIER (J.-M.), « Conclusion, La réforme territoriale et le couple déconcentration-décentralisation » *op. cit.* (164), p. 275.

565 Le terme décentralisé signifiait en réalité « déconcentration », ce mot n'existant tout simplement pas à l'époque, l'administration utilisait la « décentralisation » comme un terme très général.

566 Décret du 25 mars 1852 *sur la décentralisation administrative*.

révolutionnaire puisqu'elle ne fait que compléter la déconcentration et la décentralisation (CHAPITRE II).

263. Il est, en revanche, nécessaire de préciser que cela n'est qu'une identification de transformation. Celle-ci, certes substantielle car elle touche à la dualité fondamentale de la déconcentration et de la décentralisation, ne peut pas être totalement étudiée à l'échelle de ce travail. Précisément, cette étude n'est qu'une première lecture des transformations au travers du concept de service public maison. Il ne s'agira donc pas de qualifier ou d'étudier dans son exhaustivité cette troisième voie, mais simplement de l'identifier avec les structures maisons.

Chapitre I. L'apparition d'une troisième voie entre déconcentration et décentralisation

264. Les maisons forment une troisième voie entre la déconcentration et la décentralisation puisqu'elles mutualisent, en leur sein, des autorités administratives appartenant à ces deux ordres (Section I.). L'avènement de cette troisième voie a pour fonction de modifier le rapport aux territoires pour que ceux-ci répondent davantage aux besoins de la population (Section II.).

Section I. Une troisième voie formée par la mutualisation

265. La troisième voie dont il est question ici est formée par les maisons car celles-ci mutualisent les autorités déconcentrées et décentralisées en leur sein (I.). Pourtant, un support de la puissance étatique nécessite du personnel pour pouvoir mettre en œuvre les décisions politiques[567]. En conséquence, si on distingue une troisième voie, c'est nécessairement qu'il est possible d'apercevoir l'ébauche d'une fonction publique correspondante (II.).

[567] Ceci en partant du principe qu'une institution est nécessairement liée à du personnel, à des agents ; M. Hauriou est assez éclairant sur la question ; dans sa théorie juridique et sociologique de l'institution, il conçoit l'institution comme une chose autonome composée des individus ; en conséquence, bien que l'institution subsiste aux individus, elle n'en reste pas moins fondée par eux ; v. Hauriou (M.), *Principes de droit public*, *op. cit.* (46), pp. 123 et s. ; Hauriou (M.), *Précis de droit constitutionnel*, *op. cit.* (46), pp. 78 et s. ; et Hauriou (M.), *Précis de droit administratif et de droit public*, *op. cit.* (46), Préface.

I. Mutualiser les autorités déconcentrées et décentralisées

266. Les structures maisons forment une troisième voie, entre déconcentration et décentralisation, où les autorités administratives s'associent pour garantir l'adaptation et l'accessibilité des services regroupés.

267. Tout d'abord, les maisons France Services rassemblent des « services publics relevant de l'État, des collectivités territoriales ou de leurs groupements, d'organismes nationaux ou locaux chargés d'une mission de service public »[568]. En d'autres termes, ces structures comportent des services déconcentrés, des services décentralisés. Par exemple, la maison France Services de Fourchambault associe la préfecture de la Nièvre avec les services du département et le Pôle emploi[569], tandis que la maison de Château-Chinon accueille les services de la commune (comme le CCAS), la préfecture, la sous-préfecture, ainsi que la DGFIP[570].

268. Les maisons de justice et du droit, elles aussi, montrent le regroupement des autorités déconcentrées et décentralisées. Ces maisons doivent associer, *a minima*, le préfet et le maire de la commune où est instituée la maison[571]. Par exemple, pour créer la maison de justice et du droit de Bordeaux, il a fallu signer une convention entre le maire de la ville et le préfet de gironde[572].

---

568 Loi n° 2000-321 du 12 avril 2000 *relative aux droits des citoyens dans leurs relations avec les administrations*, art. 27 al. 2.

569 Site de la maison France Services de Fourchambault, disponible sur https://www.maisondeservicesaupublic.fr/content/centre-social-de-fourchambault (consulté le 05.05.2020 à 9h45).

570 Site de la maison France Services de Château-Chinon, disponible sur https://www.maisondeservicesaupublic.fr/content/maison-de-la-solidarite-chateau-chinon (consulté le 05.05.2020 à 9h50).

571 Code de l'organisation judiciaire, art. R131-1.

572 Site de la maison de justice et du droit de Bordeaux, disponible sur http://www.bordeaux.fr/o1686/maison-de-la-justice-et-du-droit-de-bordeaux (consulté le 05.05.2020 à 10h04)

269. Ce phénomène de mutualisation concerne la quasi-totalité des structures maisons. Pour prendre un dernier exemple, il est possible de mentionner les maisons de l'État. Elles sont organisées par une convention locale, un acte qui peut rassembler diverses autorités déconcentrées (le préfet, la DDFIP, les DDI, les directions régionales, etc.) et des autorités décentralisées territoriales (collectivités territoriales) ou techniques (établissements publics, etc.)[573]. Pourtant en pratique, malgré cette possibilité ouverte par le droit, les maisons de l'État associent en majorité des autorités déconcentrées. Par exemple la maison d'Annecis ne rassemble que les sous-préfets, l'UD DIRRECCTE ou la DDTM[574]. Toutefois, il est possible de trouver quelques exemples de maisons qui rassemblent les autorités décentralisées et déconcentrées, notamment la maison de Château-Salins qui regroupe l'inspection de l'éducation nationale et la sous-préfecture avec l'ONF[575]. L'ONF étant un organisme composé d'élus locaux[576], ceux-ci participent indirectement à la maison de l'État.

270. De surcroît, le rassemblement de la déconcentration avec la décentralisation est renforcé par la colocalisation des maisons. En plus de se joindre dans les institutions, les autorités déconcentrées et décentralisées sont doublement regroupées puisque les maisons se joignent entre elles. Ce phénomène de colocalisation est mis en évidence par les textes relatifs aux maisons France Services. Celles-ci « sont prioritairement accueillies dans les mairies, sous-préfecture, trésoreries, bureaux postaux, mais pourront également être instituées au sein des gendarmeries, centres sociaux, locaux associatifs et lieux culturels existants ». En d'autres termes, elles sont

---

573 Circ. Prem. Min, n° 5745/SG du 15 oct. 2014, *Création de Maisons de l'État*.
574 Site de la maison de l'État d'Annecis, disponible sur http://www.loire-atlantique.gouv.fr/content/download/25339/184215/file/plaquette%20BAT%20HD.pdf (consulté le 05.05.2020 à 11h25).
575 Site de la maison de l'État de Château-Salins, disponible sur http://www.moselle.gouv.fr/Services-de-l-Etat/Maison-de-l-Etat/Maison-de-l-Etat-de-Chateau-Salins (consulté le 05.05.2020 à 11h31).
576 Site de l'ONF, disponible sur shttps://www.onf.fr/onf/connaitre-lonf/+/32::gouvernance-de-onf.html (consulté le 05.05.2020 à 11h35).

prioritairement adossées à des structures préexistantes[577], notamment les sous-préfectures où existent les maisons de l'État. En conséquence, deux structures maisons peuvent être adossées dans un même local. Cependant, le texte est bien plus large que la simple jonction des maisons. Les maisons France Services doivent être créées dans des entités préexistantes, elles pourraient donc intégrer les locaux d'autorités déconcentrées ou décentralisées non parties à la convention constitutive. Cela renforcerait le regroupement des autorités déconcentrées et décentralisées. La pratique de la colocalisation semble pourtant assez limitée. En effet, les maisons Frances Services, comme les autres types de maisons, ont des statuts suffisamment flexibles[578] pour associer un grand nombre de personnes. En d'autres termes, la flexibilité des statuts facilite la création d'une maison regroupant plus d'entités. Or il est bien plus simple de créer une seule maison que de créer deux maisons pour ensuite les joindre dans un même local.

271. Cette association des autorités déconcentrées et décentralisées dans les institutions maisons apporte une certaine « dilution »[579] des personnes publiques. Cela signifie que les personnes morales, lorsqu'elles mutualisent dans une maison, s'amalgament pour donner vie à une institution différente[580]. Le service public maison est donc une institution qui confond les autorités déconcentrées et décentralisées pour former une troisième voie.

272. Ainsi, le service public maison mutualise les autorités déconcentrées et décentralisées dans une même institution pour former une troisième voie. Toutefois, si le service public maison permet de lire l'apparition d'un support spécifique, c'est

---

[577] Circ. Prem. Min., n° 5745/SG du 15 oct. 2014, *Création de Maisons de l'État*, II) 2).

[578] Sur la convention et la flexibilité, *v. supra* §§63 et s.

[579] TAILLEFAIT (A.), « Le développement législatif de la mutualisation des moyens : élargissement ou resserrement des possibilités d'intervention locale ? », *Revue Le Lamy Collectivités territoriales*, n° 77, 2012, pp. 98 et s. ; et PONTIER (J.-M.), « L'État et la cohésion des territoires », *AJDA*, 2019, pp. 1439.

[580] Sur la superposition, *v. supra* §§ 53 et s.

nécessairement qu'il entraine des conséquences sur la fonction publique.

II. L'ébauche d'une fonction publique transversale

273. Le personnel attaché au service public maison est, pour l'instant, pluriel et diversifié. L'exemple des maisons France Services est particulièrement éloquent sur la diversité des agents. La convention-cadre organisant ces maisons détermine « les conditions dans lesquelles les personnels relevant des personnes morales qui y sont parties exercent leurs fonctions »[581]. Compte tenu des différentes formes juridiques de ces maisons (GIP, association ou contrat)[582] la manière dont les associés vont affecter des agents s'avère très diverse. Si la structure est un GIP ou une association, alors la personne publique devra mettre à disposition[583] du personnel pour qu'il intègre cette structure. Ces agents seront donc soumis au droit de la fonction publique. À l'inverse, si la structure n'est pas *ad hoc* et reste contractuelle, alors le personnel affecté restera celui des services associés.

274. Pourtant, les statuts des maisons France Services sont suffisamment flexibles pour permettre à celles-ci de recruter

---

[581] Décret n° 2016-403 du 4 avril 2016 pris pour l'application de l'article 27 de la loi n° 2000-321 du 12 avril 2000 relative aux droits des citoyens dans leurs relations avec les administrations, art. 1, I. 8°.

[582] Sur les formes juridiques, *v. supra* §§ 40 et s.

[583] Mise à disposition au sens de : Loi n° 84-16 du 11 janvier 1984 *portant dispositions statutaires relatives à la fonction publique de l'État*, art. 41 et s. ; Loi n° 84-53 du 26 janvier 1984 *portant dispositions statutaires relatives à la fonction publique territoriale*, art. 61 et s. ; Loi n° 86-33 du 9 janvier 1986 *portant dispositions statutaires relatives à la fonction publique hospitalière*, art. 48 et s. ; Décret n° 86-83 du 17 janvier 1986 *relatif aux dispositions générales applicables aux agents contractuels de l'État pris pour l'application des articles 7 et 7 bis de la loi n° 84-16 du 11 janvier 1984 portant dispositions statutaires relatives à la fonction publique de l'État*, art. 33-1 ; Décret n°88-145 du 15 février 1988 *pris pour l'application de l'article 136 de la loi du 26 janvier 1984 modifiée portant dispositions statutaires relatives à la fonction publique territoriale et relatif aux agents contractuels de la fonction publique territoriale*, art. 35-1 ; Décret n° 91-155 du 6 février 1991 *relatif aux dispositions générales applicables aux agents contractuels des établissements mentionnés à l'article 2 de la loi n° 86-33 du 9 janvier 1986 modifiée portant dispositions statutaires relatives à la fonction publique hospitalière*, art. 31-1.

directement du personnel. Si la maison est *ad hoc* et possède une personnalité morale distincte des associés, alors elle peut engager des agents. Si la maison est un GIP, les agents sont alors soumis au régime spécial de droit public correspondant[584]. Différemment, si la maison est une association, alors l'agent recruté est assujetti au droit du travail[585]. Ainsi, pour un seul type de service maison il y a quatre catégories de personnels possibles.

275. Les maisons départementales des personnes handicapées fournissent un autre exemple de l'idée de diversité. Le personnel de ces maisons comprend des agents mis à disposition[586] par les parties associées, des fonctionnaires placés en détachement[587], et des agents contractuels de droit public ou de droit privé recrutés par la maison[588]. Là encore quatre catégories d'agents coexistent.

276. Cette grande diversité statutaire du personnel pourrait s'expliquer par la jeunesse du phénomène maison. En effet, ces services ne sont réellement développés que depuis 2014 avec l'apparition successive des maisons de l'État[589], des maisons de services au public[590] et des maisons France Services[591]. Ces maisons sont les premières à développer une approche globale du

---

584 Décret n° 2013-292 du 5 avril 2013 *relatif au régime de droit public applicable aux personnels des groupements d'intérêt public.*

585 Un agent public est toujours engagé par une personne publique, v. CE, 19 juin 1996, n° 141728, *Syndicat général CGT des personnels des affaires culturelles*.

586 Textes de mise à disposition *op. cit.* (583).

587 Détachement au sens de : Loi n° 83-634 du 13 juillet 1983 *portant droits et obligations des fonctionnaires* dite loi Le Pors, art. 5 *quater*, 13 *bis* et 14 *bis* ; Loi n° 84-16 du 11 janvier 1984 *portant dispositions statutaires relatives à la fonction publique de l'État*, art. 45 et 63 ; Loi n° 84-53 du 26 janvier 1984 *portant dispositions statutaires relatives à la fonction publique territoriale*, art. 30, 64 et s., 83 et 97 ; et Loi n° 86-33 du 9 janvier 1986 *portant dispositions statutaires relatives à la fonction publique hospitalière* art. 21, 51 et s., et 73.

588 Code de l'action sociale et familiale, art. L146-4-1.

589 Circ. Prem. Min., n° 5745/SG du 15 oct. 2014, *Création de Maisons de l'État*.

590 Loi n° 2015-991 du 7 août 2015 *portant nouvelle organisation territoriale de la République*, art. 100.

591 Circ. Prem. Min., n°6094/SG du 1er juill. 2019 *Création de France Services*.

service public maison en assurant la proximité de nombreux services. Cette approche globale apporte un besoin d'uniformisation et de professionnalisation pour le personnel maison.

277. Plus précisément, ce sont les maisons France Services qui incarnent l'ébauche d'un cadre d'emploi et d'un corps spécifique au service public maison. Ce corps serait tout à fait spécifique puisqu'il se situerait à la jointure de la fonction publique d'État et la fonction publique territoriale. Parce que le service public maison rassemble les autorités déconcentrées et décentralisées, ce corps d'agent maison pourrait fonder une fonction publique transversale.

278. Par fonction publique transversale, il faut entendre un corps de fonctionnaires qui bouleverse les statuts actuels. En effet, la fonction publique est aujourd'hui organisée par quatre statuts : un statut général à tous les fonctionnaires[592] et trois statuts spécifiques aux fonctionnaires territoriaux[593], hospitaliers[594] et de l'État[595]. Aujourd'hui, chaque agent public est rattaché au statut général et à un statut spécifique. Or avec la fonction publique transversale ébauchée par le service public maison, les agents ne seraient plus attachés à un statut général et un statut spécial, mais bien à un statut général et deux statuts spéciaux. Nul doute que si une telle fonction émerge, un statut spécifique pourrait être créé pour l'occasion.

279. À titre d'exemple, les agents France Services, qu'ils soient recrutés directement par la maison, mis à disposition, ou fournis par les services associés, doivent être des agents polyvalents. Le label France Services oblige à garantir un

---

592 Loi n° 83-634 du 13 juillet 1983 *portant droits et obligations des fonctionnaires* dite loi Le Pors.

593 Loi n° 84-53 du 26 janvier 1984 *portant dispositions statutaires relatives à la fonction publique territoriale*.

594 Loi n° 86-33 du 9 janvier 1986 *portant dispositions statutaires relatives à la fonction publique hospitalière*.

595 Loi n° 84-16 du 11 janvier 1984 *portant dispositions statutaires relatives à la fonction publique de l'État*.

premier accueil par la présence permanente d'au moins deux agents polyvalents[596]. Ils doivent être en mesure « d'informer et d'orienter les usagers » ; « d'assurer un accueil physique et téléphonique » ; « d'effectuer des activités de médiations sociales et numériques entre usagers et services partenaires de la structure » ; « d'accompagner les usagers dans l'exécution de leur démarche » ; et « d'accompagner les usagers dans leur appréhension des outils numériques »[597]. Pour confirmer cette compétence de polyvalence, les agents France Services sont soumis à une obligation stricte de formation[598]. En conséquence, le label témoigne d'une professionnalisation des agents France Services, un aspect qui manquait aux maisons de services au public et qui fut remarqué par les pouvoirs publics[599]. En effet, la professionnalisation permet de garantir la compétence des agents qui sont chargés d'intervenir dans une multitude de domaines. Par exemple, les agents France Services sont chargés : de conseiller les usagers voulant se faire rembourser des soins[600], d'orienter les particuliers faisant face à un litige de consommation[601], ou d'informer les contribuables voulant faire leur déclaration d'impôts[602]. Cette polyvalence est une activité spécifique pouvant présager la création d'un corps ou d'un cadre d'emploi spécifique.

280. La professionnalisation des agents France Services est pourtant loin d'être aboutie. En effet, vu que les agents polyvalents ne possèdent pas de corps et de cadre d'emploi, ils n'ont pas, en droit, de principes déontologiques adaptés à leurs

---

[596] Circ. Prem. Min, n°6094/SG du 1er juill. 2019 *Création de France Services.*, Annexe 1, A.
[597] Charte d'engagement France Services, *op. cit.* (149), 4.1.
[598] Pour plus de détails sur la formation *v. supra* §§ 86 et s.
[599] V. COUR DES COMPTES, L'accès aux services publics dans les territoires ruraux, *op. cit.* (200), pp. 13, 98 et s. ; et DUFREGNE (J.-P.), MATTEI (J.-P.), *L'évaluation de l'accès aux services publics dans les territoires ruraux*, *op. cit.* (200), pp. 148 et s.
[600] Bouquet France Services, *op. cit.* (140), p. 6.
[601] *Ibid.*, p.12
[602] *Ibid.*, p. 11

activités[603]. Cela peut être problématique concernant le secret attaché à certains documents. En effet, « la révélation d'une information à caractère secret par une personne qui en est dépositaire soit par état ou par profession, soit en raison d'une fonction ou d'une mission temporaire, est punie d'un an d'emprisonnement et de 15 000 euros d'amende »[604]. Or le personnel polyvalent, lorsqu'il aide à la complétude des dossiers, manie une masse considérable d'informations couvertes par le secret, notamment les informations fiscales[605] ou les informations sociales telles que celles relatives à l'assurance maladie[606]. En conséquence, l'agent polyvalent a accès à bien plus d'informations secrètes et personnelles qu'un agent public *lambda*. Il faudrait donc une obligation déontologique spécifique au corps du service public maison pour guider les agents dans leur pratique et ainsi, les protéger de toute pratique illégale ou disciplinairement répréhensible dont ils n'auraient pas conscience.

281. Pour résumer, les agents France Services sont des agents polyvalents qui ébauchent une fonction publique transversale à la déconcentration et la décentralisation. Cette jonction du personnel provient de la confluence institutionnelle des autorités déconcentrées et décentralisées dans la troisième voie formée par les maisons.

---

603 « Chaque corps est organisé par des dispositions réglementaires qui constituent autant de statuts particuliers appliquant le statut général », AUBY (J.-M.), AUBY (J.-B.), JEAN-PIERRE (D.), TAILLEFAIT (A.), *Droit de la fonction publique*, 7e éd., coll. Précis, Paris, Dalloz, 2012, §108.

604 Code pénal, art. 226-13.

605 « L'obligation du secret professionnel, telle qu'elle est définie aux articles 226-13 et 226-14 du code pénal, s'applique à toutes les personnes appelées à l'occasion de leurs fonctions ou attributions à intervenir dans l'assiette, le contrôle, le recouvrement ou le contentieux des impôts, droits, taxes et redevances prévus au code général des impôts », Livre des procédures fiscales, art. L103.

606 « Le personnel des organismes d'assurance maladie est soumis au secret professionnel dans les conditions et sous les peines prévues à l'article 226-13 du Code pénal », Code de la sécurité sociale, art. L161-29, al. 5.

282. Après avoir identifié cette troisième voie, il faut se pencher sur ses conséquences. Effectivement, la mutualisation des autorités déconcentrées et décentralisées entraine une modification des territoires pour que ceux-ci répondent davantage aux besoins des populations.

Section II. Fonctionnaliser les territoires avec la troisième voie

283. La troisième voie est une réorganisation de l'organisation administrative classique puisqu'elle s'insère entre la déconcentration et la décentralisation. Cette réorganisation a toutefois des conséquences : elle fonctionnalise les territoires pour que ceux-ci répondent davantage aux besoins des populations (I.). Cette rupture des cadres classiques territoriaux est, en outre, liée à la notion de solidarité territoriale et d'égalité devant et par le service public, car l'objectif est de fournir un niveau de prestation équitable sur l'ensemble du territoire national (II.).

I. La fonctionnalisation des territoires par les maisons

284. En mutualisant les autorités déconcentrées et décentralisées, les maisons fonctionnalisent les territoires. Tout d'abord, celles-ci réunissent dans une même structure les autorités déconcentrées et les autorités décentralisées[607], or ces autorités sont classiquement rattachées à des circonscriptions administratives ou des territoires locaux[608]. En d'autres termes, lorsque les maisons rassemblent ces autorités, elles fusionnent plusieurs territoires dans une même institution. Ces territoires sont donc fonctionnalisés dans le sens où ils dépassent les cadres habituels des circonscriptions administratives et des territoires

---

[607] Sur la mutualisation des autorités déconcentrées et décentralisées, *v. supra* §§ 264 et s.

[608] Pour les collectivités territoriales.

locaux[609]. Cette fonctionnalisation est une modification technique des cadres territoriaux classiques pour mieux répondre aux besoins des populations. Comme l'évoque clairement J.-M. Pontier : « [l]a technique juridique l'emporte parce que ce qui est recherché c'est la meilleure satisfaction d'un certain nombre de besoins supposés de la population, indépendamment de la collectivité concernée, ce qui importe c'est que les habitants aient accès à des services »[610].

285. Avec les maisons, on parle désormais de territoires et non de collectivités territoriales ou de circonscriptions administratives. Cette technique juridique est tout à fait surprenante puisqu'elle sort de la rigidité souvent associée au droit. En effet, le droit peut être conçu comme un facteur de rigidité du territoire puisque ce dernier est figé dans un texte et ne s'adapte plus aux réalités socio-économiques[611]. Au contraire, les structures maisons sont des objets flexibles, car elles utilisent la convention pour associer diverses autorités territoriales. En conséquence, elles permettent d'assouplir la rigidité juridique classique pour conduire les territoires à mieux s'adapter aux réalités du terrain. Il y a une véritable logique d'efficacité propre à cette fonctionnalisation puisqu'elle entraîne une meilleure prise en compte des identités locales par la recomposition territoriale de l'État[612].

286. Certes, la fonctionnalisation des territoires se renforce avec les maisons, mais elle n'apparaît pas avec ces dernières. Déjà en 2010, la création des ARS témoignait de la fonctionnalisation puisque cette autorité restait libre de déterminer les territoires de santé au niveau infra-régional, en

---

609 PONTIER (J.-M.), « L'État et la cohésion des territoires », *AJDA*, 2019, pp. 1439 et s.

610 PONTIER (J.-M.), « L'État et la cohésion des territoires », *op. cit.* (609).

611 PONTIER (J.-M.), « La problématique du territoire et du droit », pp. 47 et s., *in* DOAT (M.) (dir.), LE GOFF (J.) (dir.), PEDROT (P.) (dir.), *Droit et complexité, Pour une nouvelle intelligence du droit vivant*, coll. L'Univers des Normes, Rennes, PUR, 2007, 252 p.

612 F. Bottini associe efficacité et prise en compte des identités locales, v. BOTTINI (F.), « L'impact du New public management sur la réforme territoriale », *op. cit. (41).*

fonction des spécificités locales[613]. Plus large que l'ARS, c'est en réalité l'ensemble des réformes territoriales de l'État qui tendent à un « brouillage juridique progressif »[614] pour permettre une « recomposition territoriale pragmatique »[615].

287. La conséquence directe de cette fonctionnalisation est la diversification des territoires. Si la fonctionnalisation dépasse et recompose les territoires[616], c'est bien que la norme saisît davantage d'objets que les simples circonscriptions administratives et collectivités territoriales. Cette diversification constitue une « altération du territoire en tant qu'objet juridique »[617]. Avec la multiplication des territoires, ce dernier « épuise ses potentialités à être un support normatif »[618] puisqu'il est laissé à la libre disposition des acteurs juridiques. En effet, ce n'est plus la norme qui gère directement le territoire. Pour assurer une construction pragmatique, elle préfère habiliter les acteurs territoriaux à déterminer, eux-mêmes, les territoires pertinents.

288. Cette diversification peut être problématique car la fonctionnalisation complexifie l'action administrative. Une maison est nécessairement source de complexité lorsqu'elle mutualise les autorités décentralisées et déconcentrées pour adapter les services publics aux territoires. Effectivement, reconnaître l'adaptation au local c'est reconnaître la complexité[619]. Il faut cependant préciser que le complexe n'est pas forcément compliqué, il se présente plus comme « le

---

613 Pour plus de détails v. COMBEAU (P.), « Les nouveaux visages territoriaux de la déconcentration », *op. cit.* (364).

614 PAULIAT (H.), « Décompositions, recompositions territoriales et poids de l'État », pp. 281 et s., *in* STECKEL-ASSOUERE (M.-C.) (dir.), *La recomposition territoriale : la décentralisation entre enjeux et obstacles*, coll. GRALE, Paris, L'Harmattan, 2016, 310 p.

615 *Ibid*, pp. 286 et s.

616 PONTIER (J.-M.), « L'État et la cohésion des territoires », *op. cit.* (609).

617 PONTIER (J.-M.), « La problématique du territoire et du droit », p. 42, op. cit. (611)

618 *Ibid.*

619 MARCOVICI (E.), « Les nouveaux territoires de l'action de l'État, facteur de complexité administrative », pp. 237-245, *in* GRALE, *Droit et gestion des collectivités territoriales, Les territoires de l'État*, Éd. Le Moniteur, Antony, 2017, 808 p.

contraire de l'unidimensionnalité, de l'unilatéralité, du monisme comme dénégation du foisonnement créateur de réalité »[620]. En effet, le complexe n'est pas forcément mauvais et « il existe une idéologie du simple, de l'ordre à laquelle il faut savoir résister »[621]. La simplicité n'est pas toujours une bonne chose[622], et le complexe peut parfois être utile autant à l'administré qu'à l'État. En revanche, c'est l'excès de complexité qui est dommageable au fonctionnement de l'administration. Lorsqu'un système dépasse un seuil de complexité, il tend à être imprévisible et incohérent[623]. En ce sens, le développement de la fonctionnalisation des territoires pourrait conduire à dépasser ce seuil de complexité. Plus précisément, une maison offre la possibilité à toute autorité territoriale de s'associer, de manière différente, avec une multitude d'autres entités. C'est un facteur important de complexité qui risque de faire tomber l'administration dans l'écueil de l'incohérence et de l'imprévisibilité. De surcroît, l'administration est déjà peut-être tombée dans cette difficulté. Sans parler du millefeuille administratif, Christian Babusiaux détermine qu'à cause de la complexité, le fonctionnement actuel de l'administration contrevient à différents principes de la République, notamment le principe de la décentralisation, selon lequel le gouvernement dispose de l'administration et les principes de la LOLF[624].

---

[620] LE GOFF (J.), « Introduction », p. 14, *in* DOAT (M.) (dir.), LE GOFF (J.) (dir.), PEDROT (P.) (dir.), *Droit et complexité, Pour une nouvelle intelligence du droit vivant*, coll. L'Univers des Normes, Rennes, PUR, 2007, 252 p.

[621] DOAT (M.), « Remarques sur les rapports entre concepts juridiques et complexité », pp. 181-194, *in* DOAT (M.) (dir.), LE GOFF (J.) (dir.), PEDROT (P.) (dir.), *Droit et complexité, Pour une nouvelle intelligence du droit vivant*, Coll. L'Univers des Normes, Rennes, PUR, 2007, 252 p.

[622] Par « bon » il faut entendre la satisfaction du particulier et de l'État, le terme n'a pas vocation, ici, à s'ancrer dans une quelconque question de philosophie morale.

[623] DELMAS-MARTY (M.), « Préface, la tragédie des trois C », pp. 7-12, *in* DOAT (M.) (dir.), LE GOFF (J.) (dir.), PEDROT (P.) (dir.), *Droit et complexité, Pour une nouvelle intelligence du droit vivant*, coll. L'Univers des Normes, Rennes, PUR, 2007, 252 p.

[624] BABUSIAUX (C.), « L'organisation territoriale de l'État est-elle en ligne avec les principes constitutionnels et le droit budgétaire ? », *Droit Administratif*, n° 2, 2015, étude 2.

289. Ainsi, la troisième voie révélée par le service public maison entraîne la fonctionnalisation des territoires. Bien que cette dernière fasse planer la menace de la complexité sur l'administration, elle n'en reste pas moins une technique pour renforcer la solidarité entre les territoires.

II. L'objectif de solidarité territoriale associée à la fonctionnalisation des territoires

290. La solidarité est un « engagement par lequel deux ou plusieurs personnes s'obligent les unes pour les autres, et chacune pour toutes »[625]. Plus généralement, elle renvoie au « lien d'entraide unissant tous les membres » d'une collectivité[626]. Cette notion possède une histoire riche et complexe. Reconnue aujourd'hui dans les textes constitutionnels pour favoriser la coopération internationale et faire face aux « calamités nationales »[627], la solidarité fut autrefois utilisée par Léon Duguit pour fonder les notions de droit, d'État et de service public[628]. Sans prétendre faire une étude exhaustive de la solidarité, il est possible d'avancer que le service public maison développe la solidarité entre les territoires.

291. Dès l'instant où la troisième voie fonctionnalise les territoires, les autorités déconcentrées et décentralisées deviennent solidaires dans un but de cohésion. Cette cohésion territoriale « est d'abord une adhésion, le résultat de cette

---

[625] « Solidarité », in *Dictionnaire de l'Académie française*, https://www.dictionnaire-academie.fr/article/A8S1128 (consulté le 06.05.2020).

[626] CORNU (G.), ASS. HENRI CAPITANT, *Vocabulaire juridique*, 10e éd. mise à jour, coll. Quadrige, Paris, PUF, 2014, pp. 977-978.

[627] Constitution française de 1958, art. 87 : « La République participe au développement de la solidarité et de la coopération entre les États et les peuples ayant le français en partage ; et Préambule de la Constitution de 1946 al. 12 : « La Nation proclame la solidarité et l'égalité de tous les Français devant les charges qui résultent des calamités nationales ».

[628] v. DUGUIT (L.), *Traité de droit constitutionnel, La théorie générale de l'État*, Tome 2, *op. cit.* (45), 719 p. ; DUGUIT (L.), *Traité de droit constitutionnel, La théorie générale de l'État (Suite et Fin)*, Tome 3, *op. cit.* (45), 809 p. ; et DUGUIT (L.), *Traité de droit constitutionnel, Théorie générale de l'État*, *op. cit.* (45), 569 p.

alchimie qui consiste, à un degré élevé, à adhérer à un projet commun ou, à un degré moindre, à un minimum de règles permettant de poursuivre un objectif »[629]. En d'autres termes, lorsque les autorités décentralisées et déconcentrées se regroupent dans les maisons, elles deviennent solidaires pour répondre à un objectif commun : la satisfaction des individus. Dans ces maisons, les autorités territoriales s'associent pour remplir au mieux leurs missions. On dit qu'elles sont solidaires parce qu'elles associent les forces de certaines pour pallier les faiblesses des autres. C'est un mécanisme gagnant-gagnant dans lequel les territoires se solidarisent pour mieux agir.

292. En réalité, par la solidarité, les territoires poursuivent une ambition d'égalité. Les territoires n'ont pas tous les mêmes ressources. En conséquence, pour avoir un égal développement sur l'ensemble du territoire national, il est important que les territoires mettent en commun leurs différentes ressources. Cette dualité de l'égalité par la solidarité a été mise en évidence par Anne-Sophie Gorge. Pour elle, « le principe de solidarité devient le vecteur nécessaire à l'épanouissement du principe d'égalité entre les collectivités territoriales, étant entendu que la construction de nouveaux espaces de solidarité permet aux communes de mobiliser leurs possibilités d'action, de développer des projets communs, de mutualiser tant les dépenses et les recettes que les risques financiers et fiscaux et, finalement, d'offrir à leurs habitants davantage de services »[630]. Pour résumer, les maisons fonctionnalisent les territoires pour renforcer la solidarité, ce qui permet de mieux répondre aux besoins individuels.

293. Ainsi, pour assurer un niveau de prestation équitable sur tout le territoire et répondre aux besoins individuels, la troisième voie formée par les maisons fonctionnalise les territoires. Cette troisième voie, précisément, est révélée par le service public maison car, dans une maison, les autorités déconcentrées et

---

629 PONTIER (J.-M.), « L'État et la cohésion des territoires », *op. cit.* (609).

630 GORGE (A.-S.), *Le principe d'égalité entre les collectivités territoriales*, *op. cit.* (365), p. 549.

décentralisées se regroupent dans un sens inédit. Bien que cette transformation de l'organisation administrative soit substantielle, il ne faut pas s'y méprendre. En effet, cette troisième voie n'est pas une révolution car elle ne conduit pas à l'abolition de l'organisation administrative classique. Plus précisément, celle-ci est un simple complément à la déconcentration et la décentralisation.

CHAPITRE II. La troisième voie : complément de l'organisation administrative classique

294. Loin d'être un total bouleversement, la troisième voie ne remet pas en cause l'organisation administrative classique. Celle-ci n'est, en droit, qu'un complément de la déconcentration et de la décentralisation puisqu'elle n'existe que grâce à elles (SECTION I.), et parce qu'elle conserve les mêmes fonctions (SECTION II.).

SECTION I. Une troisième voie liée à l'organisation administrative classique

295. La troisième voie n'abolit pas la déconcentration et la décentralisation, au contraire, elle n'existe aujourd'hui que par elle. Pour développer, d'une part la troisième voie est développée lors des réformes de la décentralisation et de la déconcentration (I.), et d'autre part, cette voie s'appuie aujourd'hui sur les cadres institutionnels décentralisés et déconcentrés (II.).

I. Une troisième voie développée lors des réformes de la décentralisation et de la déconcentration

296. La troisième voie révélée par les structures maison est développée lors des réformes de la déconcentration et de la décentralisation. Plus précisément, c'est lors de l'acte II de la décentralisation que les maisons ont pris leur essor. Tout d'abord, les ancêtres des maisons France Services, c'est-à-dire les plateformes de services publics et les points publics, ont été créés en 1994 dans la lignée du processus de décentralisation des années 1980 et 1990[631]. Bien plus encore, quatre autres structures maisons furent créées à la suite de la *loi ATR*. Dans l'ordre, les

---

[631] GUGLIELMI (G. J.), KOUBI (G.), LONG (M.), *Droit du service public*, *op. cit.* (2), §§1190 et s.

maisons de justice et du droit sont apparues en 1998[632], les maisons des services publics (ancêtre des maisons France Services) en 2000[633], les maisons de l'emploi en janvier 2005[634] et les maisons départementales des personnes handicapées en février 2005[635].

297. Au-delà des années 1990 et 2000, les maisons n'ont fait que renforcer leurs liens avec les politiques de décentralisation. Par exemple, la maison de services au public qui succède à la maison des services publics est directement contenue dans une grande loi de décentralisation : la loi NOTRe[636]. De même, les maisons France Services ont été créées dans le cadre du programme AP 2022 et du Grand débat national[637].

298. Concernant les réformes de l'État en général, c'est-à-dire de la déconcentration et de la décentralisation, les maisons de santé et les maisons de l'État ont été instituées lors de la RGPP et de la MAP. Les premières ont été créées par la loi en 2009[638]. Les secondes, quant à elle, ont été fondées[639] sur recommandation directe du CIMAP[640], un comité chargé de déterminer les orientations de la politique de modernisation de l'État entre 2012 et 2017.

299. Ainsi, loin d'abolir l'organisation administrative classique, la troisième voie est créée lors des réformes de celles-

[632] Loi n° 98-1163 du 18 déc. 1998 *relative à l'accès au droit et à la résolution amiable des conflits*, art. 2.
[633] Loi n° 2000-321 du 12 avril 2000 *relative aux droits des citoyens dans leurs relations avec les administrations*, art. 27.
[634] Loi n° 2005-32 du 18 janvier 2005 *de programmation pour la cohésion sociale*, art. 1.
[635] Loi n° 2005-102 du 11 fév. 2005 *pour l'égalité des droits et des chances, la participation et la citoyenneté des personnes handicapées*, art. 64.
[636] Loi n° 2015-991 du 7 août 2015 *portant nouvelle organisation territoriale de la République*, art. 100.
[637] Circ. Prem. Min, n°6094/SG du 1er juill. 2019 *Création de France Services*.
[638] Loi n° 2009-879 du 21 juill. 2009 *portant réforme de l'hôpital et relative aux patients, à la santé et aux territoires*, art. 39.
[639] Circ. Prem. Min, n° 5745/SG du 15 oct. 2014, *Création de Maisons de l'État*.
[640] CIMAP, *Moderniser l'action publique, Relevé de décisions*, 2013, Décision n°38, p.17.

ci. Il serait possible d'y voir une certaine remise en cause de la déconcentration et de la décentralisation, mais ce n'est ici pas le cas puisque les maisons sont davantage pensées comme un complément que comme un remplacement. De surcroît, ce n'est pas une commutation car les maisons ont aujourd'hui besoin d'utiliser les cadres institutionnels de la déconcentration et de la décentralisation.

II. Une troisième voie utilisant sur les cadres institutionnels classiques

300. Loin d'être indépendante, la troisième voie est construite sur des cadres institutionnels classiques. En effet, l'organisation administrative classique est basée sur des cadres institutionnels précis, c'est-à-dire qu'entre déconcentration et décentralisation, ce n'est pas le même type d'autorité administrative qui intervient. Tout d'abord, la décentralisation consiste à donner la personnalité morale à une collectivité qui intervient dans un territoire et qui possède un pouvoir de décision autonome[641]. Au contraire, une autorité déconcentrée intervient dans une circonscription administrative et ne dispose, ni de la personnalité morale, ni d'un pouvoir de décision propre[642].

301. Cette différence est d'autant plus précise que les autorités décentralisées possèdent un fondement constitutionnel. Depuis 2003[643], l'article premier de la Constitution française consacre le caractère décentralisé de la République. En conséquence, « les collectivités territoriales », dorénavant support de la décentralisation, sont prévues dans la norme suprême. C'est ainsi que l'article 72 consacre les communes, les départements, les régions, et les collectivités d'outre-mer, comme des collectivités s'administrant librement et qui règlent

---

641 v. PONTIER (J.-M.), « Conclusion, La réforme territoriale et le couple déconcentration-décentralisation » *op. cit.* (164), pp. 279 et s. et HAURIOU (M.), *Précis de droit administratif et de droit public*, *op. cit.* (46), pp. 71 et s.

642 *Ibid.*

643 Plus précisément, depuis la Loi constitutionnelle n° 2003-276 du 28 mars 2003 *relative à l'organisation décentralisée de la République*.

toutes les affaires relevant de leur « échelon » local[644]. Inversement, les autorités déconcentrées ne sont pas reconnues par le texte constitutionnel et sont laissées à la libre disposition de l'administration.

302. Pour simplifier, la décentralisation est construite sur les communes, les départements, les régions, ou les établissements de coopération intercommunale. À l'inverse, la déconcentration est construite de manière horizontale avec les préfets, ou bien verticale avec des services spécifiques tels que le rectorat, l'ARS, etc.

303. Pour en revenir à la troisième voie, les maisons, loin d'avoir une fonction publique et des cadres institutionnels autonomes aujourd'hui, ne sont basées que sur les cadres institutionnels issus de l'organisation administrative classique. Par exemple, si une maison France Services peut avoir un personnel propre et se superposer aux services mutualisés, ce n'est que par le regroupement[645]. Par exemple, si la maison France Services de Marseille Le Panier peut exister, ce n'est que par la mutualisation, notamment, de la préfecture, des services départementaux, et des services communaux[646]. De même, si la maison de justice et du droit d'Aix-en-Provence existe[647], ce n'est que par l'association du préfet et des services territoriaux de la justice[648].

---

644 Pour plus de détails sur le statut constitutionnel des collectivités territoriales, v. STIRN (B.), *Les sources constitutionnelles du droit administratif*, 10e éd., coll. Systèmes, Paris, LGDJ, 2019, pp. 153 et s.

645 Sur la convention v. *supra* §§ 63 et s.

646 Pour le détail des services, v. https://lannuaire.service-public.fr/navigation/provence-alpes-cote-d-azur/bouches-du-rhone/msap (consulté le 19.01.2021 à 10h58), et https://www.maisondeservicesaupublic.fr/content/marseille-le-panier (consulté le 19.01.2021 à 10h58).

647 Sur la maison de justice et du droit d'Aix-en-Provence, v. https://www.cours-appel.justice.fr/aix-en-provence/les-maisons-de-la-justice-et-du-droit-en-paca ((consulté le 19.01.2021 à 11h03).

648 Sur la convention constitutive obligatoire v. §65.

304. Ainsi, la troisième voie est un complément de l'organisation administrative classique car elle utilise les cadres institutionnels traditionnels, et car elle est développée lors des réformes de la déconcentration et de la décentralisation. Ce caractère complémentaire et non révolutionnaire s'exprime aussi au travers de la fonction de la troisième voie. En effet, celle-ci conserve exactement les mêmes fonctions que la déconcentration et la décentralisation.

SECTION II. Une troisième voie conservant les fonctions de l'organisation administrative classique

305. Si la troisième voie n'est seulement considérée comme un complément à l'organisation administrative classique, c'est qu'elle conserve la même fonction. En d'autres termes, loin de réinventer l'organisation territoriale de l'État, celle-ci développe ce qui existe sous la déconcentration et la décentralisation, c'est-à-dire l'adaptation du national au local (I.). Avancer une telle idée permet, en outre, de démontrer le caractère strictement complémentaire et non révolutionnaire de la troisième voie puisque celle-ci semble préexister à l'arrivée des maisons (II.).

I. Une troisième voie ayant pour fonction l'adaptation du national au local

306. La troisième voie n'a pour fonction que de développer l'objet de la déconcentration et de la décentralisation : soit l'adaptation du national au local. Pour envisager cette question, il faut partir d'un constat : la norme est nécessairement territoriale, c'est-à-dire qu'elle est intimement liée à une compétence exercée *ratione loci* et *ratione matériae*[649]. De cette affirmation, le pouvoir, lorsqu'il adopte une norme, la pense toujours selon un territoire. Pour un État, le territoire de base est national et, lorsqu'en France le Parlement adopte une loi, elle est

[649] PONTIER (J.-M.), « La problématique du territoire et du droit », *op. cit.* (611), p. 42.

a priori applicable sur l'ensemble du territoire national. En revanche, il existe une pluralité de territoires dans la République et, pour bien administrer, le pouvoir central doit adapter la norme à chaque territoire, sans détruire l'unité du territoire national. En d'autres termes, l'organisation administrative ne peut être que territoriale, et cela permet aux autorités locales d'avoir une marge d'appréciation sur la norme nationale, pour adapter la règle à leur territoire[650]. Avec cette marge d'appréciation, les autorités peuvent, dans un même mouvement, sauvegarder l'unité du territoire national tout en assurant l'efficacité d'une norme sur les différents territoires de l'État.

307. Cette marge d'appréciation laissée au local traduit ce qu'il y a en commun dans la décentralisation et la décentralisation. Parfois nommée « territorialisation »[651], la nécessité politique d'adaptation du national au local permet de voir ce que la décentralisation et la déconcentration ont en commun. Pour dire autrement, ces deux phénomènes sont pensés selon une problématique semblable : « la question de l'échelon pertinent »[652]. Jacques Chevallier explique cette essence commune avec le terme de « décentration »[653]. Ce substantif permet de souligner que ces deux processus « relèvent d'un même mouvement de déplacement du pouvoir du centre vers la périphérie et produisent des effets identiques : enfouissant les relais territoriaux dans le milieu local, ils ne changent pas seulement le cadre organique mais modifient la rationalité qui préside au choix administratif »[654].

308. Pour résumer cette question commune : la décentralisation et la déconcentration peuvent s'analyser comme

---

650 *Ibid.*

651 KADA (N.), « Introduction, Les territoires de l'État », p. 62, *in* GRALE, *Droit et gestion des collectivités territoriales, Les territoires de l'État*, 2017, Éd. Le Moniteur, Antony, 2017, 808 p ; et COMBEAU (P.), « Les nouveaux visages territoriaux de la déconcentration », *op. cit.* (364).

652 PONTIER (J.-M.), « Conclusion, La réforme territoriale et le couple déconcentration-décentralisation » *op. cit.* (164), pp. 290 et s.

653 CHEVALLIER (J.), *Science administrative*, *op. cit.* (30), pp. 370 et s.

654 *Ibid.*

un mode de dévolution des compétences du national vers le local pour adapter une norme aux territoires de l'État.

309. C'est cette dévolution des compétences du national vers le local dans un but d'adaptation qui caractérise la fonction de la troisième voie. Effectivement, les structures maisons ont clairement pour fonction d'adapter les services mutualisés aux territoires[655]. En ce sens, l'objet même d'une maison est de moduler des services nationaux aux spécificités territoriales. Par exemple, les maisons de santé peuvent offrir des services de soins selon la demande des territoires. De même, les maisons France Services offrent différentes prestations publiques ou privées selon les besoins locaux.

310. Ainsi, loin d'être révolutionnaire, la troisième voie formée par les maisons a pour fonction d'assurer l'adaptation du national au local. En ce sens, au lieu de révolutionner l'organisation administrative, la troisième voie est complémentaire à la déconcentration et la décentralisation. Déterminer cette fonction d'adaptation permet de relativiser le caractère nouveau de la troisième voie. En effet, même si celle-ci s'affirme avec les maisons, elle semble préexister à l'arrivée de telles organisations.

II. La préexistence de la troisième voie

311. Avant même l'arrivée des maisons, la troisième voie semble préexister dans la confusion ontologique de base dans l'organisation administrative classique. De manière plus précise, il y a des confusions entre déconcentration et décentralisation du fait de leur objectif commun d'adaptation du national au local.

312. Concernant ces confusions, la décentralisation, tout d'abord, ne s'exprime pas seulement dans les collectivités territoriales. En effet, il existe une « décentralisation fonctionnelle »[656] dans laquelle des services se détachent de

---

[655] Sur la fonction d'adaptation, *v. supra* §§ 149 et s.

[656] PONTIER (J.-M.), « Conclusion, La réforme territoriale et le couple déconcentration-décentralisation » *op. cit.* (164), pp. 280 et s.

l'État pour créer des structures autonomes du pouvoir central. Par exemple, les établissements publics sont une forme de décentralisation technique car « le pouvoir de décision vient s'unir à la compétence technique des membres de l'établissement et, par ce fait, en général il est enlevé au pouvoir central »[657]. Par conséquent, une décentralisation n'est pas nécessairement liée à une collectivité territoriale, et peut fortement ressembler à une autorité déconcentrée.

313. La déconcentration, elle aussi, ne fait pas l'objet d'une définition incontestable. Habituellement, une autorité déconcentrée n'a pas de pouvoir de décision, elle n'œuvre que dans la limite du pouvoir hiérarchique. Ce pouvoir se traduit par quatre éléments : « la procuration d'action », « le contrôle hiérarchique des actes accomplis », « le pouvoir disciplinaire », et « l'avancement hiérarchique »[658]. Pourtant, l'actuel principe de modularité reconnue aux préfets de région et de département[659] relativise cette absence de pouvoir de l'autorité déconcentré. En effet, ce principe consiste à adapter les services de l'État à chaque configuration territoriale. Par exemple, les préfets peuvent choisir de fusionner certaines directions départementales ministérielles en fonction des spécificités territoriales[660]. Par cette prérogative, les préfets acquirent un pouvoir de décision, ce qui les fait ressembler à des autorités décentralisées.

314. Cette confusion est d'autant plus visible que, lors des réformes successives de l'État, la déconcentration et la décentralisation sont pensées ensemble. Par exemple, la RGPP veut imposer le *New public management*, moderniser l'État et

---

[657] HAURIOU (M.), *Précis de droit administratif et de droit public*, *op. cit.* (46), p. 83.
[658] *Ibid.*, pp. 77 et s.
[659] Circ. Prem. Min, n° 6029/SG du 24 juill. 2018 Organisation territoriale des services publics, 3. et Décret n°2004-374 du 29 avril 2004 *relatif aux pouvoirs des préfets, à l'organisation et à l'action des services de l'État dans les régions et départements*, art. 40 et s.
[660] Circ. Prem. Min, n° 6029/SG du 24 juill. 2018 *Organisation territoriale des services publics*, 3.1, a).

réduire la dette publique[661]. Pour ce faire, il réforme, dans un même temps, la décentralisation[662] et la déconcentration[663]. De même, la MAP tente de simplifier et de moderniser l'action administrative[664] en réformant notamment les régions[665], les intercommunalités[666], et les méthodes de travail déconcentrées[667]. Plus récemment, le programme AP 2022[668] cherche à renforcer la proximité de l'État et à moderniser les méthodes de travail administratives en renforçant les réseaux déconcentrés de l'État tout en développant la coordination entre les autorités décentralisées et déconcentrées[669]. Les textes de ce programme sont particulièrement évocateurs de la territorialisation puisqu'ils envisagent de développer la

---

[661] Pour plus de détails v. VILLENEUVE (P.), « La RGPP est morte, vive la RGPP ! », *JCP A*, n° 40, 2012, act. 626.

[662] La réforme de l'État influença la Loi n° 2010-1563 du 16 déc. 2010 *de réforme des collectivités territoriales.*

[663] Le Décret n° 2010-146 du 16 février 2010 *modifiant le décret n° 2004-374 du 29 avril 2004 relatif aux pouvoirs des préfets, à l'organisation et à l'action des services de l'État dans les régions et départements* modifie l'ensemble des structures déconcentrées.

[664] V. pour plus de détails GERARD (P.), « Premier point sur la réforme de l'État territorial », *AJDA*, 2015, pp. 432 et s. ; MARCOVICI (E.), « La simplification de l'administration territoriale de l'État par la modernisation de l'action publique : entre hésitations et complexité », *RFDA*, 2016, pp. 971 et s. ; et MARCOVICI (E.), « Quel bilan de la modernisation de l'action publique en matière de gestion des personnels publics ? Entre optimisation et incohérences », *Droit Administratif*, n° 7, 2018, étude 9.

[665] Loi n° 2015-29 du 16 janvier 2015 *relative à la délimitation des régions, aux élections régionales et départementales et modifiant le calendrier électoral.*

[666] Loi n° 2014-58 du 27 janv. 2014 *de modernisation de l'action publique territoriale et d'affirmation des métropoles* ; et Loi n° 2015-991 du 7 août 2015 *portant nouvelle organisation territoriale de la République.*

[667] Décret n° 2015-510 du 7 mai 2015 *portant charte de la déconcentration.*

[668] Circ. Prem. Min, n° 5968/SG du 26 sept. 2017 *Programme « Action publique 2022 ».*

[669] Pour plus de détails, v. PAULIAT (H.), « Moins de structures et de nouvelles méthodes de travail au sein de l'Administration centrale ? », *JCP A*, n° 21, 2019, act. 361 ; PAULIAT (H.) « La réforme de l'organisation territoriale de l'État et le nouvel acte de décentralisation se précisent », *JCP A*, n° 21, 2019, act. 362 ; VILLENEUVE (P.), « Vers une nouvelle partition territoriale de l'administration », *AJCT*, 2019, pp. 268 et s., PONTIER (J.-M.), « La réforme de l'organisation territoriale de l'État, » *AJDA*, 2020, pp. 281 et s.

proximité des services publics aux citoyens selon les territoires, le territoire étant ici un objet de politique public visant à accueillir sans distinction, les autorités décentralisées et déconcentrées[670].

315. Cette confusion permet ainsi de repenser le caractère nouveau de la troisième voie. En effet, si déconcentration et décentralisation ont toujours été plus ou moins confondues, peut-être que l'organisation administrative a toujours porté les germes de cette troisième voie. Les maisons, en effet, ne seraient que les composantes d'une troisième voie plus large, comprenant les autorités décentralisées fonctionnelles, où bien les autorités déconcentrées possédant une autonomie poussée. Cela n'est, évidemment, qu'une piste de réflexion puisque comme évoqué ci-avant, ce travail n'a pas pour objet de déterminer précisément une ontologie de la troisième voie. À l'inverse, il essaie de réfléchir à cette voie au travers du prisme du service public maison.

316. Finalement, la troisième voie révélée par le service public maison semble être un phénomène plus large que les simples maisons. En outre, celle-ci n'est en rien révolutionnaire car elle est pensée comme un complément de la déconcentration et de la décentralisation. En revanche, bien qu'elle ne soit pas révolutionnaire, cette voie n'est pas dénuée de conséquences. Précisément, lorsque les maisons mutualisent les autorités déconcentrées et décentralisées, cela conduit à fonctionnaliser les territoires pour mieux répondre aux besoins d'une population.

317. En ce sens, la fonctionnalisation amorce un développement plus large. Si les maisons, en créant une troisième voie, cherchent la satisfaction des besoins, c'est qu'elles contribuent à transformer la notion d'État. Effectivement, lorsqu'on prend le service public maison comme grille de lecture,

---

670 Circ. Prem. Min, n° 6029/SG du 24 juill. 2018 *Organisation territoriale des services publics*, 4 ; Circ. Prem. Min, NOR : PRMX1917197C, du 12 juin 2019 *relative à la mise en œuvre de la réforme de l'organisation territoriale de l'État*, VI ; et Circ. Prem. Min, n°6094/SG du 1er juill. 2019 *Création de France Services*.

il apparait que l'appareil d'État est reconfiguré au travers des maisons.

Titre III. La transformation de la notion d'État

318. Au contraire des transformations sectorielles des développements précédents, il s'agit ici de démontrer une évolution générale de l'État. L'État, en plus d'être une technique juridique ou une réalité sociologique, est une construction théorique[671]. En d'autres termes, même si l'État a une réalité physique ou mentale[672], elle n'en demeure pas moins un produit théorique expliqué par le discours. En d'autres termes, lorsqu'il s'agit de la notion d'État, il s'agit de montrer son évolution dans sa généralité telle qu'elle est conçue par le discours.

319. D'un point de vue méthodologique, le concept de service public maison est un concept normativiste. Or la norme entretient un rapport étroit avec les concepts d'État car, que l'on soit dans des théories juridiques ou sociologiques, l'État a toujours un lien avec le droit positif[673]. En conséquence, étudier la notion d'État en adoptant un concept normativiste, c'est regarder un océan à travers une fenêtre. C'est regarder le général au travers du particulier. Pour expliciter, l'État est, dans le réel, un objet autant juridique que sociologique. On ne devra donc pas étudier l'État sous tous ses aspects mais, selon une méthode rationaliste, de penser quelles sont les transformations de l'État perceptibles par le prisme d'un concept normativiste. En résumé, on verra quelles sont les transformations générales et conceptuelles de l'État révélées par le service public maison. Ce n'est pas une étude

671 Pour Michel Troper, ce sont les théories générales de l'État qui constituent l'État, v. TROPER (M.), *Pour une théorie juridique de l'État*, Léviathan, PUF, 1994, p. 7.
672 Ces deux termes sont là pour marquer l'existence d'un débat métaphysique : l'institution de l'État existe-t-elle dans le réel ou est-ce une représentation mentale commune ?
673 V. par exemple CARRE DE MALBERG (R.), *Contribution à la théorie générale de l'État*, Dalloz, 2004 rééd. 1920 – 1922, 638 p. ; BURDEAU (G.), *L'État*, Points, Édition du Seuil, Paris, 1970 rééd. 2009, 210 p. ; ou BEAUD (O.), *La puissance de l'État*, coll. Léviathan, Paris, PUF, 1994, 512 p.

exhaustive des transformations selon les théories, mais une étude des changements généraux dans ce qu'il y a de commun aux théories de l'État. D'autant que le cadre théorique de cette étude n'est pas déconnecté du réel et des réalités sociologiques car l'ordre juridique est postulé comme globalement efficace et sanctionné.

320. Ainsi, il faudra analyser ce qui est commun aux différents concepts d'État dans le discours pour en analyser les changements. Dès lors, le service public maison est un concept qui révèle la rénovation de la fonction (CHAPITRE I.) et de l'architecture (CHAPITRE II.) de l'État.

Chapitre I. La transformation de la fonction étatique

321. Classiquement, l'État a pour fonction d'assurer un intérêt collectif[674] aujourd'hui appelé intérêt général[675]. Ce dernier est pourtant en train d'évoluer, notamment avec les structures maisons. Le service public maison, en effet, révèle le primat de la satisfaction du particulier (SECTION I.) qui conduit à la transformation de la fonction étatique. L'État n'est dorénavant plus chargé de garantir un intérêt général transcendantal, mais de combler des intérêts individuels (SECTION II.).

SECTION I. Le primat de la satisfaction du particulier

322. Le service public maison révèle le primat de la satisfaction du particulier. Plus précisément, les maisons sont des structures créées pour satisfaire autant le contribuable (I.) que l'usager du service public (II.).

I. La satisfaction des besoins du contribuable

323. Les maisons cherchent à satisfaire le contribuable. Le contribuable est le citoyen qui supporte la charge de la contribution commune indispensable pour l'entretien de la force publique et des dépenses de l'administration[676]. Le service public

---

[674] Sur le lien entre État et collectif, v. par exemple CHEVALLIER (J.), *L'État*, 2e édition, Connaissance du droit, Dalloz, 2011, p. 17 ; cette fonction d'agir pour le collectif peut cependant se retrouver chez beaucoup d'auteurs, v. par exemple CARRE DE MALBERG (R.), *Contribution à la théorie générale de* l'État, Dalloz, 2004 rééd. 1920 – 1922, 638 p. ; BURDEAU (G.), L'État, Points, Édition du Seuil, Paris, 1970 rééd. 2009, 210 p. ; ou BEAUD (O.), *La puissance de l'État*, coll. Léviathan, Paris, PUF, 1994, 512 p.

[675] L'article VI de la Déclaration des Droits de l'Homme et du Citoyen dispose : « La loi est l'expression de la volonté générale. Tous citoyens ont droit de concourir personnellement, ou par leurs Représentants, à sa formation ».

[676] Déclaration des droits de l'homme et du citoyen du 26 août 1789, art. XIII.

maison, par son caractère mutualisé, cherche à satisfaire cette catégorie d'individu.

324. Comme dit précédemment, chaque citoyen doit contribuer au fonctionnement de l'État pour assurer le bon déroulement la vie commune. Pourtant, en contribuant tous à un État et une administration, les liens entre contribuables s'effacent inexorablement[677]. Au lieu de voir un ensemble d'individus qui contribuent ensemble à la vie de la nation, le contribuable voit seulement la dépense qu'il paie par rapport aux services que lui apporte l'État. L'individualisme est ici exacerbé puisque le contribuable veut voir son impôt bien utilisé par la machine étatique. L'individu se comporte comme un créancier et l'État se transforme en débiteur absolu[678].

325. Cette logique de satisfaction individuelle par la réduction de la charge publique est apparue en France avec l'adoption de la LOLF en 2001[679]. Cette loi introduit une logique de performance au cœur de la gestion publique. Elle restructure le budget en missions et programmes, ce qui donne la possibilité aux autorités (et plus spécifiquement au Parlement) d'évaluer l'action publique au travers d'indicateurs précis[680]. Cette logique de performance, largement inspirée du *New Public*

---

[677] Ce raisonnement se base sur la pensée d'A. Supiot selon laquelle l'État contemporain fait disparaitre le lien entre les citoyens, il écrit : « devenu débiteur universel, l'État social engendre un peuple de créanciers qui ne se reconnaissent plus mutuellement solidaires et attendent de lui le remède à tous leurs maux » ; v. SUPIOT (A.), « Introduction », pp. 7-32, *in* SUPIOT (A.) (dir.), *La solidarité, Enquête sur un principe juridique*, coll. Collège de France, Paris, Odile Jacob, 2015, 358 p.

[678] *Ibid.*

[679] Loi organique n° 2001-692 du 1er août 2001 *relative aux lois de finances.*

[680] Pour plus de détails, v. LAMBERT (A.), MIGAUD (D.), « La loi organique relative aux lois de finances (LOLF) : levier de la réforme de l'État », *RFAP*, n°117, 2006, pp. 11 et s. ; HERTZOG (R.), « La loi organique relative aux lois de finances (LOLF) dans l'histoire des grands textes budgétaires : continuité et innovation », *RFAP*, n°117, 2006, pp. 15 et s. ; et PARIENTE (A.), « La démarche de performance issue de la LOLF : quelles perspectives ? », *RDP* n°1, 2006, pp. 37 et s.

Management[681] a irrigué l'ensemble de l'administration, à tel point que certains parlent de « refondation de l'État »[682].

326. Une maison entre dans cette logique de performance puisqu'elle est mutualisée, c'est-à-dire qu'elle cherche à maximiser le rapport qualité-prix des services qu'il regroupe[683]. Plus précisément, elle cherche à bien utiliser l'impôt en fournissant un meilleur service tout en réduisant la dépense publique. Lorsque la structure maison mutualise des services, elle cherche à faire mieux avec moins pour satisfaire le contribuable.

327. Pour préciser la charge publique imputée aux maisons, il est possible d'observer les budgets opérationnels de programmes qui financent ces structures. Par exemple, le BOP 112 « Impulsion et coordination des politiques d'aménagement du territoire » finance les maisons France Services[684] et les maisons de santé[685]. Au sein de ce budget, l'administration prévoyait pour 2020 environ 210 millions d'euros[686], un montant assez faible lorsqu'on regarde les 15 milliards votés par le Parlement concernant le programme « Cohésion des territoires » (le programme contenant le BOP 112)[687]. Ce montant assez faible peut s'analyser de deux manières : soit les maisons financées par

---

681 Sur la performance issue du New Public Management, v. Bottini (F.), « L'impact du New public management sur la réforme territoriale », *op. cit.* (*51*).

682 Cette logique de performance s'est renforcée à la suite des crises financières, c'est en cela que M. Bouvier marle de refondation de l'État, v. Bouvier (M.), « Crise des finances publiques et refondation de l'État », *op. cit.* (220).

683 Sur la maximisation du rapport qualité-prix, *v. supra* §§71 et s.

684 Circ. Prem. Min, n°6094/SG du 1er juill. 2019 *Création de France Services*, annexe 4

685 Circ. Min. Int., NOR : EATV1018866C du 27 juill. 2010, *Lancement d'un plan d'équipement en maisons de santé en milieu rural*, II- 1).

686 Voir les détails en ligne du BOP 112, disponible sur : https://www.performance-publique.budget.gouv.fr/sites/performance_publique/files/farandole/ressources/2020/pap/html/DBGPGMPRESSTRATPGM112.htm (consulté le 22.05.2020 à 15h00).

687 Loi n° 2019-1479 du 28 décembre 2019 *de finances pour 2020*, art. 97 et 280 État B.

ce BOP coûtent peu cher et ne nécessitent pas de grandes ressources, soit les maisons ne sont pas une priorité. Il faut aussi noter que, pour cet exemple, les maisons France Services financées par le BOP 112 tirent une grande partie de leurs moyens d'un fonds inter-opérateurs et des personnes associées[688].

328. Ainsi, le service public maison cherche à satisfaire le contribuable en diminuant les charges publiques. En revanche, ce n'est pas la seule catégorie de particuliers que le service public maison cherche à satisfaire, en effet, celui-ci s'évertue à contenter les usagers.

II. La satisfaction des besoins des usagers

329. Les maisons cherchent aussi à satisfaire l'usager. La notion d'usager renvoie à la personne qui utilise le service public, c'est-à-dire qui use d'un service qui lui est proposé. Cette notion ambivalente, qui entretient des liens étroits avec les statuts de clients et de consommateurs, sous-entend l'idée de qualité dans le service public[689].

330. En partant de la notion d'usager, il est possible de voir que le service public maison vise à satisfaire cette catégorie d'individus. Dans sa mission de service public, une maison adapte d'autres services aux différents territoires pour satisfaire les individus[690]. Par exemple, il est clairement dit que les maisons France Services « s'adaptent aux spécificités des besoins des populations locales »[691]. Sans détailler des questions étudiées ci-

---

[688] Circ. Prem. Min, n°6094/SG du 1er juill. 2019 *Création de France Services*, annexe 4 ; et D. n° 2016-403 du 4 avril 2016 pris pour l'application de l'article 27 de la loi n° 2000- 321 du 12 avril 2000 *relative aux droits des citoyens dans leurs relations avec les administrations*, art. 1, 6°.

[689] Sur les questions de qualité, d'usager et de consommateur, v. CLUZEL (L.), *Le service public et l'exigence de qualité*, *op. cit.* (51) ; p., AMAR (J.), *De l'usager au consommateur des services publics*, *op. cit.* (51) ; et NICINSKI (S.), *L'usager du Service public industriel et commercial*, *op. cit.* (51).

[690] Sur l'adaptation, *v. supra* §§149 et s.

[691] Charte d'engagement France Services, *op. cit.* (140), 2.2.

avant[692], la maison France Services de Blaye ne comporte pas les mêmes services que la maison d'Amplepuis puisqu'elle cherche à satisfaire des besoins différents[693]. En ce sens, en associant le secteur public et le secteur privé, les structures maisons permettent d'adapter les services aux territoires. Elles recherchent un besoin spécifique à combler. Il y a ici une logique d'offre et de demande : l'usager à un besoin spécifique, il faut que l'administration y réponde au mieux par une structure maison adaptée.

331. Ainsi, le service public maison est une technique qui permet de satisfaire autant l'usager que le contribuable. Cela revient à remettre l'humain au centre de l'action étatique[694]. Cette satisfaction n'est pas sans conséquence. En effet, si le service public maison satisfait l'individu, c'est que l'État n'est plus seulement chargé d'assurer un intérêt général unifié, mais bien des intérêts particuliers spécifiques. En d'autres termes, il conduit à une mutation de l'intérêt général transcendantal classique.

SECTION II. La satisfaction du particulier transformant la fonction étatique

332. Une maison cherche à satisfaire le contribuable et l'usager. Cela constitue une transformation de la fonction étatique car cette dernière n'est plus la gardienne d'un intérêt général transcendantal, mais aussi des intérêts particuliers (I), ce qui approfondit les rapports entre l'État et les individus (II.).

---

692 Pour les maisons France Services de Blaye et d'Amplepuis, *v. supra* §§ 157, 216, 238 et 330.

693 *Ibid.*

694 D. Verger considère que le défaut d'accès aux services publics montre que l'humain n'est plus au centre de l'État, *a contrario*, développer les modes d'accès aux services c'est remettre l'humain au centre ; v. VERGER (D.), « Quand les personnes en galère ont voix au chapitre », *Revue Projet*, n° 373, 2019, pp. 47-51.

I. La mutation de l'intérêt général transcendantal classique

333. Avec les des maisons, l'État tend à défendre divers intérêts particuliers, et plus seulement un intérêt transcendantal. Classiquement en France, l'intérêt général est d'essence volontariste. Cristallisé sous la Révolution, l'intérêt général s'est construit sur les notions de *Polis*, de *Res publica* et de *Bien commun*[695]. Cette histoire, riche et ancienne, a construit un intérêt général volontariste gardé par l'État, ce dernier étant placé dans un rôle fédérateur de la communauté et de la nation[696]. Dans cette conception, l'intérêt général dépasse les intérêts particuliers pour bâtir « l'expression de la volonté générale, ce qui confère à l'État la mission de poursuivre des fins qui s'imposent à l'ensemble des individus, par-delà leurs intérêts particuliers »[697]. L'intérêt général est alors construit par la loi[698] et les services de l'État, sous le contrôle du juge, gèrent les services publics et édictent des normes individuelles et réglementaires pour défendre cet intérêt. Cette vision s'oppose à l'intérêt général utilitariste anglo-saxon qui conçoit l'intérêt général comme « la somme des intérêts particuliers, laquelle se déduit spontanément de la recherche de leur utilité par les agents économiques »[699].

334. Pour certains, il y a aujourd'hui une refondation de l'intérêt général caractérisant un renouveau du service public, qui s'appuie désormais sur des considérations économiques et libérales[700]. En effet, le service public vise à satisfaire l'intérêt général. Or, si ce dernier se caractérise davantage par la prise en

---

695 ESPAGNO (D.), « L'idéologie du service public », *op. cit.* (32), pp. 19 et s.
696 *Ibid*, p.23.
697 CONSEIL D'ÉTAT, *Réflexions sur l'intérêt général, Rapport public de 1999*, 1998 ; Disponible sur https://www.conseil-etat.fr/ressources/etudes-publications/rapports-etudes/etudes-annuelles/reflexions-sur-l-interet-general-rapport-public-1999 (consulté le 30.04.2020 à 10h40).
698 L'article VI de la Déclaration des droits de l'homme et du citoyen énonce que « la loi est l'expression de la volonté générale ».
699 CONSEIL D'ÉTAT, *Réflexions sur l'intérêt général, Rapport public de 1999*, 1998, *op. cit.* (697).
700 V. par ex. LECUYER (Y.), « Mutualisation et services publics : les enjeux de la réforme », *op. cit.* (189).

compte des intérêts particuliers, cela signifie que le service public ne sert plus seulement l'intérêt de la Nation, mais bien les intérêts des individus. Le service public maison révèle encore ce mouvement puisque, comme démontré ci-avant, il est pensé pour répondre aux besoins individuels. Lorsque les structures maisons augmentent le rapport qualité-prix du service public tout en l'adaptant aux divers besoins individuels, elles répondent à un objectif de satisfaction des intérêts particuliers.

335. De surcroît, le service public maison utilise le secteur privé pour satisfaire le particulier. Cette méthode est assez surprenante, car l'individu n'est pas seulement pensé comme l'objectif de l'action publique, il devient un protecteur de rentabilité et de satisfaction. Ainsi, l'individu est le Janus du service public, il est dans un même temps une finalité et un partenaire.

336. En revanche, les maisons ne contribuent pas à confondre l'intérêt général français avec la vision utilitariste anglo-saxonne. Cette dernière se caractérise par une méfiance générale de l'État[701] et, à l'inverse, le service public maison ne contribue pas à un effacement de l'État. Au contraire, c'est un renforcement de l'État dans les territoires ou les services publics se replient. En d'autres termes, l'intérêt général revu par le service public maison est certes individualiste, mais ce n'est pas un recul *stricto sensu* de l'État. Au lieu de caractériser un repli de la personne publique, les maisons contribuent à assouplir l'intérêt général démocratique pour répondre, au mieux, aux besoins individuels. Par le prisme du service public maison, l'État pense l'individu, non pas en opposition avec la construction sociale et solidaire, mais bien comme une composante de la communauté. La fiction de l'unité nationale se brise pour accorder une place à l'individu qui, dorénavant, compose le groupe. Qui plus est, cette prise en compte de l'individu pourrait cultiver une responsabilisation des citoyens. Comme le disait le Conseil d'État en 1998 : « À ce stade, le politique tend à rejoindre l'éthique. C'est sans doute

---

[701] CONSEIL D'ÉTAT, *Réflexions sur l'intérêt général, Rapport public de 1999*, 1998, *op. cit.* (697).

dans une éthique de la responsabilité que pourront être recherchées les initiatives [...] propres à encourager des citoyens libres à se réapproprier les valeurs de solidarité, ciment du bien vivre ensemble de la société »[702].

337. Ainsi, en satisfaisant les particuliers et les usagers, les maisons rénovent l'intérêt général puisque la puissance étatique est désormais responsable pour combler les intérêts individuels. Cette recomposition témoigne de l'approfondissement des rapports entre État et individus.

II. L'approfondissement des rapports entre État et individus

338. Comme vu précédemment, la tradition d'un intérêt général globalisant est aujourd'hui remise en cause. Cela s'exprime par un contexte d'hyper-individualisme caractéristique de la postmodernité, une ère qui met l'accent sur l'épanouissement personnel[703]. Dans ce contexte, l'action administrative se tourne vers la satisfaction des individus et de leurs droits[704], on dit qu'elle se subjectivise[705]. Ce mouvement consiste à « inscrire l'individu au cœur des préoccupations des acteurs publics »[706]. Il traduit une « atténuation de l'unilatéralité

---

702 CONSEIL D'ÉTAT, *Réflexions sur l'intérêt général, Rapport public de 1999*, 1998, *op. cit.* (697).

703 Pour plus de détails v. CHEVALLIER (J.), *L'État post-moderne*, *op. cit.* (30) et SUPIOT (A.), « Introduction », pp. 7-32, *in* SUPIOT (A.) (dir.), *La solidarité, Enquête sur un principe juridique*, coll. Collège de France, Paris, Odile Jacob, 2015, 358 p.

704 BRACONNIER (S.), *Droit des services publics*, 2e éd., coll. Thémis droit, Paris, PUF, 2007, §184.

705 Pour plus de détails sur la subjectivisation v. RAIMBAULT (P.), « Quelle signification pour le mouvement de subjectivisation du droit public », pp. 97-114, *in* HERRERA (C.M.) (dir.), PINON (S.), *La démocratie, entre multiplication des droits et contre-pouvoirs sociaux,* coll. Nomos & Normes, Paris, Kimé, 2012, 168p. ; SIRINELLI (J.), « La subjectivisation du recours pour excès de pouvoir », *RFDA*, 2016, pp. 529 et s. ; JANICOT (L.), « Le principe d'égalité devant le service public », *RFDA*, 2013, pp. 722 et s.; et BAILLEUL (D.), « Les nouvelles méthodes du juge administratif », *AJDA*, 2004, pp. 1626 et s.

706 RAIMBAULT (P.), « Quelle signification pour le mouvement de subjectivisation du droit public », *op. cit.* (705).

pour garantir une réception plus aboutie des préoccupations des usagers »[707], c'est une véritable « refondation politique de l'État »[708].

339. Ce mouvement de subjectivisation se retrouve dans l'ensemble du droit public. Pour prendre un exemple connu, la relation entre État et particuliers se subjective quant au recours pour excès de pouvoir. Dans cette procédure de contentieux administratif, le juge ne doit plus seulement regarder la légalité d'un acte, mais aussi les intérêts des particuliers. En d'autres termes le juge dispose aujourd'hui de pouvoirs étendus pour adapter son annulation et éviter de léser les administrés[709]. Pour illustrer, le juge de l'excès de pouvoir peut, par exemple, substituer la base légale[710] ou les motifs[711] d'une décision pour éviter une annulation inutile et renforcer la sécurité juridique au profit des administrés. De même, le juge peut moduler les effets temporels de son annulation[712] si un nombre suffisant d'intérêts sont lésés ou si un intérêt isolé subit une atteinte particulièrement grave. C'est-à-dire que, pour préserver un individu, le juge fait un bilan coût avantage entre son annulation et l'intérêt des autres administrés[713].

340. Les maisons rentrent dans le même mouvement car la relation entre État et individu est approfondie. Dès lors, avec les maisons, le service public n'offre plus un même service à l'ensemble de la population, il s'adapte aux territoires et aux

---

[707] RAIMBAULT (P.), « Quelle signification pour le mouvement de subjectivisation du droit public », *op. cit.* (705), p. 10.

[708] BOUVIER (M.), « Crise des finances publiques et refondation de l'État », *Revue française de finances publiques*, *op. cit.* (220).

[709] Pour plus de détails v. SIRINELLI (J.), « La subjectivisation du recours pour excès de pouvoir », *RFDA*, 2016, pp. 529 et s. ; BAILLEUL (D.), « Les nouvelles méthodes du juge administratif », *AJDA*, 2004, pp.1626 et s ; et HELENE (L.-C.), PERRIN (A.), « La distinction des recours contentieux en matière administrative », *RFDA*, 2011, pp. 813 et s.

[710] CE sect., 3 déc. 2003, n° 240267, *El Bahi*.

[711] CE sect. 6 févr. 2004, n° 240560, *Hallal*.

[712] CE, ass., 11 mai 2004, n° 255886, *Association AC !*.

[713] SIRINELLI (J.), « La subjectivisation du recours pour excès de pouvoir », Op. Cit. (709).

populations pour garantir la meilleure prestation possible et satisfaire le maximum d'individus. Cela a des conséquences importantes car, pour arriver à un niveau d'équité semblable sur tout le territoire, l'État doit modifier les services publics pour qu'ils soient différents. On tombe alors dans le débat classique de l'égalité, c'est-à-dire qu'avec les maisons, l'État tend à traiter les situations différentes de manière différente pour assurer l'unité de prestation et de développement sur l'ensemble du territoire national.

341. Ainsi, le service public maison offre une grille d'analyse pertinente pour voir la transformation de la fonction étatique. Celle-ci n'est plus de produire le collectif en promouvant un intérêt général transcendantal, mais bien de produire le collectif en satisfaisant les individus. La notion d'État en général n'est pas seulement transformée sur le plan fonctionnel. Effectivement, c'est l'architecture étatique qui est repensée pour faire plus de place à la plateforme et la coopération.

Chapitre II. La transformation de l'architecture étatique

342. L'État possède une architecture spécifique pour assurer l'intérêt général. Cette architecture, caractérisée par une organisation bureaucratique permettant à l'État d'assoir sa puissance, est cependant transformée par les maisons. En effet, en dégageant un service public maison, il est possible de voir le développement d'un État plateforme (SECTION I.). Si, en revanche, il est possible de montrer l'essor d'une telle configuration, c'est seulement parce que le service public maison révèle une relecture de l'État plateforme lui-même (SECTION II.).

SECTION I. Le développent de l'État plateforme

343. Le concept de service public maison éclaire une modification de la spécificité étatique puisqu'il montre le passage d'un État puissance à un État plateforme (I.). Ce dépassement, toutefois, n'est pas une véritable rupture car les maisons ne sont qu'une évolution qui révèle une plateforme au service de la puissance (II).

I. Renouveler la puissance par la plateforme

344. L'État, en tant que notion, a toujours été associé à la puissance. De Léon Duguit[714], en passant par Maurice

[714] Même si Léon Duguit rejette l'idée de souveraineté nationale, il identifie une puissance par la distinction gouvernants/gouvernés, v. DUGUIT (L.), *Traité de droit constitutionnel, Théorie générale de l'État*, Tome 1, *op. cit.* (45) ; et DUGUIT (L.), *Traité de droit constitutionnel, La théorie générale de l'État*, Tome 2, 2e *op. cit.* (45).

Hauriou[715], Raymond Carré de Malberg[716], Hans Kelsen[717], Georges Burdeau[718], ou récemment Jacques Chevallier[719], l'État a toujours été décrit ou constitué[720] selon un critère de puissance, autrement appelé la souveraineté[721].

345. Dans chacune des théories, la puissance permet à l'État de produire un collectif, alors appelé intérêt général, au travers de la soumission des individus. Cette production du collectif par la puissance entraîne une architecture spécifique puisque l'État s'organise en un « appareil structuré et cohérent de domination, chargé de mettre en œuvre la puissance », c'est-à-dire en une « bureaucratie », qui incombe à des « personnels qualifiés (fonctionnaires permanents, compétents, rémunérés), insérés dans une organisation hiérarchisée »[722].

---

715 Maurice Hauriou construit l'État d'un principe d'unité basé sur la coercition et la souveraineté, v. HAURIOU (M.), *Précis de droit constitutionnel*, *op. cit.* (46), pp. 85 et s.

716 Raymond Carré de Malberg dit « La caractéristique de l'État, c'est qu'il est capable de dominer et de réduire les résistances individuelles », CARRE DE MALBERG (R.), *Contribution à la théorie générale de* l'État, Dalloz, 2004 rééd. 1920 – 1922, p. XIV

717 Pour Hans Kelsen, l'État est le droit, et la puissance étatique n'est rien d'autre que la « validité d'un ordre juridique effectif », la puissance ressort clairement de normes devant être valides dans un ordre juridique globalement effectif, v. KELSEN (H.), *Théorie Pure du Droit*, coll. La pensée juridique, Paris LGDJ, 1999 rééd. 1962, 369 p.

718 Pour Burdeau l'État est le support du pouvoir politique, BURDEAU (G.), *L'État*, coll. Points, Paris Édition du Seuil, 1970 rééd. 2009, pp. 18 et s.

719 Pour Jacques Chevallier, l'État est une institution transformant le pouvoir en autorité, v. CHEVALLIER (J.), *L'État*, 2e édition, coll. Connaissance du droit, Paris, Dalloz, 2011, p.6.

720 Les théories générales de l'État sont des théories qui ne décrivent pas l'État mais qui le constitue pour Michel Troper v. TROPER (M.), *Pour une théorie juridique de l'État*, Léviathan, PUF, 1994, p. 7.

721 Olivier Beaud synthétise la pensée sur l'État pour l'associer à l'idée de souveraineté, v. BEAUD (O.), *La puissance de l'État*, coll. Léviathan, Paris, PUF, 1994, 512 p.

722 CHEVALLIER (J.), *L'État post-moderne*, 4e édition, Coll. Droit et société, LGDJ, Paris, 2014, p. 23. Ici, Jacques Chevallier résume ce qui fut décrit et constitué par d'autres théories puisque Léon Duguit, Maurice Hauriou ou Raymond Carré de Malberg avaient déjà identifié cette organisation hiérarchisée basée sur les fonctionnaires.

346. Cette organisation en appareil structuré et cohérent de domination se trouve cependant renouvelée par le concept d'État plateforme. Cette théorie explique qu'avec l'arrivée des plateformes numériques[723], l'État est « amené à mettre en place des dispositifs d'interface et d'intermédiation, destinés à faciliter les échanges ainsi que la production de biens et de services »[724]. Dès lors, il faut se pencher sur les effets de l'avènement d'un tel État plateforme.

347. Précisément, cette nouvelle organisation entraîne une triple redéfinition de l'organisation administrative[725]. Tout d'abord, elle renouvelle le schéma classique d'organisation « bureaucratique » basé sur « l'existence de services spécialisés, prenant en charge la gestion des secteurs d'activité »[726]. En conséquence, elle infléchit la structure en silo, c'est-à-dire les cloisonnements administratifs entre services qui luttent pour préserver leur place dans l'appareil d'État[727]. Cela influe donc, pour finir, sur la place de l'agent public qui n'est plus seulement la force vive du service public, mais qui devient un « intercesseur » et « facilitateur » dans l'accès aux biens et aux services[728].

348. Même si les maisons ne sont pas *stricto sensu* des services numériques[729], elles n'en demeurent pas moins liées à l'idée d'État plateforme. Dès lors, les maisons renouvellent l'architecture étatique pour développer l'État plateforme. Une maison peut se concevoir comme une plateforme permettant de mettre l'administration et le secteur privé en réseau. Lorsque

---

723 Pour plus de détails sur ce phénomène et les influences avec l'État, v. CONSEIL D'ÉTAT, « Puissance publique et plateforme numérique : accompagner l'ubérisation », *Les rapports du conseil d'État*, n°68, La documentation française, 2017, 190 p.

724 CHEVALLIER (J.), « Vers l'État plateforme ? », *RFAP*, n°167, 2018, pp. 627 et s.

725 *Ibid.*

726 *Ibid.*

727 *Ibid.*

728 *Ibid.*

729 À ce titre, la section suivante démontrera que le service public maison propose une relecture de l'idée même d'État plateforme.

celle-ci mutualise différents services publics en son sein pour en assurer l'accessibilité et l'adaptation[730], elle se construit comme une plateforme permettant aux particuliers d'être mis en lien avec les administrations regroupées, autant qu'aux administrations d'être mis en lien entre elles. Par exemple, lorsqu'une maison France Services mutualise les services publics de l'Emploi, de la Justice et des Finances publiques[731], elle forme une plateforme entre les particuliers et ces services, ainsi qu'entre ces services mêmes.

349. Plus encore, une maison rentre dans l'idée de plateforme car, à la manière d'une startup d'État, celle-ci mutualise secteur public et secteur privé[732]. En conséquence, une maison est une plateforme permettant, d'une part de faciliter l'accessibilité et l'adaptation de services privés, et d'autre part d'intégrer les particuliers au fonctionnement du service public.

350. Outre cette participation directe à l'État plateforme, les maisons y contribuent aussi indirectement. En ce sens, la plateforme est souvent associée aux sites permettant un accès généralisé aux services publics[733]. Or, parfois les maisons, et notamment les maisons France Services, ont pour fonction de faciliter l'accès à ces plateformes numériques de l'État[734]. Cela signifie donc que les maisons ont pour fonction de faciliter l'essor de l'État plateforme. Cette contribution des maisons est indirecte en ce qu'elles facilitent l'accès aux plateformes, en plus de constituer elles-mêmes des plateformes.

351. Au final, si les maisons contribuent à l'essor de l'État plateforme, alors elles entraînent une redéfinition de l'architecture étatique liée à la puissance car elles modifient l'organisation en silo de l'État. En outre, il convient de mentionner la modification du fonctionnaire car, dans ces

---

730 Sur la caractérisation du service public maison, v. *supra* §§ 29 et s.

731 V. Bouquet France Services, *op. cit.* (140).

732 Sur la mutualisation des secteurs public et privé, v. *supra* §§ 210 et s.

733 V. par exemple MAZET (P.), « Vers l'État plateforme », *La vie des idées*, 2019, 12 p.

734 Sur l'accessibilité numérique v. *supra* §§ 117 et s.

structures, celui-ci est pensé comme un facilitateur[735]. Il ne faut cependant pas penser que ce renouvellement d'architecture constitue une révolution. Au contraire, si la structure de l'État se transforme, c'est bien pour servir la puissance.

II. Servir la puissance par la plateforme

352. L'État plateforme, loin d'être une révolution, n'est là que pour permettre à l'État d'exercer sa puissance et de produire le collectif. Comme le résume Jacques Chevallier, l'État plateforme n'est pas la fin de l'État mais bien le renouvellement de la souveraineté de celui-ci[736].

353. Le service public maison illustre à sa manière cette idée car, sans parler de souveraineté numérique, les maisons ne sont là que pour renouveler la légitimité des services publics. Par exemple, les maisons France Services sont apparues à la suite de la crise des Gilets Jaunes et du Grand Débat national pour renforcer la présence des services publics dans les territoires[737]. Plus généralement, si une maison, au sens du service public maison, a nécessairement pour fonction d'assurer l'accessibilité et l'adaptation des services mutualisés, alors c'est qu'elle a pour fonction de renforcer la place de l'État en facilitant l'accès à ces services et en adaptant ceux-ci pour qu'ils répondent, au mieux, aux besoins individuels. Cet objectif est clairement affiché dans le cas des maisons de justice et du droit qui permettent « à la Justice d'offrir des réponses de qualité »[738]. Ce renforcement de la puissance étatique est applicable à l'ensemble des maisons.

354. Ainsi, loin de remplacer l'architecture classique de l'État, les maisons ne font que renouveler une partie de celle-ci pour permettre à la partie inchangée d'agir avec plus de force. Cela est lié avec ce que Jacques Chevallier appelle la crise de

---

[735] Sur la fonction publique transversale, v. *supra* §§ 273 et s.
[736] J. Chevallier cite sur ce point Nicolas Colin et Henri Verdier, CHEVALLIER (J.), « Vers l'État plateforme ? », *op. cit.* (724).
[737] Sur l'histoire des maisons France Services, v. *supra* §§ 4 et s.
[738] Circ. Min. Just., NOR : JUSJ0490016C du 24 nov. 2004, *relative aux maisons de justice et du droit et aux antennes de justice*.

gouvernabilité [739] qui oblige l'État, d'une part à associer les acteurs privés aux services publics et aux processus décisionnels, et d'autre part à trouver des solutions consensuelles pour satisfaire les intérêts particuliers.

355. Le service public maison offre donc une nouvelle lecture de l'architecture étatique vers la plateforme. Ce concept, en revanche, ne propose pas simplement une relecture de l'architecture étatique. En effet, s'il est utilisé comme tel, c'est qu'il propose aussi une relecture de l'idée même d'État plateforme.

Section II. Une relecture de l'État plateforme

356. Dès lors que les maisons participent directement à l'essor de l'État plateforme, c'est que le service public maison propose une relecture institutionnelle de cette idée (I.). Ce concept étant, de surcroît, dégagé par une lecture normativiste du droit, cela permet de repenser l'association classique de la plateforme avec le réseau (II.).

I. Une relecture institutionnelle de l'État plateforme

357. La littérature concernant l'État plateforme est connotée par trois éléments. Certes celui-ci se dénote par une vision où l'État se fait plateforme entre divers acteurs, mais les auteurs associent ces termes à d'autres idées. Plus précisément : l'État plateforme serait numérique[740], il serait un support visant à

---

[739] Chevallier (J.), *L'État post-moderne*, 3e édition, Coll. Droit et société, LGDJ, Paris, 2008, pp. 237 et s.

[740] V. par exemple : Chevallier (J.), « Vers l'État plateforme ? », *op. cit.* (724). ; Mazet (P.), « Vers l'État plateforme », *op. cit.* (733). ; Jeannot (G.), « Vie et mort de l'État plateforme », *RFAP*, n°173, 2020, pp. 165 et s. ; Phillippe-Dussine (M.-P.), « État plateforme : vers une nouvelle rationalité des choix publics ? », *Revue internationale de psychologie et de gestion des comportements organisationnels*, n°58, 2018, pp. 139 et s.

mettre à disposition des données[741], et constituerait un appui d'intermédiation uniquement entre les personnes privées[742].

358. Le service public maison, vu que les maisons constituent des plateformes, contribue à une relecture de cette triple vision. Premièrement, plus que d'être des plateformes numériques, les maisons sont des plateformes institutionnelles, se concrétisant dans le réel, avec des structures telles que le GIP ou l'association, et non plus dans des lignes de codes.

359. Ensuite, les maisons ne sont pas seulement des espaces d'intermédiation ouvrant l'accès aux données. Elles sont des espaces où s'échangent des services autant publics que privés.

360. Enfin, les maisons ne sont pas seulement un lien entre personnes privées. Plus complexe que cela, celles-ci sont des espaces faisant le lien entre les secteurs public et privé. Ainsi, à la manière de *service-public.fr*, une maison facilite l'accès des particuliers aux services publics. C'est donc une plateforme où le lien est fait, non pas entre personnes privées, mais entre personnes privées et secteur public. En outre, une maison peut mutualiser en son sein le secteur privé. Dans ce cas, ça revient à la vision classique de l'État plateforme puisque l'espace d'intermédiation vise à faire un lien entre des personnes privées.

361. Pour résumer, le service public maison propose une triple relecture de l'État plateforme en ce que la plateforme est institutionnelle, qu'elle vise à faciliter la fourniture de services publics, et qu'elle constitue un lien entre le secteur public et le secteur privé. Cela n'est toutefois pas la seule relecture donnée par le service public maison. Celui-ci propose aussi une lecture méthodologique de l'État plateforme.

---

741 V. par exemple PHILLIPPE-DUSSINE (M.-P.), « État plateforme : vers une nouvelle rationalité des choix publics ? », *op. cit.* (740). et ; JEANNOT (G.), « Vie et mort de l'État plateforme », *op. cit.* (740).

742 V. par exemple MAZET (P.), « Vers l'État plateforme », *op. cit.* (733) ; et JEANNOT (G.), « Vie et mort de l'État plateforme », *op. cit.* (740).

II. Une relecture normativiste de l'État plateforme

362. L'État plateforme est clairement lié à l'idée de réseau[743] et de multitude[744]. En d'autres termes, pour étudier l'État plateforme, il faudrait se détacher des visions monolithique et hiérarchique pour identifier des structures horizontales associant les particuliers et l'État.

363. Le service public maison est un concept normativiste qui propose une lecture de ce réseau par la norme. Certes, la littérature de l'État plateforme se situe dans le domaine de l'être, mais la norme du service public maison, située dans le devoir être, constitue une fenêtre pour identifier le réel. En revanche, lorsqu'on regarde la proposition des normes relatives à une maison, il est possible d'observer le réseau. Plus précisément, la proposition de norme possède un sens[745], certes prescriptif et idéal, mais qui indique ce que doit être le réel. Certes, cela ne dit rien sur ce qu'est strictement le réel mais cela dit beaucoup sur ce que l'État fait pour régler le réel. En conséquence, étudier normativement les propositions des normes organisant les maisons, c'est étudier ce que doivent être ces maisons dans l'idéal pour l'État.

364. Si l'on ramène cette idée à l'État plateforme, alors le service public maison permet d'identifier quels sont les acteurs que ces normes prévoient de mettre en réseau. Dès lors, quand une norme maison prévoit d'associer un « préfet », une « collectivité territoriale », ou un « acteur local de l'emploi », alors l'idéal recherché est le regroupement de ces autorités. Cela ne démontre pas que cela est, mais cela démontre que cela doit être. Premièrement, cela donne un clair indice sur ce qu'est

---

[743] Le Conseil d'État lie la plateforme au réseau CONSEIL D'ÉTAT, « Puissance publique et plateforme numérique : accompagner l'ubérisation », *Les rapports du conseil d'État*, n°68, La documentation française, 2017, pp. 12 et s.
[744] Sur la multitude et l'État plateforme, v. JEANNOT (G.), « Vie et mort de l'État plateforme », *op. cit.* (740) et CHEVALLIER (J.), « Vers l'État plateforme ? », *op. cit.* (724).
[745] Sur la norme et le sens, V. PFERSMANN (O.), « Contre le néo-réalisme juridique. Pour un débat sur l'interprétation », *RFDC*, n°52, pp. 782 et s.

strictement le réel des maisons puisque l'ordre juridique est censé être plus respecté que non respecté[746]. Ensuite, cela permet de voir ce que l'État lui-même, en tant qu'objet juridique et sociologique, entend promouvoir. Au final, étudier les propositions désignant les divers acteurs regroupés dans les plateformes maisons, c'est observer quels vont être et quels doivent être le réseau et la multitude. En d'autres termes, le service public maison est une lecture normativiste du complexe, et plus précisément de l'État plateforme.

365. De surcroît, si la norme permet de lire l'État plateforme, c'est que la hiérarchie ne s'oppose pas au réseau. Effectivement, si l'on envisage la hiérarchie sous l'angle de l'habilitation[747], c'est-à-dire de la validité et non de la conformité, la vision normativiste ne va pas à l'encontre du réseau. C'est même l'inverse puisqu'au travers des propositions normatives, il est possible de voir quels acteurs doivent être mis en relations les uns aux autres dans la chaîne d'habilitation normative. En outre, étudier le réseau au travers de la norme, c'est voir comment l'État lui-même œuvre à sa reconfiguration, et par extension, d'envisager les causes de cette reconfiguration. Étudier le réseau avec la norme, c'est donc mieux comprendre l'objet juridique et sociologique de l'État.

366. Ainsi, le service public maison permet de lire une transformation de la notion générale d'État, d'une part, car la fonction de ce dernier n'est plus seulement d'assurer un intérêt transcendantal mais aussi de protéger les intérêts particuliers, et d'autres part, car son architecture évolue pour laisser plus de place à la plateforme. Ce changement général est aussi

---

[746] Hans Kelsen dit que sa théorie n'est pas totalement coupée des faits car le devoir être étudié est contenu dans un ordre juridique globalement efficace et sanctionnée, v. KELSEN (H.), *Controverses sur la Théorie pure du droit, Remarques critiques sur Georges Scelle et Michel Virally*, Paris Éd. Panthéon-Assas, 2005, pp. 164 et s.

[747] Sur l'habilitation dans la théorie normativiste, v. PFERSMANN (O.), « Qu'entend-on exactement par l'expression concurrence des systèmes juridiques ? », *Revue de la recherche juridique, Droit prospectif*, n°22, 2008, pp. 2595 et s. ; et PFERSMANN (O.), « Contre le néo-réalisme juridique. Pour un débat sur l'interprétation », *RFDC*, n°52, pp. 782 et s.

accompagné de changements plus sectoriels. D'abord, c'est l'organisation administrative qui est transformée par l'apparition d'une troisième voie entre déconcentration et décentralisation. C'est ensuite au tour du service public d'être renouvelé puisque les maisons forment une nouvelle figure d'intégration du secteur privé dans le service public.

CONCLUSION

367. *In fine*, le concept de service public maison désigne un service public, organisé par la mutualisation, qui a pour fonction d'assurer l'accessibilité et l'adaptation des services regroupés. Dégager ce concept a permis d'identifier une triple transformation de l'État : tout d'abord du service public, ensuite de l'organisation administrative, et enfin de la notion même d'État.

368. Pour construire un tel concept, ce travail a caractérisé ce qui était commun aux différentes maisons pour en dégager leur rationalité interne. L'objet de ce travail était de faire entrer la totalité des maisons sous un concept, fondé sur le discours objet, du service public. Cela constitue l'angle systématique du travail. Celui-ci, en revanche, est une construction doctrinale dépassant le discours objet car, plus que de systématiser, il a cherché à discriminer une catégorie de service public. En ce sens, l'étude a dégagé des critères précis pour, dans un double mouvement, trouver un genre commun et discriminer une catégorie. Cela s'apparente à un discours doctrinal car le genre *maison*, n'existe pas dans le droit positif. L'idée est ainsi de révéler et de qualifier ce qui est caché dans un ensemble disparate.

369. Concernant le critère d'organisation mutualisée, il est apparu que l'ensemble des structures maisons étaient liées à la mutualisation. Dès lors, ce mode d'organisation entraine, d'une part, la superposition entre la structure maison et les services regroupés, et d'autre part, l'horizontalité entre ces mêmes services. En d'autres termes, la maison est une structure de regroupement telle que le GIP, l'association ou l'établissement public, qui n'absorbe pas les personnes mutualisées, et qui invite celles-ci à la négociation et au compromis. De surcroît, si les maisons peuvent être identifiées par la mutualisation, c'est aussi parce qu'elles répondent aux mêmes objectifs. Les maisons sont ainsi des structures de regroupement qui permettent la rationalisation de l'action administrative et des économies d'échelles. Ce critère d'organisation mutualisé a permis de qualifier, d'une part, le critère organique du service public, et d'autre part, de commencer à spécifier une catégorie de service. En revanche, cela ne veut pas dire que ce critère soit suffisant. Pour remplir le critère matériel du service public, et parfaitement discriminer le service maison, il a fallu dégager deux autres critères : les fonctions d'accessibilité et d'adaptation.

370. Ces deux critères correspondent à la fonction des maisons. Au regard des normes, il apparait que les maisons ont pour mission d'assurer l'accessibilité et l'adaptation des services mutualisés. En d'autres termes, chaque maison assure l'égal accès numérique et géographique des services sur l'ensemble du territoire, et chaque maison adapte l'offre des services mutualisés en son sein ainsi que ces services eux-mêmes. Cette double fonction correspond au critère matériel du service public, c'est-à-dire à l'activité d'intérêt général prise en charge par les maisons. En outre, plus que de qualifier le service public, ces critères, alliés à l'organisation mutualisée, permettent de discriminer le service public maison. En ce sens, avec l'alliance de ces trois critères cumulatifs et, à eux trois nécessaires et suffisants, il est possible de définir le service public maison.

371. Définir ce concept par un genre commun (le service public) et un élément discriminant (le genre maison) au travers des trois critères évoqués ci-dessus permet d'identifier une transformation de l'État. En effet, le concept dégagé ici offre un prisme d'analyse pertinent pour voir une triple transformation : d'abord du service public, ensuite de l'organisation administrative, et enfin de la notion d'État.

372. Concernant la transformation du service public, les maisons constituent un nouveau vecteur juridique d'intégration du secteur privé au service public. C'est donc une recomposition organique du service public. Cette transformation est, certes, mineure car elle ne touche pas à la définition même du service public, mais elle demeure intéressante car elle révèle une transformation générale de l'administration qui œuvre avec plus de transparence et d'innovation.

373. Pour ce qui est de l'organisation administrative, le service public maison révèle l'apparition d'une troisième voie entre déconcentration et décentralisation. Cette troisième voie est innovante car, en plus d'ébaucher une fonction publique transversale, elle modifie les cadres territoriaux pour mieux répondre aux besoins des individus. Il ne faut cependant pas prendre cette troisième voie comme une révolution, car elle ne consiste pas à remplacer l'organisation administrative classique. À l'inverse, celle-ci n'est qu'un complément à la déconcentration et à la décentralisation.

374. La troisième transformation est celle de la notion d'État. Là où les transformations précédentes étaient strictement juridiques, le service public maison offre une analyse plus générale sur ce qu'est l'État. En ce sens, les maisons transforment la fonction étatique ainsi que son architecture. Premièrement, avec la maison, les pouvoirs publics cherchent à satisfaire les besoins individuels, ce qui modifie la promotion d'un intérêt général transcendantal classiquement associé à l'État en France. Ensuite, les maisons forment des plateformes entre secteur public et secteur privé. En ce sens, c'est l'architecture bureaucratique de domination de l'État qui est repensée car, au contraire d'une organisation hiérarchique, les maisons constituent des plateformes en réseau avec plusieurs acteurs. Cela ne veut pas dire que l'État est dépossédé de son autorité, au contraire, les maisons ne sont là que pour servir la puissance de celui-ci. Il est aussi intéressant de noter que le réseau est, lui-même, lu au travers des normes et d'un cadre d'analyse hiérarchique.

375. Ainsi, le service public maison permet de lire une transformation de l'État en ce qu'il est défini par un service public organisé par la mutualisation, qui a pour fonction d'assurer l'accessibilité et l'adaptation des services regroupés. Cette affirmation finale appelle à une réflexion d'ensemble sur les services publics. En effet, si les services publics ont été pensés pour construire et préserver la cohésion sociale[748] c'est parce qu'ils fournissent une activité, qualifiée d'intérêt général par l'État[749], selon un régime particulier[750]. En d'autres termes, le service public doit fournir un service selon des règles plus ou moins strictes d'égalité, de neutralité et de mutabilité[751]. Avec les maisons, pourtant, l'État crée un dispositif ayant pour fonction d'assurer le bon fonctionnement de ce régime. En effet, avec les fonctions d'accessibilité et d'adaptation, les maisons ont pour mission d'assurer l'égalité et la mutabilité des services publics mutualisés. En ce sens, si les maisons peuvent se qualifier de service public, c'est qu'il est aujourd'hui d'intérêt général que les services publics fonctionnent correctement.

376. Cette affirmation entraine deux postures. Tout d'abord, cela témoignerait d'une prise de conscience de l'État, qui essaie de rénover ses services pour satisfaire la population. Cette première posture semble toutefois critiquable au vu d'une seconde analyse. En effet, si l'État fait en sorte que ses services fonctionnement correctement, pourquoi créer de nouveaux services mutualisés au lieu de rénover les anciens ? En d'autres termes, pourquoi l'État développe des structures pour assurer le fonctionnement classique de ses services ? Le service public, politiquement et juridiquement, est attaché à des impératifs d'égalité et de mutabilité. Or, avec les structures maisons, l'État choisirait de ne pas assurer ces impératifs directement dans chacun de ses services, mais de créer des méta-structures essayant de réparer ce qui devrait être en soi. Les maisons

---

[748] Pour plus de détails v. GUENAIRE (M.), « Le service public au cœur du modèle de développement français », *op. cit.* (40) ; CHEVALLIER (J.), « Devenir de l'État : vers la fin de l'exceptionnalité française ? », *op. cit.* (40) ; ESPAGNO (D.), « L'idéologie du service public », pp. 19 et s., *op. cit.* (32), MESCHERIAKOFF (A.-S.), « Service public et marché, histoire d'un couple. Ou vie et mort du service public à la française », *op. cit.* (40). ; et KOUBI (G.), « L'idéologie du service public », *op. cit.* (40).

[749] V. la théorie dite du Post-It, v. TOUZEIL-DIVINA (M.), *Dictionnaire de droit public interne*, Paris, LexisNexis, 2017, p. 369.

[750] V. pour plus de détails GUGLIELMI (G.J.), KOUBI (G.), LONG (M.), *Droit des services publics*, *op. cit.* (2). ; et LACHAUME (J.-F.), PAULIAT (H.), DEFFIGIER (C.), *Droit des services publics*, *op. cit.* (308).

[751] Sur les lois de Rolland, v. *supra* §16.

seraient donc des extériorités visant à compenser les incohérences juridiques et politiques internes des services regroupés.

377. Si on admet cette seconde posture, bien plus critique, un raisonnement d'ensemble se dessine : le service public, au lieu de produire le collectif, chercherait davantage à combler un recul de l'État plutôt qu'à en affirmer une place structurante. En effet, depuis quelques années, le domaine et les moyens de l'État se réduisent[752] au prix d'un éloignement, d'une déterritorialisation, et d'une baisse de qualité des services publics. De manière paradoxale, au lieu de rénover ses services, l'État fonderait des maisons, qui ne seraient qu'une façade camouflant le recul de l'État et de la puissance publique. En ce sens, les maisons tenteraient de recoudre le tissu social autour d'un État qui se veut moins structurant et présent. Il faudrait, en conséquence, ne pas se méprendre sur les maisons. Celles-ci ne seraient pas la panacée ou la marque d'un État structurant retrouvé, mais des outils politiques pour satisfaire, *a minima*, le particulier. En admettant cette position, une maison n'est qu'un masque, une apparence que l'État se donne pour continuer à produire le collectif malgré l'érosion de la puissance publique.

---

[752] Pour plus de détails sur le repli de l'État, v. BOTTINI (F.), « L'impact du New public management sur la réforme territoriale », *op. cit.* (51.) ; et BOUVIER (M.), « Crise des finances publiques et refondation de l'État », *op. cit.* (220) ; cela est aussi dit clairement dans la Circ. Prem. Min, n° 6029/SG du 24 juill. 2018 *Organisation territoriale des services publics*, 2.

ANNEXES

TYPES DE MAISONS ETUDIES

I. Maison départementale de l'autonomie

Textes codifiés en vigueur :

- Art. L149-4 du Code de l'action sociale et familiale
- Art. D149-13 et s. du Code de l'action sociale et familiale

Création :

- Loi n° 2015-1776 du 28 déc. 2015 *relative à l'adaptation de la société au vieillissement*, art. 84

Application :

- Décret n° 2016-1873 du 26 décembre 2016 *fixant le cahier des charges et la procédure de labellisation des maisons départementales de l'autonomie*

II. Maison départementale des personnes handicapées

Textes codifiés en vigueur :

- Art. L146-3 et s. du Code de l'action sociale et familiale
- Art. R146-16 et s. du Code de l'action sociale et familiale

Création et modifications :

- Loi n° 2005-102 du 11 fév. 2005 *pour l'égalité des droits et des chances, la participation et la citoyenneté des personnes handicapées*, art. 64
- Loi n° 2011-901 du 28 juill. 2011 *tendant à améliorer le fonctionnement des maisons départementales des personnes handicapées et portant diverses dispositions relatives à la politique du handicap*, art. 7 et s.
- Loi n° 2015-1776 du 28 déc. 2015 *relative à l'adaptation de la société au vieillissement*, notamment art. 44, 45, 99

- Loi n° 2016-41 du 26 janv. 2016 *de modernisation de notre système de santé*, art. 107

Application :
- Décret n°2006-130 du 8 fév. 2006 *relatif à la convention de base constitutive de la maison départementale des personnes handicapées*

III. Maison de l'emploi

Textes codifiés en vigueur :
- Art. L5313-1 et s. du Code du travail
- Art. R5313-3 du Code du travail

Création et modifications :
- Loi n° 2005-32 du 18 janvier 2005 *de programmation pour la cohésion sociale*, art. 1
- Loi n° 2006-340 du 23 mars 2006 *relative à l'égalité salariale entre les femmes et les hommes*, art. 6
- Ordonnance n° 2007-329 du 12 mars 2007 *relative au Code du travail*, art. 12
- Loi n° 2008-126 du 13 fév. 2008 *relative à la réforme de l'organisation du service public de l'emploi*, art. 16

Application :
- Arrêté du 21 déc. 2009 *portant cahier des charges des maisons de l'emploi*
- Arrêté du 18 déc. 2013 *portant avenant au cahier des charges des maisons de l'emploi*
- Décret n° 2009-1593 du 18 déc. 2009 *fixant les modalités d'attribution de l'aide de l'État aux maisons de l'emploi*

IV. Maison de l'État

Création et application :
- Circ. Prem. Min, n° 5745/SG du 15 oct. 2014, *Création de Maisons de l'État*
- Circ. Prem. Min., n° 5872/SG du 28 juin 2016, *dispositions complémentaires pour l'application du*

Décret n°2015-510 du 7 mai 2015 portant charte de la déconcentration - Point 8 relatif aux mutualisations de fonctionnement

V. Maison France Services et Maison de services au public

Maison France Services

Création et application :

- Circ. Prem. Min, n°6094/SG du 1er juill. 2019 *Création de France Services*

Textes sur le contexte France Services

- Circ. Prem. Min, n° 5968/SG du 26 sept. 2017 *Programme « Action publique 2022 »*
- Circ. Prem. Min, NOR : PRMX1917197C, du 12 juin 2019 *relative à la mise en œuvre de la réforme de l'organisation territoriale de l'État*

Maison de services au public

Textes législatifs en vigueur :

- Loi n° 2000-321 du 12 avril 2000 *relative aux droits des citoyens dans leurs relations avec les administrations*, art. 27 et s.

Création et modification :

- Loi n° 2000-321 du 12 avril 2000 *relative aux droits des citoyens dans leurs relations avec les administrations*, art. 27 et s. [Sous la dénomination Maison des services publics]
- Loi n° 2005-157 du 23 fév. 2005 *relative au développement des territoires ruraux*, art. 107 [Sous la dénomination Maison des services publics]
- Loi n° 2015-991 du 7 août 2015 *portant nouvelle organisation territoriale de la République*, art. 100

Application :

- Décret n° 2001-494 du 6 juin 2001 p*ris pour l'application des articles 27 et 29 de la loi n° 2000-321 du 12 avril 2000* [Abrogé le 7 avril 2016 par le D. n°2016-403 infra]
- Décret n° 2016-403 du 4 avril 2016 *pris pour l'application de l'article 27 de la loi n° 2000- 321 du 12 avril 2000 relative aux droits des citoyens dans leurs relations avec les administrations*
- Circ. CGET, du 18 avril 2016, *Modalités d'application de l'article 100 de la loi NOTRe et de son décret d'application*
- Circ. CGET, du 20 avril 2018, *Modalités de financement des Maisons de services au public pour l'année 2018*

Autres textes associés directement à l'histoire normative :

- Circ. Min. Int., NOR : PRMX1917197C du 2 août 2006, *Labellisation de Relais services publics*

VI. Maison de la justice et du droit

Textes codifiés en vigueur :

- Art. R131-1 et s. du Code de l'organisation judiciaire

Création et abrogation législative :

- Loi n° 98-1163 du 18 déc. 1998 *relative à l'accès au droit et à la résolution amiable des conflits*, art. 21 [Abrogée par l'Ordonnance n° 2006-673 *infra*]
- Ordonnance n° 2006-673 du 8 juin 2006 *portant refonte du code de l'organisation judiciaire et modifiant le code de commerce, le code rural et le Code de procédure pénal*, art. 3 [Supprime le statut législatif des maisons de la justice et du droit]

Application et création réglementaire :

- Circ. Min. Just., NOR : JUSJ0490016C du 24 nov. 2004, *relative aux maisons de justice et du droit et aux antennes de justice*

- Décret n° 2001-1009 du 29 oct. 2001 *modifiant le code de l'organisation judiciaire et relatif aux maisons de justice et du droit*
- Décret n° 2008-522 du 2 juin 2008 *portant refonte de la partie réglementaire du code de l'organisation judiciaire*, art. unique
- Décret n° 2019-912 du 30 août 2019 *modifiant le code de l'organisation judiciaire et pris en application des articles 95 et 103 de la loi n° 2019-222 du 23 mars 2019 de programmation 2018-2022 et de reformé pour la justice*, art. 23

VII. Maison de santé

Textes codifiés en vigueur :

- Art. L6323-3 du Code de la santé publique

Création et modifications :

- Loi n° 2009-879 du 21 juill. 2009 *portant réforme de l'hôpital et relative aux patients, à la santé et aux territoires*, art. 39
- Loi n° 2011-901 du 28 juill. 2011 *tendant à améliorer le fonctionnement des maisons départementales des personnes handicapées et portant diverses dispositions relatives à la politique du handicap*, art 2
- Loi n° 2016-41 du 26 janv. 2016 *de modernisation de notre système de santé*, art. 26
- Loi n° 2019-774 du 24 juill. 2019 *relative à l'organisation et à la transformation du système de santé*, art. 24

Application :

- Circ. Min. Int., NOR : EATV1018866C du 27 juill. 2010, *Lancement d'un plan d'équipement en maisons de santé en milieu rural*
- Arrêté du 23 fév. 2015 *portant approbation du règlement arbitral applicable aux structures de santé pluri-professionnelles de proximité*
- Arrêté du 18 octobre 2017 *fixant les modalités de fonctionnement, d'organisation et d'évaluation des*

centres de santé pluri professionnels universitaires et des maisons de santé pluri professionnelles universitaires

Textes associés directement à l'histoire normative :

- Décret n° 2012-407 du 23 mars 2012 *relatif aux sociétés interprofessionnelles de soins*

Bibliographie

I. Ouvrages généraux et manuels

AUBY (J.-M.), AUBY (J.-B.), JEAN-PIERRE (D.), TAILLEFAIT (A.), *Droit de la fonction publique*, 7e éd., coll. Précis, Paris, Dalloz, 2012, 912 p.

BEIGNIER (B.), BEN HADJ YAHIA (S.), *Droit des assurances*, coll. Précis Domat droit privé, Paris, LGDJ, 2018, 996 p.

BORGETTO (M.), LAFORE (R.), *Droit de la sécurité sociale*, 19e éd., coll. Précis, Paris, Dalloz, 2019, 1350 p.

BRACONNIER (S.), *Droit des services publics*, 2e éd., coll. Thémis droit, Paris, PUF, 2007, 624 p.

CHAGNY (M.), PERDRIX (L.), *Droit des assurances*, 4e éd., coll. Manuel, Paris LGDJ, 2018, 600 p.

CHAUCHARD (J.-P.), KERBOURC'H (J.-Y.), WILLMANN (C.), *Droit de la sécurité sociale*, 8e éd., coll. Manuel, Paris, LGDJ, 2018, 613 p.

CHEVALLIER (J.), *Science administrative*, 6e éd. mise à jour, coll. Thémis droit, Paris, PUF, 2019, 121 p.

DEBBASCH (C.), COLIN (F.), *Administration publique*, 6e éd., Paris, Economica, 2005, 1117 p.

FAURE (B.), *Droit des collectivités territoriales*, 5e éd., coll. Précis, Paris, Dalloz, 2018, 804 p.

FERSTENBERT (J.), PRIET (F.), QUILICHINI (P.), *Droit des collectivités territoriales*, 2e éd., coll. Hypercours, Paris, Dalloz, 2016, 860 p.

GUETTIER (C.), *Institutions administratives*, 7e éd., coll. Le Cours, Paris, Dalloz, 2019, 606 p.

GUGLIELMI (G. J.), KOUBI (G.), LONG (M.), *Droit du service public*, 4e édition, coll. Domat droit public, Paris, LGDJ, 2016, 896 p.

KESSLER (F.), *Droit de la protection sociale*, 5e éd., Cours, Paris, Dalloz, 2014, 760 p.

LACHAUME (J.-F.), PAULIAT (H.), DEFFIGIER (C.), *Droit des services publics*, 3e éd., Paris, Lexis Nexis, 2018, 793 p.

PETIT (J.), FRIER (P.-L.),
- *Droit administratif*, 10e éd., coll. Précis Domat Droit public, Paris, LGDJ, 2015, 646 p.
- *Droit administratif*, 13e éd., coll. Précis Domat Droit public, Paris, LGDJ, 2019, 768 p.

RICHER (L.), LICHERE (F.), *Droit des contrats administratifs*, 11e éd., coll. Manuel, Paris, LGDJ, 2019, 768 p.

SEVE (R.), *Philosophie et théorie du droit*, 2e éd., coll. Cours Dalloz, PARIS, Dalloz, 2016, 545p.

VERPEAUX (M.), JANICOT (L.), *Droit des collectivités territoriales*, 4e éd. mise à jour, coll. Major, Paris, PUF, 2017, 444 p.

II. Ouvrages spécifiques

ALQUIE (F.), *Leçons de Philosophie, Méthodologie, Morale, Philosophie générale*, Tome 2, nouvelle éd., Paris, Didier, 490 p.

ARISTOTE, Trad. BARTHELEMY SAINT-HILAIRE, *Éthique à Nicomaque*, coll. Les classiques de la Philosophie, Paris, Le livre de Poche, 1992, 447 p.

BACHELARD (G.), *Le nouvel esprit scientifique*, coll. Quadrige, Paris, PUF, 1934 rééd. 2017, 184 p.

BURDEAU (G.), *L'État*, coll. Points, Paris Édition du Seuil, 1970 rééd. 2009, 210 p.

CARRE DE MALBERG (R.), *Contribution à la théorie générale de l'État*, Paris, Dalloz, 1922 rééd. 2004, 638 p.

CHALLAYE (F.), *Philosophie scientifique et philosophie morale*, 10e éd., Paris Librairie Fernand Nathan, 1946, 656 p.

CHEVALLIER (J.),

- *L'État*, 2e éd., coll. Connaissance du droit, Paris, Dalloz, 2011, 121 p.
- *L'État de droit*, 6e éd., coll. Clefs/Politique, Paris, LGDJ, 2017, 169 p.
- *L'État post-moderne*, 4e éd., coll. Droit et société, Paris, LGDJ, 2014, 265 p.

DESCARTES (R.), présentation BEYSSADE (J.-M.) et BEYSSADE (M.), *Méditations métaphysiques, Objections et Réponses*, Paris, Garnier-Flammarion, 2011, 578 p.

DE TOCQUEVILLE (A.), *L'Ancien Régime et la Révolution*, coll. Folio Histoire, Paris, Gallimard, 1856 rééd. 1999, 378 p.

DUGUIT (L.),
- *Traité de droit constitutionnel, La théorie générale de l'État*, Tome 2, 2e éd., Bordeaux, Boccard, 1923, 719 p.
- *Traité de droit constitutionnel, La théorie générale de l'État (Suite et Fin)*, Tome 3, 2e éd., Bordeaux, Boccard, 1923, 809 p.
- *Traité de droit constitutionnel, Théorie générale de l'État*, Tome 1, Paris, Fontemoing et Cie, 1911, 569 p.

DURKHEIM (E.), *Les règles de la méthode sociologique*, coll. Champs, Paris, Flammarion, 1894 rééd. 1996, 266 p.

FRINAULT (T.), *Le pouvoir territorialisé en France*, coll. Didact Sciences politiques, Rennes, PUR, 2012, 444 p.

GEORGE (P.), *Fin de siècle en occident, déclin ou métamorphose ?*, PUF, Paris, 1982, pp. 191 et s.

HART (H.L.A), Trad VAN DE KERCHOVE (M.), *Le concept de droit*, 2e éd. augmentée, Bruxelles, Facultés universitaires Saint Louis, 2005, 344 p.

HAURIOU (M.),
- *Précis de droit administratif et de droit public*, 12e éd., Paris, Dalloz, 1933 rééd. 2002, 1150 p.
- *Précis de droit constitutionnel*, 2e éd., Paris, Dalloz, 1929 rééd. 2015, 759 p.
- *Principes de droit public*, Paris, Dalloz, 1910 rééd. 2010, 734 p.

HEGEL (G.W.F), *Principes de la philosophie du droit*, coll. Idées, Saint-Amand, Gallimard, 1973 381 p.

JEZE (G.), *Les principes généraux de droit administratif, Le fonctionnement des services publics*, Tome 3, Paris, Dalloz, 1926 réd. 2011, 560 p.

KELSEN (H.),
- Trad. KOLB (R.), *Controverses sur la Théorie pure du droit, Remarques critiques sur Georges Scelle et Michel Virally*, Paris, Éd. Panthéon-Assas, 2005, 187 p.
- Trad. EISENMANN (C.), *La démocratie : sa nature, sa valeur*, 2e éd., Paris, Dalloz, 2004 rééd. 1932, 122 p.
- Trad. LAROCHE (B.), *Théorie Pure du Droit*, coll. La pensée juridique, Coll. LGDJ, 1999 rééd. 1962, 369 p.

RIVERO (J.), *Droit administratif*, Paris, Dalloz, 1960 réd. 2011, 550 p.

STIRN (B.), *Les sources constitutionnelles du droit administratif*, 10e éd., coll. Systèmes, Paris, LGDJ, 2019, 210 p.

TROPER (M.), *Pour une théorie juridique de l'État*, coll. Léviathan, Paris, PUF, 1994, 358 p.

III. Chapitres d'ouvrages et actes de colloques

BARCZAK (A.), HILAL (M.), « Quelles évolutions de la présence des services publics en France », pp. 31-65, *in* COURCELLE (T.), FIJALKOW (Y.), TAULELLE (F.), *Services publics et territoires, Adaptations, innovations et réactions,* coll. Espace et territoires, Rennes, PUR, 2017, 253 p.

BECET (J.-M.), « Généralités, les grands problèmes relatifs à l'organisation administrative et les choix du législateur de 1982-1982 » pp. 235-250 *in* AUBY (J.-M.) (dir.), *Droit public*, coll. Collectivités territoriales, Paris, Economica, 1985, 460 p.

BERDELLOU (E.), « La place des services publics dans les territoires, Le cas de maisons de service public », pp. 119-122, *in* COURCELLE (T.), FIJALKOW (Y.), TAULELLE (F.), *Services publics et territoires, Adaptations, innovations et réactions,* coll. Espace et territoires, Rennes, PUR, 2017, 253 p.

BERTHELOT (J.-M.) « Les règles de la méthode sociologique où l'instauration du raisonnement expérimental en sociologie », *in* DURKHEIM (E.), *Les règles de la méthode sociologique*, coll. Champs, Paris, Flammarion, 1988 rééd. 1996, 266 p.

BIOY (X.), « Notions et concepts en droit : interrogations sur l'intérêt d'une distinction », *in* Tusseau (G.), *Les notions juridiques*, coll. Études juridiques, Paris, Economica, 2009, pp. 21 et s.

BOURCER (D.), « Le bien commun, ou le nouvel intérêt général », pp. 93-102, in *Mélanges en l'honneur du professeur Jacques Chevallier*, coll. Mélanges, Paris, LGDJ, 2013, 606 p.

BRAUD (P.), « Préface », pp. I – XII, in BURDEAU (G.), *L'État*, coll. Points, Paris, Édition du Seuil, 1970 rééd. 2009, 210 p.

BRICAULT (J.-M.), « Des conséquences de la RGPP en milieu rural », pp. 99-110, in NEMERY (J.-C.), *RGPP et réforme des collectivités territoriales*, coll. GRALE, Paris, L'Harmattan, 2012, 270 p.

BRUNET (P.), « Doctrines « juridictionnelles » et doctrines « méta-conceptuelles » du service public », AFDA (dir.), *Le service public*, coll. Thèmes et commentaires, Paris, 2014, Dalloz, Paris, pp. 21 et s.

CAILLOSSE (J.), « Savoir juridique et complexité : le cas du droit administratif », pp. 163-179, *in* DOAT (M.) (dir.), LE GOFF (J.) (dir.), PEDROT (P.) (dir.), *Droit et complexité, Pour une nouvelle intelligence du droit vivant*, Coll. L'Univers des Normes, Rennes, PUR, 2007, 252 p.

CROUZATIER-DURAND (F.), « Du territoire aux territoires, les transformations de l'action publique », pp. 167-175, *in* GRALE, *Droit et gestion des collectivités territoriales, Les territoires de l'État*, Antony, Éd. Le Moniteur, 2017, 808 p.

DELMAS-MARTY (M.), « Préface, la tragédie des trois C », pp. 7-12, *in* DOAT (M.) (dir.), LE GOFF (J.) (dir.), PEDROT (P.) (dir.),

Droit et complexité, Pour une nouvelle intelligence du droit vivant, coll. L'Univers des Normes, Rennes, PUR, 2007, 252 p.

DOAT (M.), « Remarques sur les rapports entre concepts juridiques et complexité », pp. 181-194, *in* DOAT (M.) (dir.), LE GOFF (J.) (dir.), PEDROT (P.) (dir.), *Droit et complexité, Pour une nouvelle intelligence du droit vivant*, Coll. L'Univers des Normes, Rennes, PUR, 2007, 252 p.

DORE (G.), « Des services publics aux services au public », pp. 83-106, *in* COURCELLE (T.), FIJALKOW (Y.), TAULELLE (F.), *Services publics et territoires, Adaptations, innovations et réactions,* coll. Espace et territoires, Rennes, PUR, 2017, 253 p.

ÉDOUARD (J.-C.), « L'accessibilité aux services publics dans la France de faible densité : l'exemple de l'Auvergne », pp. 67-81, *in* COURCELLE (T.), FIJALKOW (Y.), TAULELLE (F.), *Services publics et territoires, Adaptations, innovations et réactions,* coll. Espace et territoires, Rennes, PUR, 2017, 253 p.

ESPAGNO (D.), « L'idéologie du service public », pp.12-46, *in* CHERRIER (E.) (dir.), FRANÇOIS (S.) (dir.), *Le service public et les idéologies politiques*, coll. Les Savoirs mieux, Villeneuve-d'Ascq, Septentrion, 2016, 186 p.

JOUBERT (S.), « L'inscription des territoires ruraux dans la décentralisation », pp. 177-192, *in* REGOURD (S.) (dir.), CARLES (J.) (dir.), GUIGNARD (D.) (dir.), *Réformes et mutations des collectivités territoriales*, coll. GRALE, Paris, L'Harmattan, 2012, 604 p.

KADA (N.), « Introduction, Les territoires de l'État », pp. 61-65, *in* GRALE, *Droit et gestion des collectivités territoriales, Les territoires de l'État*, Antony, Éd. Le Moniteur, 2017, 808 p.

KELSEN (H.), Trad. ANDRE-PINA (S.), « Sur la sociologie du droit. Réflexions critiques », pp. 375-381 in HOCHMANN (T.) (dir.), MAGNON (X.) (dir.), et PONSARD (R.) (dir.), *Un classique méconnu : Hans Kelsen*, coll. Le sens de la science, Paris, Mare et Martin, 2020, 434 p.

KOUBI (G.), « L'idéologie du service public », AFDA (dir.), *Le service public*, coll. Thèmes et commentaires, Paris, 2014, Dalloz, Paris, pp. 41 et s.

LE GOFF (J.), « Introduction », pp. 13-14, *in* DOAT (M.) (dir.), LE GOFF (J.) (dir.), PEDROT (P.) (dir.), *Droit et complexité, Pour une nouvelle intelligence du droit vivant*, coll. L'Univers des Normes, Rennes, PUR, 2007, 252 p.

LONG (M.), « Les maisons de l'État, nouvel avatar de la présence de l'État dans les territoires », pp. 159-166, *in* GRALE, *Droit et gestion des collectivités territoriales, Les territoires de l'État*, Antony, Éd. Le Moniteur, 2017, 808 p.

MARCOVICI (E.), « Les nouveaux territoires de l'action de l'État, facteur de complexité administrative », pp. 237-245, *in* GRALE, *Droit et gestion des collectivités territoriales, Les territoires de l'État*, Antony, Éd. Le Moniteur, 2017, 808 p.

MINSTER (C.), « Que veut dire accéder aux services ? », pp. 157-166, *in* COURCELLE (T.), FIJALKOW (Y.), TAULELLE (F.), *Services publics et territoires, Adaptations, innovations et réactions*, coll. Espace et territoires, Rennes, PUR, 2017, 253 p.

OBERDORFF (H.), « Les territoires de l'État à l'ère du numérique », pp. 237-245, *in* GRALE, *Droit et gestion des collectivités territoriales, Les territoires de l'État*, Antony, Éd. Le Moniteur, 2017, 808 p.

PAULIAT (H.), « Décompositions, recompositions territoriales et poids de l'État », pp. 279-296, *in* STECKEL-ASSOUERE (M.-C.), La recomposition territoriale : la décentralisation entre enjeux et obstacles, coll. Grale, Paris, L'Harmattan, 2016, 310 p.

PONTIER (J.-M.),

- « Conclusion, La réforme territoriale et le couple déconcentration-décentralisation » pp. 271-293, *in* KADA (N.) (dir.), *De la réforme territoriale à la réforme de l'État*, coll. Cerdhap Grenoble, PUG, 2011, 296 p.
- « La problématique du territoire et du droit », pp. 39-62, *in* DOAT (M.) (dir.), LE GOFF (J.) (dir.), PEDROT (P.) (dir.), *Droit et complexité, Pour une nouvelle intelligence du droit*

vivant, coll. L'Univers des Normes, Rennes, PUR, 2007, 252 p.

POUYET (B.), « L'administration de l'État » pp. 251-283 *in* AUBY (J.-M.) (dir.), *Droit public*, coll. Collectivités territoriales, Paris, Economica, 1985, 460 p.

RAIMBAULT (P.), « Quelle signification pour le mouvement de subjectivisation du droit public », pp. 97-114, in HERRERA (C.M.) (dir.), PINON (S.), *La démocratie, entre multiplication des droits et contre-pouvoirs sociaux,* coll. Nomos & Normes, Paris, Kimé, 2012, 168p.

RICCI (R.), « L'ordonnancement d'un système juridique par la recherche de cohérence : l'apport des études comparatives de jurisprudence », pp. 195-216, *in* DOAT (M.) (dir.), LE GOFF (J.) (dir.), PEDROT (P.) (dir.), *Droit et complexité, Pour une nouvelle intelligence du droit vivant*, Coll. L'Univers des Normes, Rennes, PUR, 2007, 252 p.

QUINTAINE (G.), « Les notions juridiques et les outils langagiers de la science du droit », *in* TUSSEAU (G.), *Les notions juridiques*, coll. Études juridiques, Paris, Economica, 2009, pp. 5 et s.

SUPIOT (A.), « Introduction », pp. 7-32, *in* SUPIOT (A.) (dir.), *La solidarité, Enquête sur un principe juridique*, coll. Collège de France, Paris, Odile Jacob, 2015, 358 p.

IV. Thèses

AMAR (J.), *De l'usager au consommateur des services publics*, Aix en Provence, PUAM, 2001, 591 p.

CHARMASSON (C.), *La mutualisation des compétences et des moyens entre* personnes *morales de droit public*, Thèse de doctorat en droit public, 14 janvier 2012, Université Montpellier I, 622 p.

CLUZEL-METAYER (L.), *Le service public et l'exigence de qualité*, coll. Nouvelle Bibliothèque des thèses, vol. 52, Paris, Dalloz, 2006, 634 p.

GORGE (A.-S.), *Le principe d'égalité entre les collectivités territoriales*, coll. Bibliothèque parlementaire et constitutionnelle, Paris, Dalloz, 2011, 692 p.

KERLEO (J.-F.), *La transparence en droit, Recherche sur la formation d'une culture juridique*, Thèse de doctorat en droit public, 5 octobre 2012, Université Jean Moulin Lyon III, 762 p.

LEONETTI (X.), *État, entreprises, intelligence économique, quel rôle pour la puissance publique ?,* Thèse de doctorat en droit privé et sciences criminelles, 7 novembre 2008, Université d'Aix-Marseille, 540 p.

LANCERO (V.), *La fonction de coordination en droit public*, Thèse de doctorat en droit public, 15 décembre 2016, Université Panthéon-Assas, 508 p.

LINDITCH (F.), *Recherche sur la personnalité morale en droit administratif*, coll. Bibliothèque de droit public, Tome 176, Paris, LGDJ, 1997, 336 p.

RITTER (B.), *La notion de mutualisation des services des collectivités territoriales*, Thèse de doctorat en droit public, 9 mars 2017, Université Paris II Panthéon-Assas, 543 p.

NICINSKI (S.), *L'usager du Service public industriel et commercial*, coll. Logique juridique, Paris, L'Harmattan, 2001, 564

ROMBAUTS-CHABROL (T.), *L'intérêt public local*, coll. Bibliothèque parlementaire et constitutionnelle, Paris, Dalloz, 2015, 558 p.

SHKILOVA-OSTAPENKO (M.), *La mutualisation dans le cadre de l'intercommunalité*, Thèse de doctorat en droit public, 12 janvier 2015, Université Montpellier I, 643 p.

V. Revues

AUBELLE (V.),
- « Focus sur... la commune-communauté (loi n° 2019-809 du 1er août 2019, art. 4) », *AJCT*, 2019, pp. 560 et s.
- « Le devenir des mutualisations de personnels entre communes et EPCI », *AJCT*, 2012, pp. 195 et s.
- « Mutualisations et action publique locale », *AJCT*, 2012, pp. 396 et s.
- « Réformes structurelles et dispositifs d'achèvement : vers une intercommunalité à nouveau visage ? », *Le Lamy Collectivités territoriales*, n° 77, 2012, pp. 65 et s.

AUBY (J.-B.),
- « La loi du 6 février 1992 relative à l'administration territoriale », *RFDA*, 1993, pp. 1 et s.
- « La prospérité des GIP locaux », *Droit Administratif*, n° 4, avril 2013, repère 4
- « Loi NOTRe », *Droit Administratif*, n° 8-9, 2015, repère 8

BABUSIAUX (C.), « L'organisation territoriale de l'État est-elle en ligne avec les principes constitutionnels et le droit budgétaire ? », *Droit Administratif*, n° 2, 2015, étude 2

BAILLEUL (D.), « Les nouvelles méthodes du juge administratif », *AJDA*, 2004, pp.1626 et s.

BAIN-THOUVEREZ (J.), LEFORT (J.), « La coopération intercommunale soustraite aux règles de concurrence », *AJDA*, 2013, pp. 23 et s.

BAROIN (F.), « Reforme territoriale : point de vue de l'Association des maires de France, La véritable réforme territoriale viendra du terrain », *AJCT*, 2015, pp. 182 et s.

BAUDU (A.), BIN (F.), CALMETTE (J.-F.), HOUSER (M.), LE CLAINCHE (M.), TERRASSE (Y.), « Repères sur la gestion et les finances publiques en avril 2019 », *Gestion et Finances Publiques*, n° 3, 2019, pp. 146-155

BENCHENDIKH (F.), « Le recours à la mutualisation par les intercommunalités à fiscalité propre : remède à la crise ou complexification de l'action publique locale ? », *Droit Administratif*, n° 3, 2011, étude 6

BEKKERS (V.) et TUMMERS (L.), « L'innovation dans le secteur public : vers une approche ouverte et collaborative », *Revue Internationale des Sciences Administratives*, vol. 84, 2018, pp. 215 et s.

BILLET (P.), « La gestion des déchets dans la loi de réforme des collectivités locales », *Environnement*, n° 3, 2011, comm. 28

BOCKEL (J.-M), « Allocution d'ouverture au Colloque "Les collectivités territoriales, levier de développement des territoires ruraux" », Sénat, 7 novembre 2019, in *JCP A*, n° 10-11, 2019, 2066

BONNARD (R.), « Les droits publics subjectifs des administrés », *RDP*, 1932, pp. 695-728

BOTTINI (F.),

- « Les centres départementaux de gestion : leur évolution et ses enseignements », *Le Lamy Collectivités territoriales*, n° 92, 2013, pp. 35 et s.
- « Les procédés de mutualisation au sein du bloc communal, entre impératif institutionnel et casse-tête organisationnel », *AJDA*, 2016, pp. 138 et s.
- « L'impact du New public management sur la réforme territoriale », *RFDA*, 2015, pp. 717 et s.

BOULAY (F.),

- « Loi Engagement et proximité : consécration de la pratique du pacte de gouvernance entre communes et intercommunalité », *AJCT*, 2020, pp. 76 et s.
- « Vers une généralisation de la mutualisation des services entre collectivités locales ? », *Dalloz actualité*, 15 mars 2012, et *ADJA*, 2012, pp. 468 et s.

BOUVIER (M.), « Crise des finances publiques et refondation de l'État », *Revue française de finances publiques*, n° Spécial Maroc, 2010, pp. 41 et s.

BRACONNIER (S.), « Le Conseil d'État, les Masters et... l'Université », *JCP G*, n° 9-10, 29 fév. 2016, 245

BRACONNIER (S.), OLIVIER (F.) et SULTAN (N), « Mutualisation – L'environnement juridique des nouvelles politiques publiques locales », *Contrats et Marchés publics*, n° 3, 2016, prat. 3

BRICAULT (J.-M.), « L'administration des espaces ruraux à l'heure de la rationalisation », *RFAP*, n° 141, 2012, pp. 55-71

BRUNET (P.), « La mutualisation comme substitut à l'externalisation des services », *Revue des contrats*, n°4, 2019, pp. 1539 et s.

CLAMOUR (G.), « La loi du 16 déc. 2010 de réforme des collectivités territoriales », *Contrats et Marchés publics*, n° 2, 2011, comm. 32

CASAS (D.), DELVOLVE (P.), « Un nouveau juge pour le contrat administratif », *Revue juridique de l'économie publique*, n°646, 2007, doss. 1

CHEVALLIER (J.),
- « Devenir de l'État : vers la fin de l'exceptionnalité française ? », *Le débat*, n°206, 2019, pp. 115 et s.
- « La transformation de la relation administrative : mythe ou réalité ? », *Recueil Dalloz*, 2000, pp. 575 et s.
- « L'obligation en droit public », *Archives de philosophie du droit*, 2000, pp. 179-194
- « Vers l'État plateforme ? », *RFAP*, n°167, 2018, pp. 627 et s.

CHRISTIANY (D.), « Du bon usage de l'entente intercommunautaire », *JCP A*, n° 27, 2019, 2200

CLOUZOT (L.), « La loi de transformation de la fonction publique : une transformation par l'affranchissement idéologique », *Droit Administratif*, n° 12, 2019, étude 16

COMBEAU (P.), « Les nouveaux visages territoriaux de la déconcentration », *RFDA*, 2010, pp. 1011 et s.

COURTEJAIRE (J.-P.), « Vers la collectivité territoriale d'Alsace : pour ou contre ? », *JCP A*, n° 14, 2013, 2093

CROUZATIER-DURAND (F.), « Les évolutions des polices municipales, Mutualisation et territorialisation », *AJDA*, 2013, pp. 1961 et s.

DATI (R.), « Les principes d'une réforme », *AJ Pénal*, 2007, pp. 521 et s.

DEFFIGIER (C.), « Les services communs : une optimisation... complexe ! », *JCP A*, n° 8, 24 fév. 2014, 2052

DEGRON (R.), « L'évolution des finances locales, levier de la rénovation des cadres de l'action publique territoriale », *Le Lamy Collectivités territoriales*, n° 77, 2012

DEGRUELLE (C.), FESNEAU (M.), LEMAIGNEN (C.-E.), « Table ronde : Les coopérations en matière de prestation de services : les difficultés rencontrées par l'intercommunalité », *Les Petites affiches*, n°186, 2010, pp. 41 et s.

DELON DESMOULIN (C.), « De la mutualisation des achats à la mutualisation des pratiques d'achat : quelles libertés pour les collectivités territoriales ? », *AJCT*, 2015, pp. 260 et s.

DE MONTECLER (M.-C.), « La montée en puissance de l'État local », *AJDA*, 2015, pp. 956 et s.

DESCAMPS (A.), « L'incapacité numérique n'est pas une fatalité », *La gazette*, n°8, 2020, pp. 24 et s.

DREYFUS (J.-D.), « Présence des services publics dans les territoires ruraux : l'émergence d'une loi de proximité », *AJDA*, 2005, pp. 1274 et s.

DIDRICHE (O.), « Les mises en commun entre communes et EPCI facilitées par la loi NOTRe », *AJCT*, 2016, pp. 153 et s.

DORE (G.), « Géographie inégalitaire des services publics et aménagement du territoire », *Population et Avenir*, n°745, 2019, pp. 4 et s.

DUPRAT (J.-A.), « Restaurer le millefeuille », *Outre-terre*, n° 33-34, 2012, pp. 61 et s.

ERSTEIN (L.), « Évaluation de l'accès aux services publics », *JCP A*, n° 43-44, 2019, act. 662

GABORIAU (V.) « La mutualisation dans les services publics, nouvel enjeu de coopération », *RDSS*, 2012, pp. 45 et s.

GALLIER (A.), « L'utilité des chartes déontologiques relatives à l'utilisation de l'outil informatique », *La Gazette du Palais*, n° 023, 2001, pp. 14 et s.

GARDERE (A.), « Mutualisation communes / EPCI : un remède miracle au déficit de rationalisation territoriale ? », *JCP A*, n° 40, 2014, 2276

GERARD (P.), « Premier point sur la réforme de l'État territorial », *AJDA*, 2015, pp. 432 et s.

GRUNBERG (O.), « Services publics : la performance ne doit pas être une option, *La gazette*, n°8, 2020, pp. 20 et s.

GUENAIRE (M.), « Le service public au cœur du modèle de développement français », *JCP A*, n°20, 2005, 1209

HABCHI (H.) et MEURAN (C.), « La mutualisation intercommunale des services : mythe ou réalité ? », JCP A, n° 10-11, 2020, 2067

HARDOUIN (S.), « La transformation numérique au service de la Justice », *JCP G*, n° 50, 2018, doctr. 1321

HARTLEY (J.), RASHMAN (L.), « L'innovation et l'apprentissage interorganisationnel dans le contexte de la réforme du service public », *Revue Internationale des Sciences Administratives*, vol. 84, 2018, pp. 241 et s.

HERTZOG (R.), « La loi organique relative aux lois de finances (LOLF) dans l'histoire des grands textes budgétaires : continuité et innovation », *RFAP*, n°117, 2006, pp. 15 et s.

HORGUES-DEBAT (J.), « Innover dans l'organisation des services existants, oser la transversalité pour renforcer l'attractivité des territoires ruraux », *Pour*, n°211, 2014, pp. 163-168

HOURQUEBIE (F.), « La nouvelle carte des régions : question de bon sens ou de baronnie ? », *AJDA*, 2015, pp. 626 et s.

HOUSER (M.), « La clarification imaginaire du financement de l'action publique locale », *JCP A*, n° 8, 2014, 2053

JAMAY (F.), « La réforme de l'administration territoriale de l'État : quelle gouvernance pour l'environnement ? », *Environnement*, n° 11, 2009, étude 10

JANICOT (L.),
- « La loi de réforme des collectivités territoriales, une loi efficace ? », *Le Lamy Collectivités territoriales*, n° 64, 2011
- « Le principe d'égalité devant le service public », *RFDA*, 2013, pp. 722 et s.

JEANNOT (G.), « Vie et mort de l'État plateforme », *RFAP*, n°173, 2020, pp. 165 et s.

JOURDAN (J.), « Loi Transformation de la fonction publique : nouveaux droits sociaux, la rénovation de velours », *AJCT*, 2020, pp. 8 et s.

KADA (N.),
- « État et collectivités territoriales : (petite) cuisine et (grandes) dépendances », *AJDA*, 2019, pp. 2423 et s.
- « L'État et le territoire : quelles missions pour quelle vision ? », *RFAP*, n° 156, 2015, pp. 907 et s.
- « Métropoles, vers un droit peu commun ? », *AJDA*, 2014, pp. 619 et s.

KERLEO (J.-F.),
- « Comprendre l'État sous le regard de la transparence », *Droit et société*, n°102, 2019, pp. 389 et s.
- « La relativité ontologique du droit », *Jurisprudence, Revue critique*, 2015, pp. 95 et s.
- « La transparence de la vie publique en droit », *Sens-Dessous*, n°20, 2017, pp. 15 et s.
- « Le programme entrepreneurs d'intérêt général, un brouillage entre secteurs public et privé au service de l'intérêt général », *AJDA*, 2020, pp. 437 et s ;
- « Les laboratoires d'innovation territoriale », *AJDA*, 2019, pp. 1683 et s.
- « Le service public en mode start-up », *AJDA*, 2020, pp. 83 et s.

KOEBEL (B.), « Le groupement de commandes : mutualiser pour mieux acheter », *JCP A*, n° 17, 2014, 2127

LAILLE (M.), « Mutualisation : état du droit, pratiques et perspectives », *Le Lamy Collectivités territoriales*, n° 57, 2010, pp. 61 et s.

LAMBERT (A.), MIGAUD (D.), « La loi organique relative aux lois de finances (LOLF) : levier de la réforme de l'État », *RFAP*, n°117, 2006, pp. 11 et s.

LARTIGUE (M.), « CARPA : des pistes pour relancer la dynamique de mutualisation », *La Gazette du Palais*, n°15, 2018, pp. 10 et s.

LEBOUCHER (C.), « L'œnotourisme, une filière clé pour l'attractivité de la France », *Juris Tourisme*, n°224, 2019, pp. 22 et s.

LECUYER (Y.), « Mutualisation et services publics : les enjeux de la réforme », *Droit Administratif*, n° 3, mars 2009, étude 6

LONG (M.), « Réflexions sur les changements de l'action publique : quels moyens ? Pour quels services ? Services publics, services au public : quels services ? Pour quels territoires ? », *Le Lamy Collectivités territoriales*, n° 69, 2011

M. LEWIS (J.), RICARD (L.M.) et KLIJN (E.H.), « Politique d'innovation et ses facteurs », *Revue Internationale des Sciences Administratives*, vol. 84, 2018, pp. 301 et s.

MAGNAVAL (O.), « La zone de défense et de sécurité dans le Code de la sécurité intérieure D. n° 2014-296, 6 mars 2014 : JO 7 mars 2014 », *JCP A*, n°11-12, 2014, act. 250

MAGNON (X.), « En quoi le positivisme - normativisme - est-il diabolique ? », *RTD civ*, 2009, pp. 269 et s.

MARCOVICI (E.),
- « La simplification de l'administration territoriale de l'État par la modernisation de l'action publique : entre hésitations et complexité », *RFDA*, 2016, pp. 971 et s.
- « Quel bilan de la modernisation de l'action publique en matière de gestion des personnels publics ? Entre optimisation et incohérences », *Droit Administratif*, n° 7, 2018, étude 9

MAUPIN (E.), « Nouvelle organisation de la région académique », *AJDA*, 2019, pp. 2404 et s.

MAZET (P.), « Vers l'État plateforme », *La vie des idées*, 2019, 12 p.

MONTAIN-DOMENACH (J.), « Les relations financières entre personnes publiques et la jurisprudence administrative », *Le Lamy Collectivités territoriales*, n° 63, 2010

MORIO (C.), « Quelle place pour l'administré dans l'administration augmentée ? », *JCP A*, n° 50, 2018, 2341

MOZOL (P.), « La réforme continue du droit de la coopération organique hospitalière », *Les Petites affiches*, n°186, 2010, pp. 18 et s.

MUGNIER-VIRET (E.), « Territoires ruraux et réseaux, Interview de Didier Galet », *Pour*, n°4, 2015, pp. 134 et s.

NAVARRE (F.), « L'évolution des dépenses de personnel au sein du bloc communal », *RFAP*, n° 164, 2017, pp. 803 et s.

NEVEU (P.),

- « Contractualisation et mutualisation, outils de l'intercommunalité », *JCP A*, n° 30-34, 2010, 2242
- « La mise à disposition de services, outil rénové de mutualisation », *JCP A*, n° 38, 2011, 2302
- « Rapport sénatorial d'information : la mutualisation des moyens, un nouvel atout pour les collectivités territoriales », *JCP A*, n° 24, 2010, act. 458

NOGUELLOU (R.),

- « Baisse des dotations de l'État : quels impacts pour les collectivités territoriales ? », *Droit Administratif*, n° 10, 2015, alerte 99
- « Finances et comptabilité publiques, Les finances locales », *Droit Administratif*, n° 12, 2014, alerte 97
- « Nouveau rapport de la Cour des comptes sur les finances publiques locales », *Droit Administratif* n° 12, 2015, alerte 11

- « Publication d'un guide sur la mutualisation au service des communes, des intercommunalités », *Droit Administratif*, n° 6, 2015, alerte 65
- « Rapport de l'IGA sur l'évaluation des mutualisations au sein du bloc communal », *Droit Administratif*, n° 3, 2015, alerte 23

PARIENTE (A.), « La démarche de performance issue de la LOLF : quelles perspectives ? », *RDP* n°1, 2006, pp. 37 et s.

PASTOR (J.-M.), « La Cour des comptes prône un recours généralisé aux services publics numériques », *AJDA*, 2016, pp. 233 et s.

PAULIAT (H.),
- « La liberté de s'organiser pour agir », à propos du rapport Peretti du 13 septembre 2011 », *JCP G*, n° 39, 2011, 1007
- « La réforme de l'organisation territoriale de l'État et le nouvel acte de décentralisation se précisent », *JCP A*, n° 21, 2019, act. 362
- « Moins de structures et de nouvelles méthodes de travail au sein de l'Administration centrale ? », *JCP A*, n° 21, 2019, act. 361
- « Une réflexion tardive sur la mutualisation des fonctions support de l'administration déconcentrées de l'État, À propos de l'instruction n° PRMX1618187C du 28 juin 2016 », *JCP A*, n° 28, 2016, act. 606
- « Synthèse des propositions de la délégation aux collectivités territoriales : le Sénat remet pour la centième fois son ouvrage sur le métier », *JCP A*, n° 19-20, 2013, act. 407

PELCRAN (A.), « Le rapport Jamet sur les finances départementales », *JCP A*, n° 18, 2010, act. 353

PELISSARD (J.), PONCELET (C.), « Synthèse du Colloque - Communes, communautés : quelle mutualisation des services ? », 27 mars 2007, in *Le Lamy Collectivités territoriales*, n° 26, 2007

PFERSMANN (O.),

- « Contre le néo-réalisme juridique. Pour un débat sur l'interprétation », *RFDC*, n°52, pp. 782 et s.
- « Qu'entend-on exactement par l'expression concurrence des systèmes juridiques ? », *Revue de la recherche juridique, Droit prospectif*, n°22, 2008, pp. 2595 et s.

PHILLIPPE-DUSSINE (M.-P.), « État plateforme : vers une nouvelle rationalité des choix publics ? », *Revue internationale de psychologie et de gestion des comportements organisationnels*, n°58, 2018, pp. 139 et s.

PIETTE-COUDOL (T.), « 2013, un an dématérialisation et de sécurisation dans le droit interne », *Lamy Droit de l'Immatériel*, n° 106, 2014

PONTIER (J.-M.),

- « La réforme de l'organisation territoriale de l'État, » *AJDA*, 2020, pp. 281 et s.
- « Le nouveau préfet », *AJDA*, 2010, pp. 819 et s.
- « Les contrats de plan État-régions 2014-2020 », *JCP A*, n° 16, 2014, 2118
- « Les schémas dans l'ordonnancement juridique », *AJDA*, 2018, pp. 957 et s.
- « Loi NOTRe : les illusions perdues », *AJDA*, 2020, pp. 481 et s.
- « L'État et la cohésion des territoires », *AJDA*, 2019, pp. 1439 et s.
- « Solidarités et égalité des territoires », *JCP A*, n° 38-39, 2015, 2276

PORTIER (N.), « La coopération intercommunale dans la réforme des collectivités », *AJDA*, 2011 pp. 80 et s.

PROOT (P.), « Coopération locale et mutualisation de services », *JCP A*, n° 27, 2009, 2158

RIBOT (C.), « La mutualisation des compétences entre communes et communautés », *Le Lamy Collectivités territoriales*, n° 33, 2008, pp. 51 et s.

RENUCCI (A.), « La désignation du DPO : un enjeu stratégique », *JCP G*, n° 49, 2019, 1277

ROMAN-SEQUENSE (B.), « Mutualisation de moyens et de services, Quels sont les nouveaux outils de mutualisation des moyens des collectivités territoriales issus de la loi du 16 décembre 2010 portant réforme des collectivités territoriales ? », *Contrats et Marchés publics*, n° 4, 2011, comm. 127

ROUSSET (G.), « Les maisons de santé, un mode d'exercice favorisant l'accès aux soins ? », *RDSS*, 2014, pp. 450 et s.

ROUX (M.-T.), BOST (P.), « Regards croisés entre deux délégués à la protection des données de collectivités territoriales », *JCP A*, n° 46, 2018, act. 846

SIRINELLI (J.), « La subjectivisation du recours pour excès de pouvoir », *RFDA*, 2016, pp. 529 et s.

TAILLEFAIT (A.), « Le développement législatif de la mutualisation des moyens : élargissement ou resserrement des possibilités d'intervention locale ? », *Revue Le Lamy Collectivités territoriales*, n° 77, 2012, pp. 98 et s.

TREMEUR (M.), « Services publics : une priorité à la proximité », *Le Lamy Collectivités territoriales*, n°4, 2005

RASCHEL (L.), « Loi Belloubet, Loi de programmation 2018-2022 et de réforme pour la justice : aspects d'organisation judiciaire », *Procédures*, n° 6, 2019, étude 11

SAISON (J.), MONDOU (C.), « L'administration augmentée », *JCP A*, n° 50, 2018, 2338

SUPIOT (A.), « Mutualisation : de quoi parlons-nous ? », *Recueil Dalloz*, 2016, pp. 726 et s.

TERNEYRE (P.), « L'avenir de la coopération entre personnes publiques : un avenir réel mais limité », *RFDA*, 2014, pp. 407 et s.

TESTARD (C.), « Les procédés d'association du public aux décisions prises par les administrations locales », *JCP A*, n° 42, 2018, 2281

VERGER (D.), « Quand les personnes en galère ont voix au chapitre », *Revue Projet*, n° 373, 2019, pp. 47 et s.

VERPEAUX (M.), « Le décret n° 2012-124 du 30 janvier 2012 et la poursuite de la mise en œuvre de la loi de réforme des collectivités territoriales », *JCP A*, n° 8, 2012, 2064

VILLENEUVE (P.),
- « La RGPP est morte, vive la RGPP ! », *JCP A*, n° 40, 2012, act. 626
- « Protection des lanceurs d'alerte et création d'inspection générale de la protection des lanceuses et lanceurs d'alerte : une ambition de promesses, » *JCP A*, n°9, 2020, 2056
- « Vers une nouvelle partition territoriale de l'administration », *AJCT*, 2019, pp. 268 et s.

VINCENT (D), « Le relais de service public, un modèle de transition ? », *Pour*, n°208, 2011, pp. 115 et s.

VI. Articles en ligne

DREYFUS (J.-D.), « Entreprises du secteur public », *Répertoire des sociétés*, Dalloz, 2009, 382 p.

LAGARDE (C.), « Plus le temps sera long, plus les dommages économiques seront importants », *Podcast France Inter du 9.04.2020*
- Disponible sur https://www.franceinter.fr/emissions/l-invite-de-8h20-le-grand-entretien/l-invite-de-8h20-le-grand-entretien-09-avril-2020 (consulté le 09.04.2020 à 10h27).

MANSON (C.), « Synthèse - Institutions du secteur économique public », *Essentiel*, Lexis Nexis, 2020, 29 p.

MARMIER (X.), *La maison*, Lu dans la séance publique annuelle des cinq Académies le lundi 25 octobre 1875, disponible sur http://www.academie-francaise.fr/la-maison (consulté le 18.09.2020 à 9h22)

VII. Rapports institutionnels

CAP2022, *Service public se réinventer pour mieux servir, Nos 22 propositions pour changer le modèle*, 2018, 152 p.

CIMAP, *Moderniser l'action publique, Relevé de décisions*, 2013, 19 p.

CONSEIL D'ÉTAT,
- « Puissance publique et plate et plateforme numérique : accompagner l'ubérisation », *Les rapports du Conseil d'État,* n°68, La documentation française, 2017, 190 p
- *Réflexion sur l'intérêt général, Rapport public de 1999*, 1999, Disponible sur https://www.conseil-etat.fr/ressources/etudes-publications/rapports-etudes/etudes-annuelles/reflexions-sur-l-interet-general-rapport-public-1999

CONSEIL ECONOMIQUE ET SOCIAL, *Aménagement du territoire, Services publics et Services au public*, 2006, 210 p.

COUR DES COMPTES,
- *L'accès aux services publics dans les territoires ruraux*, 2019, 550 p.
- *Les finances publiques locales 2019, Fascicule 2*, 2019, 269 p.
- *Les services déconcentrés de l'État, Clarifier leurs missions, adapter leur organisation, leur faire confiance*, 2017, 269 p.
- *Rapport public annuel, Tome 1 Les observations*, 2012, 1033 p.
- *Relations aux usagers et modernisation de l'État, Vers une généralisation des services publics numériques*, 2016, 129 p.

DEFENSEUR DES DROITS, *Dématérialisation et inégalités d'accès aux services publics*, 2019, 71 p.

DELCROS (B.), HUSSON (J.-F.), MONTAUGE (F.), VALL (R.), *Les collectivités territoriales, leviers de développement des territoires ruraux*, Rapport d'information au Sénat, n°251, 2020, 154 p.

DEROSIER (B.), *Rapport sur le projet de loi n°3089 relatif à la démocratie de proximité*, Rapport n°3113, Assemblée nationale, 6 juin 2001, 531 p.

DUFREGNE (J.-P.), MATTEI (J.-P.), *L'évaluation de l'accès aux services publics dans les territoires ruraux*, Rapport d'information à l'Assemblée nationale, n°2297, 2019, 220 p.

DUSSOPT (O.), *Rapport sur le projet de loi n°2529 portant nouvelle organisation territoriale de la République*, Rapport n°2553, Assemblée nationale, 2015, 697 p.

GENEST (J.), *L'implantation des services de l'État dans les territoires : état des lieux et enjeux financiers*, Rapport d'information au Sénat, n°334, 2020, 108 p.

HOEFFEL (D.), *Rapport sur le projet de loi n°3089 relatif à la démocratie de proximité*, Rapport n°156, 19 déc. 2001, Sénat, 746 p.

IGA, IGF, *Les mutualisations au sein du bloc communal*, 2014, 62p.

INSEE, « Une personne sur six n'utilise pas Internet, plus d'un usager sur trois manques de compétences numériques de base », in *Insee Première*, n°1780, 2019, 4 p.

LAMBERT (A.), DETRAIGNE (Y.), MEZARD (J.), SIDO (B.), *La mutualisation des moyens des collectivités territoriales*, Rapport d'information au Sénat n°495, 151 p.

LE CENTRE DE RESSOURCES DU DEVELOPPEMENT TERRITORIAL, *Service au public, Monter et faire vivre une maison de service*, 2014, 80 p.

OURAL (A.), *L'innovation au pouvoir ! Pour une action publique réinventée au service des territoires*, Rapport remis à la ministre LEBRANCHU (M.) avec l'appui du SGMAP, 2015, 110 p.

QUESTEL (B.), SCHELLENBERGER (R.), *Rapport d'information sur l'évaluation de l'impact de la loi n° 2015-991 du 7 août 2015 relative à la nouvelle organisation territoriale de la République (loi NOTRe)*, n°2938, Assemblée nationale, 2019, 65 p.

VIII. Questions au gouvernement

Question écrite avec réponse, n° 00097, du 14 février 2008, Sénat

Question écrite avec réponse n° 11396, du 11 juillet 2019, Sénat

Question écrite sans réponse n° 12000 du 8 août 2019, Sénat

Question écrite avec réponse n° 12144, du 12 septembre 2019, Sénat

Question écrite sans réponse n° 14421, 20 fév. 2020, Sénat

Question écrite avec réponse n° 22390 du 13 août 2019, Assemblée nationale

Question écrite avec réponse n° 24590 du 19 nov. 2019, Assemblée nationale

IX. Dictionnaires

ACADEMIE FRANÇAISE, *Dictionnaire de l'académie française*, 9e éd.

- Disponible sur : https://www.dictionnaire-academie.fr/article/A9M0242

ALLAND (D.) (dir.), RIALS (S.) (dir.), « Dictionnaire de la culture juridique », 1re éd., coll. Quaridge, Paris, PUF, 2003, 1649 p.

CORNU (G.), ASS. HENRI CAPITANT, *Vocabulaire juridique*, 10e éd. mise à jour, coll. Quadrige, Paris, PUF, 2014, 1099 p.

CENTRE NATIONAL DE RESSOURCES TEXTUELLES ET LEXICALES,

- *Portail Lexical*, disponible sur : https://www.cnrtl.fr/portail/
- *Le trésor de la langue française informatisé*, disponible sur http://atilf.atilf.fr/tlfi.htm

GUINCHARD (S.) (dir.), *Lexique des termes juridiques*, 26e éd., Paris, Dalloz, 2018, 1145p.

INSEE, *Définitions*

- Disponible sur : https://www.insee.fr/fr/metadonnees/definitions

REY (A.) (dir.), *Dictionnaire Historique de la langue française*, Éd. 2010, Paris, Le Robert, 2010, 2618 p.

ROBERT (P.), remanié REY-DEBOVE (J.) (dir.) et REY (A.) (dir.), *Le Petit Robert, dictionnaire alphabétique et analogique de la langue française*, Éd. 2013, Paris, Le Robert, 2013, 2838 p.

TOUZEIL-DIVINA (M.), *Dictionnaire de droit public interne*, Paris, LexisNexis, 2017, 579 p.

X. Textes constitutionnels

Constitution française du 3 juin 1958

Déclaration des droits de l'homme et du citoyen du 26 août 1789

XI. Codes

Code de l'action sociale et des familles

Code de la commande publique

Code général de la propriété des personnes publiques

Code général des collectivités territoriales

Code de l'organisation judiciaire

Code de la santé publique

Code de la sécurité sociale

Code pénal

Code du travail

Livre des procédures fiscales

XII. Lois et ordonnances

Loi du 1er juillet 1901 *relative au contrat d'association* dite loi Waldeck-Rousseau

Loi n° 82-213 du 2 mars 1982 *relative aux droits et libertés des communes, des départements et des régions*

Loi n° 82-623 du 22 juillet 1982 modifiant et complétant la loi n° 82-213 du 2 mars 1982 *relative aux droits et libertés des communes, des départements et des régions et précisant les nouvelles conditions d'exercice du contrôle administratif sur les actes des autorités communales, départementales et régionales*

Loi n° 83-8 du 7 janv. 1983 *relative à la répartition de compétences entre les communes, les départements, les régions et l'État*

Loi n° 83-634 du 13 juillet 1983 *portant droits et obligations des fonctionnaires* dite loi Le Pors.

Loi n° 84-16 du 11 janvier 1984 *portant dispositions statutaires relatives à la fonction publique de l'État*

Loi n° 84-53 du 26 janvier 1984 *portant dispositions statutaires relatives à la fonction publique territoriale*

Loi n° 86-33 du 9 janvier 1986 *portant dispositions statutaires relatives à la fonction publique hospitalière*

Loi n° 92-125 du 6 fév. 1992 *relative à l'administration territoriale de la République* dite loi Joxe

Loi n° 95-115 du 4 fév.1995 *d'orientation pour l'aménagement et le développement du territoire* dite loi Pasqua

Loi n° 98-1163 du 18 déc. 1998 *relative à l'accès au droit et à la résolution amiable des conflits*

Loi n° 99-533 du 25 juin 1999 *d'orientation pour l'aménagement et le développement durable du territoire*

Loi n° 2000-321 du 12 avril 2000 *relative aux droits des citoyens dans leurs relations avec les administrations*

Loi n° 2002-276 du 27 fév. 2002 *relative à la démocratie de proximité*

Loi n° 2004-809 du 13 août 2004 *relative aux libertés et responsabilités locales*

Loi n° 2005-32 du 18 janvier 2005 *de programmation pour la cohésion sociale*

Loi n° 2005-102 du 11 fév. 2005 *pour l'égalité des droits et des chances, la participation et la citoyenneté des personnes handicapées*

Loi n° 2005-157 du 23 fév. 2005 *relative au développement des territoires ruraux*

Loi n° 2006-340 du 23 mars 2006 *relative à l'égalité salariale entre les femmes et les hommes*

Loi n° 2006-396 du 31 mars 2006 *pour l'égalité des chances*

Loi n° 2007-209 du 19 fév. 2007 *relative à la fonction publique territoriale*

Loi n° 2007-1786 du 19 déc. 2007 *de financement de la sécurité sociale pour 2008*

Loi n° 2008-126 du 13 fév. 2008 *relative à la réforme de l'organisation du service public de l'emploi*

Loi n° 2009-879 du 21 juill. 2009 *portant réforme de l'hôpital et relative aux patients, à la santé et aux territoires*

Loi n° 2010-123 du 9 février 2010 *relative à l'entreprise publique La Poste et aux activités postales*

Loi n° 2010-1563 du 16 déc. 2010 *de réforme des collectivités territoriales*

Loi n° 2011-525 du 17 mai 2011 *de simplification et d'amélioration de la qualité du droit*

Loi n° 2011-901 du 28 juill. 2011 *tendant à améliorer le fonctionnement des maisons départementales des personnes handicapées et portant diverses dispositions relatives à la politique du handicap*

Loi n° 2013-1118 du 6 déc. 2013 *autorisant l'expérimentation des maisons de naissance*

Loi n° 2014-58 du 27 janv. 2014 *de modernisation de l'action publique territoriale et d'affirmation des métropoles*

Loi n° 2015-29 du 16 janvier 2015 *relative à la délimitation des régions, aux élections régionales et départementales et modifiant le calendrier électoral*

Loi n° 2015-991 du 7 août 2015 *portant nouvelle organisation territoriale de la République*

Loi n° 2015-1776 du 28 déc. 2015 *relative à l'adaptation de la société au vieillissement*

Loi n° 2016-41 du 26 janv. 2016 *de modernisation de notre système de santé*

Loi n° 2016-1321 du 7 oct. 2016 *pour une République numérique*

Loi n° 2019-486 du 22 mai 2019 *relative à la croissance et la transformation des entreprises*

Loi n° 2019-753 du 22 juillet 2019 *portant création d'une Agence nationale de la cohésion des territoires*

Loi n° 2019-774 du 24 juill. 2019 *relative à l'organisation et à la transformation du système de santé*

Loi n° 2019-809 du 1er août 2019 *visant à adapter l'organisation des communes nouvelles à la diversité des territoires*

Loi n° 2019-1461 du 27 déc. 2019 *relative à l'engagement dans la vie locale et à la proximité de l'action publique*

Loi n° 2019-1479 du 28 décembre 2019 *de finances pour 2020*

Loi constitutionnelle n° 2003-276 du 28 mars 2003 *relative à l'organisation décentralisée de la République*

Loi organique n° 2001-692 du 1er août 2001 *relative aux lois de finances*

Ordonnance n° 2006-673 du 8 juin 2006 *portant refonte du code de l'organisation judiciaire et modifiant le code de commerce, le code rural et le Code de procédure pénal*

Ordonnance n° 2007-329 du 12 mars 2007 *relative au Code du travail*

XIII. Actes administratifs

Arrêté du 21 déc. 2009 *portant cahier des charges des maisons de l'emploi*

Arrêté du 18 déc. 2013 *portant avenant au cahier des charges des maisons de l'emploi*

Arrêté du 23 fév. 2015 *portant approbation du règlement arbitral applicable aux structures de santé pluri-professionnelles de proximité*

Arrêté du 30 juill. 2015 *fixant la composition du dossier et les modalités de candidature pour intégrer l'expérimentation des maisons de naissance*

Arrêté du 10 fév. 2017 *fixant le cahier des charges relatif aux expérimentations prévues par l'article 68 de la loi de financement de la sécurité sociale pour 2016 destinées à prévenir l'obésité chez l'enfant de trois à huit ans*

Arrêté du 18 oct. 2017 *fixant les modalités de fonctionnement, d'organisation et d'évaluation des centres de santé pluri professionnels universitaires et des maisons de santé pluri professionnelles universitaires*

Arrêté du 20 déc. 2018 *relatif à l'expérimentation visant à prévenir le surpoids et l'obésité chez les enfants de 3 à 8 ans*

Circ. Min. Int., NOR : IOCA0917418C, du 23 juillet 2009, *relative à la réorganisation du contrôle de légalité*

Circ. Min. Int., NOR : EATV1018866C du 27 juill. 2010, *Lancement d'un plan d'équipement en maisons de santé en milieu rural*

Circ. CGET, du 18 avril 2016, *Modalités d'application de l'article 100 de la loi NOTRe et de son décret d'application*

Circ. CGET, du 20 avril 2018, *Modalités de financement des Maison de services au public pour l'année 2018*

Circ. Min. Int., NOR : PRMX1917197C du 2 août 2006, *Labellisation de Relais services publics*

Circ. Min. Int., NOR : IOCA0917418C du 23 juill. 2009, *relative à la réorganisation du contrôle de légalité*

Circ. Min. Int., NOR : EATV1018866C du 27 juill. 2010, *Lancement d'un plan d'équipement en maisons de santé en milieu rural*

Circ. Min. Just., NOR : JUSJ0490016C du 24 nov. 2004, *relative aux maisons de justice et du droit et aux antennes de justice*

Circ. Min. Trav., DGCS/SD3, n° 2010-97 du 23 mars 2010 *relative à la répartition des compétences entre les agences régionales de santé et les directions régionales et départementales en charge de la cohésion sociale sur le champ de la politique du handicap*

Circ. Prem. Min, n° 5745/SG du 15 oct. 2014, *Création de Maisons de l'État*

Circ. Prem. Min., n° 5872/SG du 28 juin 2016, *dispositions complémentaires pour l'application du Décret n°2015-510 du 7 mai 2015 portant charte de la déconcentration - Point 8 relatif aux mutualisations de fonctionnement*

Circ. Prem. Min, n° 5968/SG du 26 sept. 2017 *Programme « Action publique 2022 »*

Circ. Prem. Min, n° 6029/SG du 24 juill. 2018 *Organisation territoriale des services publics*

Circ. Prem. Min, 6030/SG du 24 juill. 2018, *Déconcentration et organisation des administrations centrales*

Circ. Prem. Min, n°6087/SG du 5 juin 2019 *relative à la transformation des administrations centrales et aux nouvelles méthodes de travail*

Circ. Prem. Min, NOR : PRMX1917197C, du 12 juin 2019 *relative à la mise en œuvre de la réforme de l'organisation territoriale de l'État*

Circ. Prem. Min, n°6094/SG du 1er juill. 2019 *Création de France Services*

Décret du 25 mars 1852 *sur la décentralisation administrative*

Décret n° 86-83 du 17 janvier 1986 *relatif aux dispositions générales applicables aux agents contractuels de l'État pris pour l'application des articles 7 et 7 bis de la loi n° 84-16 du 11 janvier 1984 portant dispositions statutaires relatives à la fonction publique de l'État*

Décret n°88-145 du 15 février 1988 *pris pour l'application de l'article 136 de la loi du 26 janvier 1984 modifiée portant dispositions statutaires relatives à la fonction publique territoriale et relatif aux agents contractuels de la fonction publique territoriale*

Décret n° 91-155 du 6 février 1991 *relatif aux dispositions générales applicables aux agents contractuels des établissements mentionnés à l'article 2 de la loi n° 86-33 du 9 janvier 1986 modifiée portant dispositions statutaires relatives à la fonction publique hospitalière*

Décret n°92-604 du 1er juillet 1992 *portant charte de la déconcentration*

Décret n° 2001-494 du 6 juin 2001 p*ris pour l'application des articles 27 et 29 de la loi n° 2000-321 du 12 avril 2000*

Décret n° 2001-1009 du 29 oct. 2001 *modifiant le code de l'organisation judiciaire et relatif aux maisons de justice et du droit*

Décret n°2004-374 du 29 avril 2004 *relatif aux pouvoirs des préfets, à l'organisation et à l'action des services de l'État dans les régions et départements*

Décret n°2006-130 du 8 fév. 2006 *relatif à la convention de base constitutive de la maison départementale des personnes handicapées*

Décret n° 2008-522 du 2 juin 2008 *portant refonte de la partie réglementaire du code de l'organisation judiciaire*

Décret n° 2009-1593 du 18 déc. 2009 *fixant les modalités d'attribution de l'aide de l'État aux maisons de l'emploi*

Décret n° 2010-146 du 16 février 2010 *modifiant le décret n° 2004-374 du 29 avril 2004 relatif aux pouvoirs des préfets, à l'organisation et à l'action des services de l'État dans les régions et départements*

Décret n° 2012-407 du 23 mars 2012 *relatif aux sociétés interprofessionnelles de soins ambulatoires*

Décret n° 2013-292 du 5 avril 2013 *relatif au régime de droit public applicable aux personnels des groupements d'intérêt public*

Décret n° 2015-1689 du 17 décembre 2015 *portant diverses mesures d'organisation et de fonctionnement dans les régions de l'administration territoriale de l'État et de commissions administratives*

Décret n° 2015-510 du 7 mai 2015 *portant charte de la déconcentration*

Décret n° 2015-937 du 30 juillet 2015 *relatif aux conditions de l'expérimentation des maisons de naissance*

Décret n° 2016-402 du 4 avril 2016 *pris pour l'application de l'article 26 de la loi n° 95-115 du 4 février 1995 d'orientation pour l'aménagement et le développement du territoire*

Décret n° 2016-403 du 4 avril 2016 *pris pour l'application de l'article 27 de la loi n° 2000- 321 du 12 avril 2000 relative aux droits des citoyens dans leurs relations avec les administrations*

Décret n° 2016-1873 du 26 décembre 2016 *fixant le cahier des charges et la procédure de labellisation des maisons départementales de l'autonomie*

Décret n° 2019-912 du 30 août 2019 *modifiant le code de l'organisation judiciaire et pris en application des articles 95 et 103 de la loi n° 2019-222 du 23 mars 2019 de programmation 2018-2022 et de reformé pour la justice*

Décret n° 2019-1088 du 25 octobre 2019, *relatif au système d'information et de communication de l'État et à la direction interministérielle du numérique*

XIV. Décisions

CE, 13 déc. 1889, *Cadot*

CE, 6 fév. 1903, n°07496, *Terrier*

CE, 4 mars 1910, n° 29373, *Thérond*

CE, ass. 17 févr. 1950, n°86949, *Dame Lamotte*

CE, sect., n° 43834, 28 juin 1963, *Cne de Narcy*

CE, ass., 24 nov. 1978, n°02020, *Synd. national du personnel de l'énergie atomique*

CE, ass., 22 déc. 1982, n°34252, *SFENA*

CE, 6 mars 1991, n° 31468, *Synd. national du CEPME*

CE, ass, 9 avril 1993, n° 138652, *M.G*

CE, 19 juin 1996, n°141728, *Syndicat général CGT des personnels des affaires culturelles*

CE, 8 fév. 1999, n° 179862, *Service départ. Incendie et secours VAR*

CE, sect., 18 déc. 2002, n° 233618, *Duvignères*

CE sect., 3 déc. 2003, n° 240267, *El Bahi*

CE sect. 6 févr. 2004, n° 240560, *Hallal*

CE, ass., 11 mai 2004, n° 255886, *Association AC !*

CE, ass., 31 mai 2006, n°275531, *Ordre des avocats au barreau de Paris*

CE, sect., 22 fév. 2007, n° 264541, *APREI*

CE, 2 juill. 2012, n° 323890 *Madranges*

CE, 23 mai 2011, n°532520, *Cne de Six-Fours-les-Plages*

CE, 17 mars 2017, n°403868

Cons. Const., 12 fév. 2004, n° 2004-490 DC, *Loi organique portant statut d'autonomie de la Polynésie française*

Cons. Const., 9 mai 2011, n° 91-290 DC, *Loi portant statut de la collectivité territoriale de Corse*

Cons. Const., 26 avril 2013, n°2013-303 QPC, *Cne de Puyravault*

Cons. Const., 25 avril 2014, n°2014-391 QPC, *Cne de Thonon-les-Bains*

Conseil de la concurrence, 4 juin 2003, n° 03-D-27, *Relative à des pratiques de la maison de justice et du droit du quartier de Saint Christophe de Cergy- Pontoise (Val d'Oise)*

TC, 8 fév. 1873, *Blanco*

TC, 30 juill. 1873, *Pelletier*

TC, 22 janv. 1921, n°00706, *Sté commerciale de l'Ouest Africain*

INDEX ALPHABETIQUE

(Les numéros renvoient à des paragraphes)

TABLE DES MATIERES